Ursula Pasero · Friederike Braun (Hrsg.)

Wahrnehmung und Herstellung von Geschlecht

Ursula Pasero · Friederike Braun (Hrsg.)

Wahrnehmung und Herstellung von Geschlecht

Perceiving and Performing Gender

Westdeutscher Verlag

Der Westdeutsche Verlag ist ein Unternehmen der Bertelsmann Fachinformation GmbH.

www.westdeutschervlg.de

Höchste inhaltliche und technische Qualität unserer Produkte ist unser Ziel. Bei der Produktion und Verbreitung unserer Bücher wollen wir die Umwelt schonen: Dieses Buch ist auf säurefreiem und chlorfrei gebleichtem Papier gedruckt. Die Einschweißfolie besteht aus Polyäthylen und damit aus organischen Grundstoffen, die weder bei der Herstellung noch bei der Verbrennung Schadstoffe freisetzen.

Umschlaggestaltung: Horst Dieter Bürkle, Darmstadt
Umschlagbild:
Druck und buchbinderische Verarbeitung: Rosch-Buch, Scheßlitz
Printed in Germany

ISBN 3-531-13379-9

Inhalt

Historische Perspektiven

Stimme und Sprache

Text, Kunst, Medien

Soziale und psychologische Konstruktionsmechanismen

Natur und Körper

Vorwort

Ursula Pasero & Friederike Braun

Im Alltagsverständnis wird davon ausgegangen, dass die Welt so ist, wie sie auf unsere Sinne trifft – gelegentliche Irrtümer zugestanden. Was unseren Wahrnehmungshorizont erreicht, erscheint nicht nur unmittelbar, präsent und exponiert, sondern hinterläßt den Eindruck von Realität. Im Wahrnehmen wird *Evidenz* erzeugt: das Erleben einer Gewissheit, die sich "wie von selbst" einstellt, noch bevor Kommunikation einsetzt. Die Evidenz ist es, die uns mit einem verläßlichen Bild von uns selbst sowie von der Welt als Ort wiederkehrender Ereignisse ausstattet. Ohne Frage ist das Phänomen der Evidenz und ihrer Erzeugung für die Gender-Forschung zentral, da weltweit Frauen und Männer ganz selbstverständlich voneinander unterschieden werden und sich daran lebenslang anhaltende kulturelle Zuordnungen anschließen. Dabei ist die Selbstverständlichkeit der Folgen alles andere als selbstverständlich. Die Gender-Forschung fragt, wie dieser Unterscheidungszwang gebaut ist, wie er ausgedrückt und damit wahrnehmbar wird. Die Gender-Forschung beobachtet aber auch, was sich ändert, abschwächt oder sogar außer Kraft gesetzt wird, denn auch das ist wahrnehmbar.

Verstärkt wird die Wirkung der Evidenz durch den "Erlebnismodus der Unmittelbarkeit", d.h. durch das Ausblenden der zur Wahrnehmung gehörenden komplexen kognitiven Prozesse und der neurophysiologischen Vorgänge. Mit der Wucht unmittelbarer Eindrücke werden gelernte Unterscheidungen so aktiviert, dass sie sich "wie von selbst" verstehen und keinesfalls mehr mitgeteilt werden müssen. Dieser Umstand ist für die Gender-Forschung wichtig, weil sich beispielsweise mit der wechselseitigen Wahrnehmung von Personen gelernte Zuschreibungen und Muster an die physische Präsenz heften. Die wahrnehmbaren Merkmale werden so zu einer "unbestreitbaren" sozialen Tatsache. Personen, die wechselseitig füreinander in Erscheinung treten, offenbaren all das, was sichtbar wird: ihre Hautfarbe, ihre Körpergröße, Kleidung, Aufmachung und mit hoher Wahrscheinlichkeit ihre Geschlechtszugehörigkeit. Nichts scheint beispielsweise einfacher, als eine Gruppe von Individuen nach Frauen und Männern zu sortieren. Fehler sind selten, die Trefferquote ist hoch. Die Unterscheidung stellt sich wie von selbst ein.

Selbst die moderne Gesellschaft, die auf funktionale Differenzierung abstellt, hält die Geschlechtsunterscheidung noch vor jeder Kommunikation wahrnehmbar. Kleidung und Aufmachung signalisieren noch heute, wen wir vor uns haben: Frau oder Mann. Zwar sind eine Vielzahl von Konventionen obsolet geworden, aber Männer können durchaus noch nicht unbefangen in Frauenkleidern erscheinen, auch wenn Frauen sowohl Frauen- als auch Männerkleidung tragen dürfen. Bei der Unterscheidung bleibt es jedoch nicht. Sind Frauen und Männer erst einmal identifiziert, treten automatisch Geschlechtsstereotype auf den Plan. Auf ihrer Grundlage werden wir einer homogenen Gruppe mit "identischen" Merkmalen zugerechnet, ob wir dies

wollen oder nicht. Die Sichtbarkeit der Geschlechterdifferenz ergibt sich dabei keinesfalls von allein. Sie muss aktiv gestaltet werden – und dies früh und lebenslänglich. Die Herstellung der Differenz beginnt mit der Geburt eines Individuums und wird kontinuierlich ausgebaut. Alltäglich vollzogene kulturelle Techniken verstärken die Differenz, können sie – seltener – aber auch abschwächen oder sogar neutralisieren. Unterscheidungsverstärker sind beispielsweise Kleidung, die Modellierung des Körpers und der Stimme. In ihrem berühmten Artikel fragen Candace West und Don Zimmerman: "Can we avoid doing gender?" Bislang wurde die Frage zugunsten der Unterscheidung beantwortet. Die Beobachtung neuer Spielräume ist notwendig, um Donna Haraways Beschreibung der Welt als "polymorphes Informationssystem" überhaupt wahrnehmen zu können.
Wahrnehmung und Herstellung von Geschlecht (perceiving and performing gender) sind das Leitmotiv, das Forscherinnen und Forscher mit unterschiedlichen Zugängen zu Geschichte, Sprache, Kognition, Gesellschaft, Interaktion und Körperlichkeit in diesem Band aufgreifen. Dieses Leitmotiv geht bewusst über den reinen Wahrnehmungsaspekt hinaus. Wir fragen nicht nur, *wie* Frauen und Männer unterschiedlich wahrgenommen werden, sondern darüber hinaus, wie die Wahrnehmung dazu beiträgt, die Differenz zwischen den Geschlechtern wieder und wieder zu erzeugen oder auch abzuschwächen. Die Verbindung der Forschungsfragen Wahrnehmung *und* Herstellung (perceiving *and* performing) steht im Zentrum unseres Interesses.

Die Beiträge im einzelnen
Thomas W. Laqueur beschreibt die Geschichte der Onanie, angefangen von ihrer "Entstehung" im Jahr 1712 (d.h. ihrer erstmaligen Wahrnehmung als krankhaftes und abweichendes Verhalten) über ihre Integration in Freuds psychoanalytische Theorie bis hin zum Feminismus der 70er-90er Jahre, der weibliche Onanie als Mittel der Befreiung propagiert. In der Thematisierung der Onanie werden auch Geschlechterdifferenzen konstruiert: So zeigt Laqueur in seinem historischen Rückblick, dass die Warnung vor weiblicher Onanie einen sexualisierten Diskurs darstellt, der nicht selten männlicher Erregung diente.
Vergewaltigung von Männern durch Männer ist das Thema des Beitrags von *David Prickett-Barnes.* Anhand von Beispielen aus dem 30jährigen Krieg zeigt er, wie sexuelle Gewalt in die Konstruktion von Ehre und Schande integriert ist: Einen Soldaten sexuell zu missbrauchen heißt, seine Maskulinität und damit seine Soldatenehre zu vernichten. Im sexuellen Gewaltakt vollzieht sich die ultimative Unterwerfung des Gegners, eine schmachvollere Niederlage als der Tod. Das Thema Vergewaltigung, das bisher zumeist auf Frauen als Opfer beschränkt ist, wird hiermit in einen größeren Zusammenhang gestellt.
Heiko Stoff beschreibt Tendenzen zur Transformierung der Geschlechter, die im frühen 20. Jh. aufkommen: Utopische Romane thematisieren neue Geschlechterkonzepte, in Erscheinung und Auftreten von Frauen zeigt sich eine zunehmende "Vermännlichung", und biomedizinische Forschung experimentiert mit der Herstellung

von geschlechtlichen Zwischenformen. Interessanterweise führen jedoch diese "Verflüssigungen" der Geschlechtsgrenzen nicht zu einer Auflösung des Geschlechtsbinarismus, sondern letztlich zu einer erneuten Bestätigung der Pole "weiblich" und "männlich".

Monique Biemans berichtet über empirische Untersuchungen zum Zusammenwirken von Geschlecht, Geschlechtsrollenorientierung und Stimmqualität. Dabei zeigen sich – neben Zusammenhängen von stimmlichen Merkmalen und Sprechergeschlecht – Korrelationen zwischen Stimmqualität und zugeschriebenen (femininen und maskulinen) Merkmalen. Frauen mit hoher Stimmlage etwa gelten als besonders feminin, Männer, deren Stimmqualität einen höheren Energieaufwand erkennen lässt, als maskulin. Identische Phonationsmerkmale können aber je nach Geschlecht der sprechenden Person unterschiedlich bewertet werden. Biemans macht mit ihrem Beitrag deutlich, dass Hörende bei der Wahrnehmung von Stimmen geschlechtsbezogene Persönlichkeitsmerkmale konstruieren, die nicht mit der Selbsteinschätzung der Sprechenden übereinstimmen müssen.

Donald G. MacKay greift aus psychologischer Sicht eine alte und noch immer aktuelle sprachwissenschaftliche Streitfrage auf: die Frage nach der Semantik des Genus. Dabei argumentiert er auf der Basis psycholinguistischer Forschungsergebnisse für die Bedeutungshaltigkeit von Genus und zugleich gegen eine Trennung von "natural gender" und "grammatical gender". Nach MacKay stellen interne Theorien der Sprachbenutzerinnen und -benutzer stets eine Verbindung zwischen Genus einerseits und Geschlecht, Stereotypen oder Metaphern andererseits her.

Anthony Mulac stellt die Ergebnisse 20jähriger Forschung zum geschlechtstypischen Sprachverhalten und zur Wahrnehmung von Sprecherinnen und Sprechern vor: Geringfügige sprachliche Unterschiede zwischen Frauen und Männern bewirken, dass Beobachterinen und Beobachter Frauen und ihren Äußerungen einen höheren sozio-intellektuellen Status und eine höhere ästhetische Qualität zugeschreiben, Männern dagegen mehr Dynamik (Gender-Linked Language Effect). Unabhängig von der Beschaffenheit der sprachlicher Äußerungen werden Sprecherinnen und Sprecher aber auch geschlechtsstereotyp wahrgenommen. Geschlechtsstereotype, so Mulacs Schlussfolgerung, beeinflussen zugleich die Wahrnehmung und das aktiv produzierte geschlechtstypische Sprachverhalten.

In ihrem Beitrag argumentiert *Yumiko Ohara* gegen die häufig vertretene Annahme, dass die Stimmlage von Frauen und Männern im wesentlichen durch die anatomische Beschaffenheit ihrer Sprachorgane bestimmt sei. Äußerungen zweisprachiger Sprecherinnen und Sprecher zeigen, dass Japanisch sprechende Frauen – sowohl Muttersprachlerinnen wie Nicht-Muttersprachlerinnen – eine erhöhte Grundfrequenz einsetzen, um Weiblichkeit aktiv zu inszenieren. Dies ist wichtig, weil eine hohe Stimmlage in Japan mit Femininität verbunden und positiv bewertet wird. Da Männlichkeit in der japanischen wie in der US-amerikanischen Kultur mit der Erwartung einer niedrigen Frequenz verbunden ist, verwenden Männer in beiden Sprachen eine niedrige Stimmlage.

Auf der Grundlage von Interviews mit zweisprachigen Paaren (Deutsch/Englisch) untersucht *Ingrid Piller*, wie geschlechtliche Identität mit Hilfe von Sprache inszeniert wird, und zeigt Geschlechterasymmetrien in binationalen Beziehungen auf: Beispielsweise nehmen Beobachtende binationale Beziehungen häufig als einen Nationalitätswechsel der Frau, aber nicht des Mannes wahr. Da es häufiger die Frauen sind, die im Land ihres Ehepartners leben, wird für sie ein nachteiliger Status – der der Migrantin und Nicht-Muttersprachlerin – konstruiert.
Elizabeth A. Strand beschäftigt sich in ihrem Beitrag mit Einflüssen der Geschlechterstereotype auf die auditive Sprachwahrnehmung. Wie ihre empirischen Ergebnisse dokumentieren, kann dasselbe akustische Signal unterschiedlich interpretiert werden, je nachdem, ob es mit dem Bild einer sprechenden Frau oder eines sprechenden Mannes präsentiert wird. Dabei spielen stereotype Erwartungen über Frauen- und Männerstimmen eine Rolle. Strands Beitrag macht deutlich, dass Sinneswahrnehmungen, die von Individuen im Alltag als zuverlässige Evidenz empfunden werden, bereits konstitutiv an der Konstruktion von Geschlechtsunterschieden beteiligt sind.
Elisabeth Bronfen untersucht rassen- und geschlechtssepzifische Ausschlüsse als "verschwiegene Prämissen" des humanistischen Projekts der Aufklärung. Fallbeispiel ist die *Die Zauberflöte*, die sich als eine von humanistischer Ideologie durchdrungene bürgerliche Familiengeschichte lesen lässt. Die Hysterie und mit ihr das hysterische Subjekt werden als Reaktion auf die humanistische Kultur zu einer veränderungsmächtigen Kraft: Die Artikulation des weiblichen Unbehagens in der Hysterie stellt gegebene Verhältnisse in Frage und schafft damit die Möglichkeit der Reartikulation und Veränderung.
Sarah Colvin analysiert die Darstellung bekannter Frauengestalten in Werken der Dramatikerinnen Liz Lochhead, Hélène Cixous, Gerlind Reinshagen und Elfriede Jelinek. Sie macht dabei deutlich, welche Weiblichkeitskonstruktionen Figuren wie Mary Stuart oder Freuds Hysteriepatientin Dora in der traditionellen Wahrnehmung verkörpern. Die genannten Dramatikerinnen brechen jedoch die normierte patriarchale Sicht auf diese Frauengestalten und den fetischisierenden Blick des Theaters durch verschiedene Mittel und konfrontieren sie mit widersprechenden Konzepten. Auf diese Weise eröffnet sich die Möglichkeit der Rekonstruktion und der veränderten Wahrnehmung.
Annette Comte diskutiert in ihrem Beitrag den performativen, wandelbaren und nicht-materiellen Charakter von Geschlecht. Ausgehend von dem Roman *The Passion* der englischen Schriftstellerin Jeanette Winterson diskutiert sie theoretische Ansätze zur Performativität von Geschlecht und zur Dekonstruktion binärer Oppositionen. Die bisexuelle Protagonistin des Romans entzieht sich binärer Einordnung, indem sie wechselnd als Mann und als Frau auftritt. Dadurch wird deutlich, dass Geschlecht als Handlung und Verhandlung zu sehen ist, als Interaktion zwischen (psychischer) Innen- und (körperlicher) Außenwelt sowie zwischen verschiedenen Körpern.
Weitreichende Parallelen in der Kritik des traditionellen Schreibens und Denkens bei Cixous und Nietzsche arbeitet *Kelly Meyer* heraus: Beide betonen die Rolle des Un-

bewussten, des Körpers und der Sexualität; beide lehnen die Trennung von Kopf und Körper, Geist und Materie, vor allem aber die Superiorität des Verstandes ab. Sowohl Cixous wie auch Nietzsche fordern eine alternative Art zu schreiben und zu denken, die Assoziationen, Mehrdeutigkeiten und Überfluss beinhaltet. Während Cixous jedoch das alternative Ideal als "écriture féminine" definiert, verbindet Nietzsche es mit dem Männlichen und Übermenschlichen, mit der Überwindung der effeminierten Verstandesorientierung. Selbst solche extrem dichtomisierenden Diskurse beinhalten damit letztendlich eine Aufhebung der Oppositionen von Weiblich und Männlich.

Annette Pankratz illustriert am Werk der britischen Dramatikerin Caryl Churchill, wie Geschlecht im Theater wahrgenommen und hergestellt wird. Churchills Stücke lassen Geschlecht als Konstrukt erkennen, das seine Legitimation aus religiösen, historischen und wissenschaftlichen Diskursen bezieht. Frauen- und Männerrollen nehmen die Form verzerrter Stereotype an, durch die die Figuren in ausweglose Situationen gedrängt werden. Die Performativität von Geschlecht wird betont, indem "weibliche" Figuren von "männlichen" Schauspielern dargestellt werden können und umgekehrt. Da jedoch Churchills Stücke als "Frauenliteratur" gelten, kann die Rezeption einen interpretativen Filter anlegen, der die Rekonstruktion eines traditionellen Geschlechterverständnisses erlaubt.

Am Beispiel von Symphonieorchestern untersuchen *Jutta Allmendinger und J. Richard Hackman* die Frage, wie sich ein steigender Frauenanteil auf die Arbeitszufriedenheit in Gruppen auswirkt. Das wenig ermutigende Ergebnis lautet, dass zunehmende Frauenanteile die Arbeitszufriedenheit negativ beeinflussen. Derselbe Trend findet sich in Instituten der Max-Planck-Gesellschaft. Ohne eine eindeutige Erklärung für ihren Befund geben zu können, weisen Allmendinger und Hackman auf die Bedeutung von Faktoren hin, die auf über- und untergeordneten Ebenen liegen (Verhältnis der Geschlechter auf dem nationalen Arbeitsmarkt; Struktur, Leitung und Auswahl von Mitgliedern einer Arbeitsgruppe).

Christine Altstötter-Gleich präsentiert Ergebnisse einer empirischen Studie, die untersucht, aufgrund welcher Merkmale Personen in verschiedenen Rollen als ähnlich oder unähnlich empfunden werden. Sie stellt fest, dass Geschlechtsgleichheit oder –verschiedenheit für die wahrgenommene Ähnlichkeit eine geringere Rolle spielt als andere Merkmale oder Rolleninformationen. Merkmale, die von den Versuchspersonen zur Beschreibung der beurteilten Personen genannt werden, stimmen teilweise mit Geschlechtsstereotypen überein, gehen aber über die stereotypen Dimensionen "Expressivität" und "Instrumentalität" hinaus.

In ihrem Forschungsüberblick dokumentieren *Kristi Lemm und Mahzarin R. Banaji* dass sich unbewusste Annahmen und Einstellungen zu den Geschlechtern erheblich von bewussten Überzeugungen unterscheiden können. Unbewusst sind die Geschlechter noch immer mit stereotypen Berufsfeldern, akademischen Disziplinen, Kleidungsstücken und Rollen assoziiert. Diese Assoziationen werden bei der Einordnung von Personen als 'weiblich' und 'männlich' automatisch aktiviert. Auch ist das (unbewusste) Selbstkonzept von Frauen und Männern mit kulturspezifischen

Vorstellungen von Femininität und Maskulinität verbunden. Die Ergebnisse machen deutlich, dass Geschlecht auch und gerade dann folgenreich ist, wenn ihm keine besondere Aufmerksamkeit gewidmet wird.

Kerrin Christiansen skizziert in ihrem Beitrag den Stand der Forschung über Zusammenhänge zwischen den (femininen, maskulinen bzw. androgynen) Persönlichkeitseigenschaften, die Individuen an sich wahrnehmen, und ihrer psychischen und körperlichen Gesundheit. Im Rahmen einer empirischen Studie zu Fertilitätsproblemen kann Christiansen belegen, dass insbesondere maskulin orientierte Männer mehr Stress erleben, woraus negative Folgen für Samenqualität und Fertilität resultieren. In ihrer Schlussfolgerung plädiert sie daher für eine positive Wahrnehmung femininer und maskuliner Anteile der eigenen Persönlichkeit.

Da die Verhaltensökologie in der Weitergabe eigenen Genmaterials das Hauptinteresse von Individuen sieht, unterstellt sie männlichen Individuen das Streben nach einer Befruchtung möglichst vieler Weibchen. Weiblichen Säugetieren dagegen gehe es dagegen um die Qualität der Aufzuchtbedingungen und die Auswahl ihrer Paarungspartner. *Inge Schröder* macht in ihrem Beitrag deutlich, wo und wie diese Sichtweise androzentrisch geprägt ist: Die Konkurrenz weiblicher Individuen um Sexualpartner etwa wird von der traditionellen Verhaltensökologie ebenso vernachlässigt wie die gezielte Auswahl von Partnerinnen durch männliche Individuen. Schröders Beitrag lässt sich als Aufforderung verstehen, den Blick auf die Natur nicht durch soziale Geschlechterkonstrukte zu verstellen.

Die Beiträge dieses Buches sind aus dem Vierten Symposion zur Geschlechterforschung hervorgegangen, das im November 1998 an der Christian-Albrechts-Universität zu Kiel abgehalten wurde. 250 Teilnehmerinnen und Teilnehmer aus allen Kontinenten der Welt stellten auf dieser Konferenz die Ergebnisse ihrer Arbeit vor und diskutierten sie in verschiedenen Foren. Die notwendige finanzielle Unterstützung für diese Veranstaltung verdanken wir dem Ministerium für Bildung, Wissenschaft, Forschung und Kultur des Landes Schleswig-Holstein, das auch die Veröffentlichung dieses Bandes ermöglichte, der Christian-Albrechts-Universität zu Kiel, der Deutschen Telekom, sowie den Firmen Reese und Mühlau aus Kiel. Der Universität Kiel sowie den Mitarbeiterinnen und Mitarbeitern des Zentrums für interdisziplinäre Frauenforschung danken wir für ihre Hilfe bei der Vorbereitung und Durchführung des Symposions, Heather Renee Perry für ihre wertvolle Unterstützung in allen englischsprachigen Angelegenheiten. Einen ganz besonderen Dank möchten wir, wie immer, Susanne Oelkers aussprechen, die die aufwendige Organisation dieser Veranstaltung meisterte, und Anja Gottburgsen, die die genauso aufwendige Redaktion des vorliegenden Bandes innehatte.

Wahrnehmung – ein Forschungsprogramm für Gender Studies

Ursula Pasero
Zentrum für interdisziplinäre Frauenforschung
der Christian-Albrechts-Universität zu Kiel

What you see is what you get ist eine einschlägige Formel in der Computer-Welt. Der Prozess des Wahrnehmens hinterlässt einen ähnlichen Eindruck: den der Wirklichkeit. Im Alltagsverständnis wird davon ausgegangen, dass die Welt so ist, wie sie auf unsere Sinne trifft – gelegentliche Irrtümer eingeschlossen. Was unseren Wahrnehmungshorizont erreicht, erscheint nicht nur unmittelbar, präsent und exponiert, sondern vermittelt den Eindruck von Realität. Hinter diesem Phänomen steckt allerdings ein komplexer kognitiver Prozess und keinesfalls ein trivialer Abbildmechanismus. Genau so wenig, wie die Verarbeitungsroutinen in unseren Computern sicht- und lesbar nachvollzogen werden müssen, um vom Bildschirm zum Ausdruck überzugehen, genau so wenig wird der Kognitionsmodus der Wahrnehmung selbst nachvollziehbar und gegenwärtig.
Im Wahrnehmen wird *Evidenz* erzeugt – eine Wirkung von lebenspraktischer Qualität, die uns mit einem verlässlichen Bild von uns selbst und der Welt als Ort wiederkehrender Ereignisse ausstattet (Schmitz 1990:240). Evidenz meint an dieser Stelle nichts anderes als das Erleben von Gewissheit, die sich "wie von selbst" einstellt noch bevor Kommunikation[1] einsetzt.
Bei der Forschungsfrage, ob und auf welche Weise soziale Unterscheidungsregeln wie die Geschlechterdifferenz vermittels Wahrnehmung aufleben, plausibilisiert oder auch abgeschwächt werden, geht es um diese imponierende Wirkung von Evidenz. Ohne Frage ist das Phänomen der Erzeugung von Evidenz für die Gender-Forschung zentral, weil weltweit Frauen und Männer ganz selbstverständlich voneinander unterschieden werden und sich daraus lebenslang anhaltende kulturelle Zuordnungen anschließen, obwohl die Selbstverständlichkeit der Folgen alles andere als selbstverständlich ist. Die Gender-Forschung fragt, *wie* dieser Unterscheidungszwang gebaut ist, *wie* er ausgedrückt und damit wahrnehmbar wird. Die Gender-Forschung beobachtet aber auch, was sich ändert, abschwächt, oder sogar außer Kraft gesetzt wird, denn auch das ist wahrnehmbar.
Das Phänomen Wahrnehmung wird heute als Spezialkompetenz des Bewusstseins beschrieben. Dieser der Wahrnehmung zugrunde liegende neurophysiologische Vorgang selbst wird dabei gerade nicht wahrnehmbar, sondern vielmehr systematisch und spurlos ausgefiltert. Der Wahrnehmungs*apparat* unterdrückt also das Wahr-

1 Der Phänomenologe Hermann Schmitz spricht von Wahrnehmung als Weise leiblicher Kommunikation (Schmitz 1989:XI), während in der soziologischen Systemtheorie die strikte Unterscheidung zwischen Wahrnehmung und Kommunikation konstitutiv ist. Hier ist Wahrnehmung ein Operationsmodus des Bewusstseins, Kommunikation hingegen der Operationsmodus von Gesellschaft (siehe Luhmann 1988: 560ff und 1995:13ff sowie 1997:121ff, Kieserling 1997:21ff).

nehmen seiner eigenen Vollzüge, aber nicht nur das. Ebenso werden die zahllosen Folgen von Lernschritten ausgeblendet, die das Unterscheidungsvermögen der Wahrnehmung aufgebaut hat. Indem die Lernschritte operativ "vergessen" werden, kann das Resultat der Unterscheidung selbst rascher erzeugt werden (siehe Kieserling 1997:81f). Der Eindruck von Unmittelbarkeit verdankt sich diesem komplexen Operationsmodus.

Auf diese Weise qualifiziert sich Wahrnehmung als äußerst schnelle Informationsverarbeitung, die umstandslos aktiviert wird und die Welt als unmittelbar gegeben verfügbar hält. Dabei wird zugleich und immer mitlaufend eine Unterscheidung zwischen 'Innen' und 'Außen' vollzogen, die wie jede andere Unterscheidung gleichfalls gelernt werden muss. Während die Innen-Perspektive die Wahrnehmbarkeit des eigenen Leibes, also das leibliche Spüren und damit eine Innenwelt konstituiert, konstruiert der Operationsmodus der Außenwahrnehmung die jeweilige subjektive Außenwelt (siehe Luhmann 1995:13ff). Was also im Prozess des Wahrnehmens als unmittelbarer Eindruck erscheint, ist alles andere als unmittelbar. Wir nehmen ausschließlich in einem solchen "Erlebnismodus der Unmittelbarkeit" (Luhmann 1995: 18) wahr, während der Kognitionsvorgang synchron über hoch vermittelte Operationen verläuft. Dieser Modus ist ein Funktionserfordernis der Wahrnehmung selbst.

Der "Erlebnismodus der Unmittelbarkeit" verstärkt zudem den Eindruck von *Evidenz.* Mit der Wucht unmittelbarer Eindrücke werden – in langen Sequenzen der Sozialisation – *gelernte* Unterscheidungen so aktiviert, dass sie sich "wie von selbst" verstehen und keinesfalls mehr mitgeteilt werden müssen. Dieser Umstand ist für die Geschlechterforschung entscheidend: mit der wechselseitigen Wahrnehmung von Personen heften sich zugleich *gelernte* symbolische Zuschreibungen und Muster an die physische Präsenz, die durch Kommunikation kaum mehr korrigiert werden können. Die wahrnehmbaren Merkmale werden so zu einer sozialen Tatsache par excellence, die unbestreitbar erscheint.

Personen, die wechselseitig für einander in Erscheinung treten, offenbaren zwangsläufig das, was sichtbar bleibt: mit hoher Wahrscheinlichkeit ihre Geschlechtszugehörigkeit, ihre Hautfarbe, ihre Körpergröße, Kleidung und Aufmachung. So gilt mit den Worten von André Kieserling:

> Es gibt dazu keine kommunikative Distanz und auch keine Möglichkeiten des Aushandelns. Es gibt immer schon Festlegungen, die man danach nicht mehr weg diskutieren kann. (Kieserling 1997:76)

Dies gilt umstandslos für die physische Präsenz von Individuen. Nichts scheint beispielsweise einfacher zu sein, als eine Gruppe von Individuen nach Frauen und Männern zu sortieren. Fehler sind selten, die Trefferquote ist hoch. Die Unterscheidung stellt sich wie von selbst ein, weil im Hintergrund gelernte geschlechtstypische Wahrnehmungsmuster verfügbar sind, die aktiviert werden können.

Dahinter steckt die Annahme, dass Wahrnehmung durch Sozialisation, Sprache und Medien stark vorstrukturiert wird. Diese Struktur wird durch das jeweils sozial und kulturell verfügbar gehaltene Inventar an semantischen Formen und Mustern modelliert, das eine Gesellschaft für ihre Mitglieder bereithält. Dieses Repertoire wird

durch laufende Kommunikationen nicht nur wieder und wieder aktualisiert, sondern ebenso auch verändert und neuen Situationen und Ereignissen angepasst. Im Prozess des Wahrnehmens fungieren Muster abrufbar im Hintergrund und können jederzeit selektiv aufgerufen und vergegenwärtigt werden. Mit diesem Operationsmodus gehen permanent Konsistenzprüfungen einher, in denen Wahrgenommenes vermittels 'passender' Muster und Formen anschlussfähig gehalten und damit 'wiedererkennbar' wird. Während der Kognitionsvorgang selbst unzugänglich operiert, wird gleichzeitig das unmittelbare Erleben von Gewissheit und die Abarbeitung von Ungewissheit prozessiert.
In diesem Sinne ist Wahrnehmung also eine besondere Form der Informationsverarbeitung, die sich durch ihr hohes Fassungsvermögen für *gleichzeitige* Ereignisse auszeichnet, wenn auch mit diffuser Tiefenschärfe. Damit ist ein äußerst schneller, wenn auch nur ungefährer Modus der Orientierung gewährleistet, der keineswegs kommuniziert werden muss (s. Luhmann 1988:561, auch Kieserling 1997:37f). Im Gegenteil macht es Sinn, nicht jedes wahrgenommene Ereignis kommunikativ aufzuschließen, sondern in der Schwebe zwischen wahrgenommener Gewissheit und kommunikativer Ungewissheit zu lassen. Diese Fähigkeit muss in langen Sozialisationssequenzen gelernt werden.
Kinder überraschen Erwachsene gerade dadurch, dass sie diesen Unterschied zwischen Wahrnehmung und Kommunikation weniger virtuos anwenden und solche Wahrnehmungen mitteilen, die besser nicht thematisiert worden wären. Auf diese Weise können peinliche Situationen entstehen, die dann durch kommunikative Interventionen aufgelöst werden müssen. Ganz selbstverständlich wird in solchen Situationen zugleich auch das Unterscheidungsvermögen zwischen Wahrnehmung und Kommunikation trainiert. Was als "kindliche Spontaneität" oder "kindliche Wahrhaftigkeit" erscheint, ist eher dem Umstand geschuldet, dass der Umgang mit der Differenz zwischen wahrgenommenen und kommunizierbaren Ereignissen noch nicht hinreichend erworben ist.
Die Gesellschaft ist jedoch auf Irritationen eingestellt: Sie hält Konventionen bereit, die davor schützen, dass etwas Wahrgenommenes in die Kommunikation überführt wird, das besser unthematisiert bliebe. Dazu gehören beispielsweise soziale Konventionen, die das Interaktionsgeschehen flankieren und modellieren. In diesem Zusammenhang kommen Takt, Umgangsweisen und Distanztechniken zur Wirkung, beispielsweise eine kontrollierte Körperhaltung, Ausdruckslosigkeit und Unterdrückung von Erregung oder Anteilnahme. Solche Distanztechniken gegen ungewollte Wahrnehmung müssen gelernt, angeeignet und erprobt werden. Es versteht sich, dass die hierfür zur Verfügung stehenden kulturellen Repertoires historisch gesehen höchst unterschiedlich ausfallen.[2] Und es macht Sinn, die Wirkungen des Wandels der primären Differenzierungsform einer Gesellschaft in die forschenden Überlegungen mit einzubeziehen. Eine geschichtete Gesellschaft löst das Problem hierarchisch mit Regeln der Über- und Unterordnung, mit Einschränkungen der Teilnahme an sozialen Interaktionen und mit Vorschriften für Kleidung und Auftreten. Hier werden viel-

2 Siehe dazu vor allem Elias (1997), exemplarisch auch Zur Lippe (1974), Boltanski (1976).

fältige hierarchische Ordnungsmuster wirksam, welche die Beteiligten sowohl nach Herkommen und Stand als auch nach Lebensalter und Geschlecht ausweisen. Die damit einhergehenden sozio-kulturellen Regulierungstechniken wurden prominent als zunehmender Zwang zur Körperdisziplin[3] interpretiert, während neuere Studien die "Erzwingung von Kommunikation" sowie ihre Engführung auf zurechenbare Beiträge (s. Kieserling 1997:60) hervorheben.

Die funktional differenzierte Gesellschaft entwickelt andere Muster und Umgangsweisen zur Steuerung von Wahrnehmung und Kommunikation, vor allem löst sie zahlreiche Konventionen auf. Wie halten nun moderne, auf funktionale Differenzierung abstellende Regulierungstechniken die Geschlechterdifferenz noch vor jeder Kommunikation wahrnehmbar, verstärken sie oder schwächen sie auch ab? Kleidung und Aufmachung z.B. signalisieren noch heute, wen wir vor uns haben: Frau oder Mann. Zwar sind eine Vielzahl von Konventionen obsolet geworden, aber Männer können durchaus noch nicht unbefangen in Frauenkleidern erscheinen, während Frauen sowohl Frauen- als auch Männerkleidung tragen dürfen.

Möglicherweise steckt hinter diesem, für Frauen offensichtlich größeren Spielraum an Präsentationstechniken ein folgenschweres Gefälle zwischen den Geschlechtern: Mit Umstellung der gesellschaftlichen Differenzierung von Schichtung auf Funktionssysteme wandelt sich auch die Kleidermode. Männer kleiden sich bemerkenswert unauffällig, farblos und wenig differenziert (s. König 1985), während Frauen zugestanden wird, viele soziale Ressourcen auf das Problem zu verwenden, *wie* sie in Erscheinung treten. Hier könnte ein Vorrang der Wahrnehmbarkeit (von Frauen) vor der Kommunikation vermutet werden. Der oben diagnostizierte "Zwang zur Kommunikation" geht möglicherweise mit einem handfesten Gender Bias einher.[4]

Hingegen wird eine stark neutralisierende Wirkung von alten hierarchischen Unterscheidungsmustern vor allem am neuzeitlichen Begriff des Individuums festgemacht (siehe Kieserling 1997:89). Dieser Begriff unterläuft nicht nur alle sozialen Einteilungen nach Herkunft und Stand, sondern er schließt auch eine durch Kommunikation reflexiv wirkende Wahrnehmung des eigenen Körpers und der Geschlechtszugehörigkeit ein. Dies bedeutet, dass erwartet werden kann, dass nicht nur Männer, sondern auch Frauen vorrangig als Individuen, das heißt als Beobachterinnen des eigenen Körpers identifiziert werden (siehe Kieserling 1997:89, vgl. auch Shorter 1987).

Wahrnehmung als Form der Informationsverarbeitung ist konditioniert, das heißt von kognitiven Mustern gesteuert, die Informationen selegieren, filtern und sortieren. Das Bewusstsein ist mit Ordnungsmustern ausgestattet, mit deren Hilfe es beobachtet, was es wahrnimmt (s. Luhmann, 1995:15f). Dieser kognitive Hintergrund hilft über zahllose Klippen individueller Irritationen hinweg, weil er Schemata bereithält,

3 Die Disziplinierung von Körpern ist eine Schlüsselfigur der kritischen Sozialwissenschaften. Exemplarisch dazu Zur Lippe (1974). Die Durchsetzung "sozialverträglicher" Themen ist in stratifikatorisch geordneten Gesellschaften durchaus von Rigidität und Disziplinierung geprägt. Lockerungsprozesse hat Norbert Elias dann als Wandlungsphänomene vom Fremdzwang zum Selbstzwang charakterisiert (s. Elias 1997 Bd. 2:323ff).

4 Die Geschichte der Mode und Kleidungsstile (König 1985) – legt diese Vermutung durchaus nahe.

die für neuartige und ungewohnte Ereignisse und Situationen mobilisiert werden können. Es liegt auf der Hand, dass das Erinnern eigener, leibhaftiger Erfahrungen nicht ausreicht, um auf ungewohnte Ereignisse und Situationen gefasst zu sein. Semantische Muster und Schemata stellen eine kognitiv verfügbare Umgebung bereit, in der Neues und Ungewohntes antizipiert werden kann. Sie werden durch iterative, sprachlich vermittelte Lernprozesse angeeignet und stammen aus dem semantischen Formenvorrat, der in einer Gesellschaft verfügbar, das heißt kommunizierbar gehalten wird. Die damit einhergehende Verwendungslogik ist dabei keinesfalls willkürlich oder beliebig, sondern entlang *sozial geteilter Erwartungen* ausgerichtet. Diese lösen einen wirkungsvollen Steigerungszusammenhang aus: Wir lernen nicht nur, was von uns erwartet wird, sondern wir lernen auch Erwartungen zu erwarten und unsere Spielräume in der Wahrnehmung an Erwartungen auszurichten. Im Wahrnehmen werden also Erwartungszustände[5] aktiviert, die wahrnehmbare Ereignisse und Situationen mehr oder weniger passend filtern, um nicht von unerwarteten Ereignissen und Situationen überwältigt zu werden.

Wahrnehmung gewinnt also ihre Sicherheit und Evidenz durch soziale Erwartungen. Erwartungen sind Sicherheitsmuster in den Sinnstrukturen der Gesellschaft. Sie sind so gebaut, dass mit Wiederholungen desselben in anderen Situationen gerechnet werden kann (s. Luhmann 1997:791). Wir erwarten auf dem Postamt keine Komplimente über unser Aussehen, sondern Briefmarken und Auskünfte, und mit dieser Erwartungsstruktur nehmen wir die Vorgänge auf dem Postamt wahr. Selbstverständlich ist gleichzeitig noch weitaus mehr wahrnehmbar, aber nur mit dieser Situation Unvertraute nehmen anderes als das durchschnittlich in einem Postamt zu Erwartende wahr. Erwartungen filtern also Irritationen der Wahrnehmung und regulieren damit einhergehende Missverständnisse. Es sind soziale Standards: Wir können damit rechnen, dass Züge zu den angegebenen Uhrzeiten fahren, dass Geschäfte zu Geschäftszeiten geöffnet sind, dass also bestimmte Ereignisse "mit Sicherheit" wiederholbar gehalten werden.

Erwartungen werden mit vielen anderen geteilt. Es handelt sich um einen basalen Prozess wechselseitiger Stabilisierungen. Dieser Prozess ist keinesfalls frei von besonders trivialen Schemata und Mustern, die als *Stereotype* bezeichnet werden und sich hervorragend dazu eignen, komplexe Informationen stark zu vereinfachen. Dies macht ihre universelle Wirksamkeit und Haltbarkeit aus. *Geschlechterstereotype* spielen dabei eine herausragende Rolle im Stereotypen-Repertoire. Geschlechterstereotype werden als einfach strukturierte Muster von Einstellungen und Erwartungen zu Eigenschaften von Frauen und Männern definiert. Diese Frauen und Männern anhaftenden Stereotypen sind so ausgreifend und umfangreich, dass von einem *"gender belief system"* (Deaux 1985, Deaux/Major 1987) gesprochen werden kann, in das sowohl deskriptive wie normative Elemente zu den Geschlechtern generalisiert sind. Viel stärker als es das Projekt der Aufklärung angenommen hat, aktivieren

---

5 Auf den "Erwartungsanteil" im Prozess des Wahrnehmens und auf die Regelungsfunktion von Erwartungen weist explizit auch Hermann Schmitz hin (s. Schmitz 1989:113ff, 142).

Merkmale wie die äußere Erscheinung, die Stimme und der Habitus das Repertoire von Geschlechterstereotypien.
Geschlechtsstereotype Erwartungen rufen geschlechtsstereotypes Verhalten hervor und umgekehrt. Auf diese Weise lebt der oben genannte basale Prozess wechselseitiger Stabilisierung immer wieder auf. Geschlechterstereotype sind dabei keinesfalls nur stereotype Erwartungsmuster anderen gegenüber. Sie fungieren im eigenen kognitiven Selbstbild und werden auch im eigenen Rollenrepertoire aufbewahrt.
Die Sichtbarkeit von Frauen und Männern ist einer der stärksten Stereotypen-Aktivierer. Sie bewirkt, dass wir einer homogenen Gruppe mit "identischen" Merkmalen zugerechnet werden, ob wir das wollen oder nicht. Und diese Sichtbarkeit der Geschlechterdifferenz ergibt sich keinesfalls von allein, sie muss aktiv gestaltet werden und zwar früh und zudem noch lebenslang. Die Herstellung der Differenz beginnt mit der Geburt eines Individuums – durch Namensgebung – und wird kontinuierlich ausgebaut. Hier fungieren alltäglich vollzogene kulturelle Techniken, die die Differenz vor allem verstärken und seltener abschwächen oder sogar neutralisieren. Solche fundamentalen Unterscheidungs-Verstärker sind beispielsweise Kleidung[6], die Modellierung des Körpers und der Stimme. Auf diese Weise entsteht der evidente Eindruck des Unterschieds und nichts fällt leichter, als diesen Unterschied auszumachen. In ihrem berühmten Aufsatz *Doing Gender* fragen Candace West und Don Zimmerman: "Can we avoid doing gender?" Die Frage ist bislang zugunsten der Unterscheidung ausgefallen. Es kommt auf die Beobachtung neuer Spielräume an, um Donna Haraways Beschreibung der Welt als "polymorphes Informationssystem" überhaupt wahrnehmen zu können.
Hier setzt die *Gender-Forschung* ein: Gefragt wird nicht nur, ob und *wie* Frauen und Männer unterschiedlich wahrgenommen werden, sondern darüber hinaus, *wie* vermittels dieser ständigen Wahrnehmungsleistungen die Differenz zwischen den Geschlechtern wieder und wieder miterzeugt oder auch sogar abgeschwächt wird. Die aktuelle Gender-Forschung beobachtet vorrangig Prozesse und Phänomene der Unterscheidung zwischen Frauen und Männern und nicht so sehr abschwächende Tendenzen (siehe Pasero 1994 und 1995, Jansen-Schulz 1998:255ff). Dabei könnte eine Ausweitung der Forschungsperspektive hilfreich sein, um eine unhinterfragte Selbstbindung an "unverrückbare Tatsachen" zu reflektieren. Die Frage, *wie* der Unterschied zwischen den Geschlechtern gesellschaftlich gebaut ist, wird heute flankiert von der Frage nach der Notwendigkeit einer solchen trennscharfen Unterscheidung, die weit über den Erhalt der Gattung hinauszielt. Der Unterschied zwischen den Geschlechtern ist schlicht überdeterminiert: Der alltagsweltlichen Annahme, dass das Geschlecht zum natürlichen, weil bestanderhaltenden Inventar von Menschen gehöre, steht ein gewaltiger sozialer und kultureller Überschuss von geschlechtsdifferenten Zuschreibungen gegenüber.

6 Geschlechtstypische Verstärker sind insbesondere die Haute Couture mit zentraler Ausrichtung auf feminine Mode – trotz gelegentlicher Rebellion und Uni-Sex-Versuchen –, abschwächende Tendenzen finden sich eher bei der Arbeitskleidung, Uniformierung und Sportkleidung.

Wissenssoziologisch muss nachgefragt werden, *wie* Unterscheidungen gesellschaftlich gehandhabt werden. Die Plausibilität einer solchen Sichtweise wird aus der Tatsache erhellt, dass zahllose Unterschiede zwischen Individuen sozial verträglich verkraftet werden, ohne gleich eine differente Ordnung zwischen den Unterschiedenen festzuschreiben. *Wie* werden also Unterschiede gesellschaftlich ausgebaut, bedeutend gemacht und institutionalisiert?
Es geht also um "Unterschiede, die Unterschiede machen" (vgl. Simon 1993) und nicht um Unterschiede, die sozial folgenlos bleiben. Unter einem solchen Fokus ist *Gechlecht/Gender* nicht einfach nur jemandem zu eigen, sondern ein überpersönlicher Träger einer kulturellen Differenz. Mit einer solchen Perspektive wird darauf bestanden, die Beobachtung der Geschlechterdifferenz so anzusetzen, dass ihr sozialer Mous kenntlich wird: indem eine von vielen Unterscheidungen in der Welt zum anhaltenden sozialen Unterschied gemacht, plausibilisiert und befestigt wird und damit basale Geltung erlangt.

Literatur

Boltanski, L. (1976): *Die soziale Verwendung des Körpers. In: Zur Geschichte des Körpers. Perspektiven der Anthropologie*. Hg. D. Kamper/V. Rittner. München/Wien: Hanser. S. 138-183.

Deaux, K. (1985): Sex and gender. In: *Annual Review of Psychology* 36. S. 49-81.

Deaux, K./B. Major (1987): Putting gender into context: An interactive model of gender-related behavior. In: *Psychological Review* 94. S. 369-389.

Elias, N. (1997): *Über den Prozeß der Zivilisation. Soziogenetische und psychogenetische Untersuchungen*. (Bd. 1 und 2). Frankfurt am Main: Suhrkamp.

Jansen-Schulz, B. (Hg.) (1998): *Schule und Arbeitswelt. Zwischen Thematisierung und De-Thematisierung von Geschlecht*. Bielefeld: Kleine.

Kieserling, A. (1997): *Kommunikation unter Anwesenden. Studien über Interaktionssysteme*. Dissertation Universität Bielefeld: Bielefeld.

König, R. (1985): *Menschheit auf dem Laufsteg: Die Mode im zivilisatorischen Prozeß*. München/Wien: Hanser.

Luhmann, N. (1988): *Soziale Systeme*. Frankfurt am Main: Suhrkamp.

Luhmann, N. (1990): *Die Kunst der Gesellschaft*. Frankfurt am Main: Suhrkamp.

Luhmann, N. (1997): *Die Gesellschaft der Gesellschaft*. Frankfurt am Main: Suhrkamp.

Pasero, U. (1994): Geschlechterforschung revisited: Konstruktivistische und systemtheoretische Perspektiven. In: *Denkachsen. Zur theoretischen und institutionellen Rede vom Geschlecht*. Hg. T. Wobbe/G. Lindemann. Frankfurt am Main: Suhrkamp. S. 264-296.

Pasero, U. (1995): Dethematisierung von Geschlecht. In: *Konstruktion von Geschlecht*. Hg. U. Pasero/F. Braun. Pfaffenweiler: Centaurus. S. 50-66.

Schmitz, H. (1989): *System der Philosophie*. (3. Bd. Der Raum, 5. Teil: Die Wahrnehmung). Bouvier: Bonn.

Schmitz, H. (1990): *Der unerschöpfliche Gegenstand. Grundzüge der Philosophie*. Bouvier: Bonn.

Simon, F.B. (1993): *Unterschiede, die Unterschiede machen. Klinische Epistemologie: Grundlage einer systemischen Psychiatrie und Psychosomatik*. Frankfurt am Main: Suhrkamp.

Shorter, E. (1987): *Der weibliche Körper als Schicksal. Zur Sozialgeschichte der Frau*. München: Piper.

West, C./D.H. Zimmerman (1987): Doing Gender. In *Gender & Society* 1(2). S. 125-151.

Zur Lippe, R. (1974): *Naturbeherrschung am Menschen*. (2 Bände: I. Körpererfahrung als Entfaltung von Sinnen und Beziehungen in der Ära des italienischen Kaufmannskapitals, Naturbeherrschung II. Geometrisierung des Menschen und Repräsentation des Privaten im französischen Absolutismus). Frankfurt am Main: Suhrkamp.

Onanie und Geschlecht, 1712-1990

Thomas W. Laqueur
Department of History, University of California at Berkeley

Das Aufkommen der neuzeitlichen Masturbation kann mit einer Präzision datiert werden, wie sie in der Kulturgeschichte nur selten möglich ist. Es war am 1. Januar 1712, als der anonyme Autor eines kurzen Traktats mit langem Titel eine neue Krankheit nicht nur benannte, sondern sie regelrecht erfand. Geboren war damit jedoch nicht nur eine Krankheit, sondern ebenfalls ein neuer Mechanismus zur Erzeugung von Scham- und Schuldgefühlen – ein Mechanismus, der eindeutig der Epoche der Moderne angehört und in der Folge eine fast universelle Wirksamkeit entfaltete. Der Originaltitel des Traktats lautete *Onania; or the Heinous Sin of Self Pollution and all its Frightful Consequences, in both SEXES* [im Text]. *Considered with Spiritual and Physical Advice to those who have already injured themselves by this abominable practice And seasonable Admonition to the Youth of the nation of Both SEXES* [im Text]. Oder, in der deutschen Ausgabe: *Onania oder die Selbstbeflekkung mit allen ihren entsetzlichen Folgen, welche dieses schändliche Laster bei beiderlei Geschlechtern nach sich zieht. Mit geistigem und leiblichem Rat für diejenigen, welche sich durch diese abscheuliche Sünde bereits Schaden zugefügt haben und dem enthüllten Geheimnisse, wie ohne ärztliche Hülfe die geschwächten Leibes- und Seelenkräfte wieder herzustellen sind.* Dem Autor zufolge sei Onanie ein "solch häufiges und [zum Himmel] schreiendes Vergehen" (8. Aufl., 1723:iii, ii), dass allein die Unkenntnis der damit verbundenen Gefahren, die Heimlichkeit sowie die eingebildete Straflosigkeit seine weite Verbreitung erklären könnten. Es gab für dieses Vergehen weder die Todesstrafe, die z.B. für "unnatürliche Unreinheiten" erlassen wurde, noch konnte es wie Unzucht oder Untreue durch spezielle Gesetze geahndet werden.

Genauer gesagt, das bislang fast unbemerkte gebliebene Problem der Selbstbeflekkung, das eine so große Rolle im westlichen Verständnis von Selbst und Sexualität spielen sollte, war das folgende:

> (…) die unnatürliche Praxis, durch die Personen beiderlei Geschlechts ihre eigenen Körper ohne die Hilfe anderer beschmutzen. Indem sie sich schmutzigen Phantasien hingeben, sind sie bestrebt, sich selbst jenen Sinneseindruck zu verschaffen, welchen Gott der fleischlichen Vereinigung der Geschlechter zur Erhaltung unserer Art durch seinen Befehl beigegeben hat. (ibid:1)

Fast alles an diesem Titel und dem Verbrechen ist neu. Da wäre zuerst sein Name: Unser anonymer Autor behauptet zurecht, dass Onanie nichts mit der Sünde Onans zu tun habe. "Da Onan aber wußte", heißt es in Genesis 38.9, "daß die Nachkommenschaft nicht ihm gehören werde, ließ er, so oft er der Frau seines Bruders beiwohnte, den Samen zur Erde fallen, um seinem Bruder keine Nachkommenschaft zu verschaffen." Und weiter: "Doch Jahwe mißfiel, was er tat; darum ließ er (...) ihn sterben." Onan wurde von Gott mit dem Tode bestraft. Während Onans Untat eine ausgesprochen männliche war, behandelt der Autor des Traktats das Verbrechen bei Mann *und* Frau. Er definiert es als Selbstbefleckung (*self pollution*), als Sünde durch Handlung, während Genesis zweifelsohne von einer Sünde des Nichthandelns spricht, einer Sünde aufgrund einer *unterlassenen* Handlung. Und letztlich behauptet unser Autor, dass vor ihm noch niemand Onan mit Masturbation in Verbindung gebracht habe. (Soweit ich sehen kann, behauptet er dies übrigens zurecht, eine Predigt von John Casien möglicherweise ausgenommen, zitiert in Rousselk 1983:197ff). Er erschafft damit eine brillante und später ungemein erfolgreiche Assoziation, eine Assoziation, mit der er andeutet, die neue Sünde habe ähnliche furchtbare Konsequenzen zur Folge wie ihre alte Vorgängerin, nämlich den Tod. *Onanism* und seine verwandten Wörter – im Deutschen beispielsweise Onanie und onanieren – kommen somit 1712 als Neologismen auf. Das Wort "Masturbation" wurde im Englischen erstmals 1760 benutzt. Es geht anscheinend auf das seltene lateinische Substantiv "masturbor" zurück, dessen Etymologie jedoch unbekannt ist.

Selbst unter anderen Bezeichnungen waren die medizinischen Gefahren der Onanie vor 1712 wenig bekannt. Aristoteles mutmaßt in einem undurchsichtigen Text, sie "verursache die Erweiterung der Gefäße und führe zum Fließen" (VII, 12-22, Vol. 1: 911); zudem rufe "die Erinnerung an das Vergnügen früheren Genusses ein Verlangen nach Wiederholung hervor" (zitiert in Tissot 1766:4). Hippokrates erwähnt einen Fall von Kollaps infolge von fleischlichen Ausschweifungen, den Ärzte im 18. Jahrhundert mit Vorliebe zitierten, doch enthält Hippokrates' Text keinerlei Angaben über das Zustandekommen dieser Exzesse. Galen berichtet von dem Fall einer Witwe, der er dazu rät, ihre Genitalien zu reiben, um überflüssigen Samen loszuwerden (vgl. Hanson 1990). Es lässt sich festhalten, dass all denjenigen, die vor den medizinischen Gefahren der Onanie warnten, bewusst war, wie wenig sich ihre Vorgänger um das gekümmert hatten, was ihnen als eine tödliche Epidemie erschien.

Onanie ist desweiteren die erste aller unnatürlichen Handlungen – der sogenannten *crimes of pollution* – , deren Männer und Frauen gleichermaßen für fähig gehalten wurden. Obwohl die antike Kultur in Witzen oft auf Masturbation von Männern anspielt, ist von weiblicher Autoerotik fast nie die Rede. In der neuen christlichen Ethik werden Analverkehr und Sodomie als männliche Vergehen kodiert, obgleich Frauen ihrer ebenfalls fähig waren. Und das komplette Arsenal sexueller Gefahren, die angeblich mit der Ejakulation von Samen zusammenhängen – durch nächtliche Samenergüsse (verbunden mit erotischen Träumen oder auch nicht), durch unbeabsichtigtes Reiben, während einer unerwarteten Erektion, durch Berührung des Penis während "unschuldiger" Handlungen –, all diese Gefahren drohten allein dem männlichen Geschlecht. Sie beunruhigten den Klerus, welchem sie in der Beichte zu Ohren kamen.

Andererseits war Onanie zutiefst demokratisch: Die Hände und Genitalien, ja: die Vorstellungskraft und der Wille, waren bei Frauen nach 1712 genauso gefährdet, fehlgeleitet zu werden wie bei Männern. Vielleicht aus dem Gefühl heraus, älteren Ausgaben habe es diesbezüglich an Überzeugungskraft gemangelt, versprach die 15.

Ausgabe von *Onania* aus dem Jahre 1737, noch mehr Briefe von Mädchen zum Beweis dafür anzuführen, dass diese nicht nur masturbierten, sondern sich zugleich auch noch schadeten. Wie Margita Lipping (1986:32) aufgezeigt hat, stammen in dem umfangreichen deutschen anti-masturbatorischen Schrifttum des 18. Jahrhunderts ca. 20% aller bekannten Fälle von Frauen, obwohl beide Geschlechter als gleichermaßen gefährdet angesehen werden. Der Bestsellerautor Dr. Samuel August Tissot, ein Freund Rousseaus und einer der bekanntesten Ärzte des 18. Jahrhunderts, der der Onanie zu größerer internationaler Prominenz als sonst irgend jemand verholfen hat, war der Ansicht, dass Frauen "dieser verabscheuenswerten Unanständigkeit" keineswegs seltener zum Opfer fallen als Männer: Im Gegenteil, unter ihnen sei die "Bösartigkeit der durch [Onanie] verursachten Leiden" sogar noch weiter verbreitet (1766:41).

Die französische *Encyclopédie* verkündete, die beiden Geschlechter konkurrierten darin miteinander, "ihre Hände als kriminelle Werkzeuge zu mißbrauchen" (1765: 51-54) – mit denselben üblen Folgen für beide. Dr. Samuel Gottlieb Vogel, berühmt durch die Einführung des Wortes "Paranoia" in der Medizin, listete die Gefahren für jedes Geschlecht separat auf, argumentierte aber in seinem *Unterricht für Eltern* von 1786, dass diese Gefahren für Mädchen größer seien. In der Tat möchte ich die These aufstellen, dass weibliche Onanie die ideale masturbatorische Trope darstellt, und zwar genau deshalb, weil sie nichts außer Begehren verursacht – doch davon später mehr.

Im Unterschied zu den älteren sexuellen Sünden betraf Onanie alle Altersstufen. "In den Annalen der Medizin finden sich jede Menge Fälle 5-, 6- und 8-jähriger Kinder, die aufgrund von Masturbation starben", so der *Grande Dictionnaire* von Larousse im Jahre 1875 (1320-1322). Um ihre Zöglinge still zu halten, taten Ammen durch das Streicheln derer Genitalien ein Übriges; ältere Jungen und Mädchen gaben ihr Wissen an jüngere weiter. Die Gefahr der Onanie als Form sexueller Befriedigung lauerte somit überall – bei Mann und Frau, bei Kind und Erwachsenen.

Schließlich produzierte Onanie die ersten wirklich säkularen Schuldgefühle. Freilich kam sie schon in Beichtstühlen vor 1712 zu Wort als etwas, dessen sich Menschen schuldig fühlten. Ein Beichtbuch, das Jean Gerson zugeschrieben wird, fragt Jungen – von Mädchen ist hier nicht die Rede – , ob sie je ihre erigrierten "Ruten" (*virga*) gerieben hätten und geht tatsächlich davon aus, dass sie sich ihres natürlichen "Genitaljuckens" auf diese Weise entledigt hätten (nach Tentler 1977:90-92). (Der Titel von Gersons Schrift, *de Confessioe mollitiei*, ist bezeichnend vage. Er geht auf die lateinische Wurzel "mollis" zurück, die in der Antike alle möglichen Formen weiblicher, weicher Sexualität bezeichnete). Und allgemeine erotische Stimulierungen – *omnis luxurioses attactus* – , also auch die Onanie, waren bei Ehepaaren mit Verbot belegt. Furcht vor Onanie lag den an Nonnen gerichteten Warnungen zugrunde, einander nicht zu reiben. Als unnatürlichen Akt klassifizierte Thomas von Aquin Onanie in derselben Kategorie wie Sodomie und Analverkehr (vgl. Ausgabe von 1899). Und natürlich muss die Sprache der "Pollution" selbst erwähnt werden – "Selbstbefleckung", "Selbstbestekung"– , eine Sprache, die an eine Welt alttestamentarischer

Reinheit erinnert. Doch das, was in der Folge als "Onanismus" (*onanism*) bekannt wurde, war vor dem 18. Jahrhundert kein zentrales Problem christlicher Sexualethik. Es waren Ärzte, die dieses neue "Leiden und die Qualen eines verletzten Gewissens" ("trouble and agony of a wounded conscience") erfanden, wie *Onania* das Problem benannte. Bei aller Betonung der "entsetzlichen Sünde der Selbstbefleckung" (das Wort "Sünde" wird in späteren Ausgaben durch "Verbrechen" ersetzt) geht es im Urtext von 1712 weder um Lüsternheit noch um sexuelle Ausschweifungen oder gar sexuelles Vergnügen im allgemeinen, sondern vielmehr um eine spezifisch körperliche Handlung, die weitverbreiteten körperlichen Schaden verursacht, aber mit Hilfe von Medikamenten gelindert werden kann, welche vom Autor des Textes verkauft wurden. Um nur das bekannteste Beispiel anzuführen: Tissot erwähnt "Sünde" mit keinem Wort: *Versuch von den **Krankheiten**, welche aus der Selbstbestekung entstehen.* Von 1712 an waren es in den nächsten drei Jahrhunderten vor allem Ärzte, aber auch Lehrer und säkulare Moralisten, die sich in der Öffentlichkeit immer wieder zu Onanie äußerten.

Die Pathologie des "Onanismus" nahm schließlich nie den Platz der Erbsünde ein. "Onanismus" stand für gestörte Soziabilität, für einen Mangel an Selbstkontrolle – niemals aber für eine hoffnungslos von Gott entfremdete Seele. Für Augustin gab es nichts, das gegen Lüsternheit in ihren vielen Varianten getan werden konnte; durch Selbstdisziplinierung war es zwar möglich, kontrollierbare sexuelle Handlungen zu unterlassen, aber alle anderen Zeichen tieferer Verderbtheit waren durch Willensanstrengung nicht zu ändern. Erotische Träume im Schlaf, nächtliche Samenergüsse und Impotenz waren alle willentlich nicht zu beeinflussen. Keine noch so fortgeschrittene Kultur konnte die Entfremdung der Seele von Gott ungeschehen machen, welche diese signalisierten (vgl. Brown 1988:405-415).

Im Gegensatz dazu war Onanie eine üble (wenn auch höchst gefährliche) Angewohnheit, die jedoch mit den Mitteln vernünftiger Pädagogik gänzlich vermieden werden oder aber – wenn einmal erworben – durch strikte Selbstkontrolle wieder abgelegt werden konnte: Lies keine erregende Literatur, meide schlechten Umgang, treibe mehr Sport, verhilf der Kultur zum Sieg über das Animalische! Onanie war sozialen, nicht metaphysischen Ursprungs. Nur Gnade konnte die von Sünden gepeinigte Seele erlösen; Tabletten und Heiltränke konnten zumindest die üblen Folgen des "Onanismus" kurieren.

In einem spektakulären Fall intellektueller Aufwärtsmobilität stieg das Traktat *Onania* in wenig mehr als 50 Jahren von den Niederungen der Grub Street (eine Straße in London im 18. Jahrhundert, die metonymisch für Populärliteratur steht) zum Allerheiligsten der Aufklärung empor. Führte sie anfangs noch eine Randexistenz, war Onanie später allgegenwärtig; galt sie zu Beginn noch als vergleichsweise gutartig, wurde sie später lebensgefährlich; war sie anfangs noch eines unter vielen Moralvergehen, wurde sie später einzigartig verabscheuenswert. Masturbation war plötzlich omnipräsent. Sie fand gleich zweimal Eingang in die *Encyclopédie* – das erste Mal unter ihrem eigenen Namen, das zweite Mal unter dem Stichwort "Erguß" (*pollution* im Französischen). Zusehends spiegelt die Literatur die Allgegenwart der Handlung selbst wider; es erscheinen immer mehr übertriebene Beschreibungen ihrer moralischen und physischen Gefahren. Tissot rechtfertigte die Tatsache, dass seine Ausgabe von 1766 ein Drittel umfangreicher als die vorhergehende geworden war damit, dass ohnehin nur "geringe Hoffnung bestünde, durch Argumente zu überzeugen als durch Beispiele abzuschrecken", so dass man "letzterer schwerlich genug zusammentragen" könne (xi). Er müsse die Menschen gegen eine Krankheit "impfen", die schlimmer als Pocken sei, "die um so mehr gefürchtet werden muß, als sie im Schatten der Heimlichkeit wütet (...). Sie zersetzt ohne jedes Geräusch, ohne daß sich selbst ihre Opfer je ihrer Bösartigkeit bewußt werden" (xi). Zusätzlich zu holländischen, französischen, englischen, italienischen und griechischen Übersetzungen des lateinischen Originals erschien Tissots Buch vor 1802 in zehn verschiedenen deutschen Auflagen.

Lassen sie mich von den bescheidenen Anfängen der Masturbation einen Sprung von 70 Jahren in die Zukunft wagen: In seiner *Metaphysik der Moral* (Teil 2, "Die Doktrin der Tugend") hielt Immanuel Kant die Onanie für so unnatürlich, "daß selbst die Nennung eines solchen Lasters bei seinem eigenen Namen für unsittlich gehalten wird (...)" und "(...) welches bei dem des Selbstmords nicht geschieht" (1838:277).

> Unnatürlich heißt eine Wollust, wenn der Mensch dazu nicht durch den wirklichen Gegenstand, sondern durch die Einbildung von demselben, also zweckwidrig, ihn sich selbst schaffend, gereizt wird. Denn sie bewirkt alsdann eine Begierde wider den Zweck der Natur, und zwar einen noch wichtigeren Zweck als selbst der der Liebe zum Leben ist, weil dieser nur auf Erhaltung des Individuums, jener aber auf die der ganzen Species abzielt. (277-278)

Selbstmord wird zumindest durch reelle Verzweiflung verursacht. Die masturbierende Person dagegen erliegt einer Lust, die in ihrer eigenen Subjektivität begründet ist. Rousseau schreibt eloquent von den Gefahren einer Sexualität, die 'per definitionem' keine Grenzen kannte. Geschlechtsverkehr, ja jegliche sexuelle Aktivität verlangt nach einem Anderen, einer sozialen Beziehung.

> Nur nicht diese, außergewöhnlich gefährliche Form sexueller Betätigung, die es ihm ermöglichte, sich des weiblichen Geschlechts sozusagen nach Lust und Laune zu entledigen, und jede verführerische Schönheit in den Dienst des eigenen Vergnügens zu stellen, ohne zuerst ihre Einwilligung zu erlangen. Von diesem fatalen Vorteil verführt, machte ich mich daran, die robuste Konstitution zu zerstören, die die Natur mir verliehen hatte. (1728-1730:152f)

Einer der gegen Marie Antoinette während der Französischen Revolution erhobenen Vorwürfe lautete, sie habe dem Dauphin das Onanieren beigebracht. Kleist berichtete von einem jungen Mann, dessen Arme in eine Art Zwangsjacke eingenäht worden waren: Sein "unnatürliches Laster hatte ihn wahnsinnig gemacht. Oh lieber tausend Tode als ein Leben wie dieses" (nach Lütkehaus 1991:76f). Und so weiter und so fort – die Reihe der Beispiele ließe sich beliebig fortsetzen.

"Sünde aller Sünden, Laster aller Laster ... [Sie hat] unvergleichlich mehr sexuellen Verfall, Lähmung, Krankheit und Demoralisierung verursacht als alle anderen sexuellen Laster zusammengenommen", schrieb ein unbekannter Arzt im 19. Jahrhundert. Und der ungleich bekanntere und talentiertere Dr. Freud schreibt der Onanie eine kaum geringere Bedeutung zu: Sie sei der Prototyp der sexuellen "Abhängig-

keit", analog zu "Morphium, Kokain, Chlorahydrat und so weiter" (Bd. 8:505f, siehe auch Briefwechsel Freud und Fleiss vom 22. Dez. 1897 hrsg. von Massomod 1985). Ähnlich wie diese diene sie direkt oder indirekt "als Ersatz für sexuelle Befriedigung". Das Laster der Onanie würde durch die Spielsucht substituiert, schreibt Freud in seiner Interpretation Dostojewskis, und zieht eine direkte Verbindung vom unterbewussten Spiel mit den Genitalien im Kindergarten zur Inflation des Wortes "Spiel" an den dostojewskischen Roulettetischen. Angstneurose, Obsession und hysterisches Erbrechen können gemeinsam auf Onanie zurückgeführt werden (vgl. Bd. 14:415).
Es stellt sich die Frage, was an einer Handlung für so bedrohlich gehalten wurde, die lange Zeit nicht einmal als beachtenswert gegolten hatte? Das Problem ist nicht im falschen Objekt begründet, wie dies bei der Sodomie oder dem Analverkehr angeblich der Fall ist. Es ist weder wie etwa bei feuchten Träumen, Phantasien oder Impotenz ein Zeichen der Sünde, die, wie beispielsweise bei Augustin (vgl. Brown 1988: 405-415), die wahre Vollkommenheit des Herzens verhindert. Noch lag das Problem bei der Furcht vor sexuellem Vergnügen um seiner selbst willen, obschon Gegner der Geburtenkontrolle gegen Ende des 19. Jahrhunderts das Stigma der neuen Onanie ironischerweise auf jegliche Art des Geschlechtsverkehrs übertrugen, der nicht zur Fortpflanzung diente, und den sie daher als "Ehe-Onanie" verurteilten.
Im übrigen lehnten im 19. Jahrhundert radikale sexuelle Freidenker, die Verhütungsmittel und freie Liebe propagierten, Onanie genauso hysterisch ab wie puritanische Konservative. Im Verlauf des 18. Jahrhunderts also wurde Onanie folglich von einer unklar definierten, nicht-reproduktiven Praxis zu dem, als was sie bis weit in unser Jahrhundert hinein gehandelt wurde: "ein Zeichen des Konflikts (...) zwischen Instinkt und Repression" (1961:63), wie es Freuds Kollege Wilhelm Stekle ausdrückte. In der Tat lässt sich Freuds These verallgemeinern, die Masturbation stelle die treibende Kraft der gesamten kindlichen Sexualität dar und folglich auch der damit assoziierten Schuldgefühle: Schon bald nach 1712 wurde die Handhabe der Autoerotik zur treibenden Kraft des Selbst überhaupt.
Dies entwickelte sich zu einem moralisches Problem mit einem spezifisch modernen Zug: das Selbst in all seiner bedrohlichen Autarkie, Isolation, seinem Egoismus und seinem mangelnden Interesse an der Bedeutung von Kultur und ihren Regeln: "**Selbst**befleckung", das "**solitäre** Laster"; die "**Heimlichkeit**" dieses Lasters, das "viele verführt hat", wie es in *Onania* heißt (11). Autoerotik war der Antipode fast jeglicher Sexualität, die, mochte sie hetero- oder homosozial sein, nichtsdestotrotz – sozial war. Onanie war albern: "Eine absurde Art der Geschlechtlichkeit", "ein groteskes Vergnügen", so ein britisches Medizinlexikon von 1743 (James 15-23). Onanie als das beinahe Karnevalistische.
Doch am bedrohlichsten mutete an, dass Onanie außerweltlich war, dass sie gänzlich jenseits der Welt mit ihren reellen Bedürfnissen und ihren reellen Mitteln stand, diese Bedürfnisse zu befriedigen. Onanie war in einer erotischen Landschaft endlosen Begehrens angesiedelt, endlos produziert entweder als Antwort auf des Körpers Verlangen nach animalischem Vergnügen, oder, schlimmer noch, als Antwort an einen Geist, der sich von allem gelöst hatte, was Kultur verkörperte. Mehr als das: "Indem

sie sich schmutzigen Phantasien hingeben, bemühen sie sich, jenen Sinneseindruck zu imitieren und sich selbst zu verschaffen" (1), der normalerweise zu zweit erlebt würde, warnt *Onania*. "Phantasien", "nachahmen" und "sich selbst" sind die Schlüsselwörter hier. Masturbation war nicht nur insofern unnatürlich, als sie eine Perversion der Natur darstellte, sondern sie stand auch gänzlich außerhalb von jeglicher Natur. Masturbation war künstlich. Für Tissot bestand daran kein Zweifel:

> Menschen unterwerfen sich künstlichen Bedürfnissen, und genauso verhält es sich mit den von der Selbstbefleckung Abhängigen. Es sind Phantasie und Gewohnheit, denen sie sich unterwerfen; es ist nicht die Natur. (1766:88)

Der *Dictionnaire Portatif de Santé* verstand dies ebenfalls: "Die Phantasie, die sich ohne Unterlaß damit beschäftigt, all das vorzutäuschen, was die Fortpflanzungsorgane erregt" (1771:340), gewinnt dadurch Oberhand über eben jene Organe. Eine "feurige und ausschweifende Phantasie", heißt es in der *Encyclopédie*, trage "die größte Schuld an dem Verbrechen" (1765:52). Masturbation wurde auf diese Weise zur dunklen, schmutzigen, ungebärdigen Kehrseite der vielgestaltigsten und gepriesensten aller Passionen, der Vorstellungskraft (Imagination), für die sich Dichter, Philosophen und Menschenfreunde begeisterten.

Das Problem ist demzufolge nicht Sexualität an sich wie in der auf Paulus zurückgehenden christlichen Tradition; es geht keineswegs um zuviel Sex oder zuviel Vergnügen. Das Problem ist eines von Überschuss aller Art – an ungezügelter libidinöser Energie; an Freiheit, sich das vorzustellen, was man will; mehr zu wollen, als man hat; und mehr zu wollen, als man braucht. Um es auf den Punkt zu bringen: Selbstbeherrschung wird genau dann wichtig, wenn die Macht der Natur, natürlicher Beschränkungen und einer scheinbar natürlichen Hierarchie politischer Ordnung an Einfluss zu verlieren scheinen. Man könnte, wie dies Isabel Hull (1996) für das Deutschland des 18. Jahrhunderts getan hat, die Zunahme der Sorge um Onanie in einem spezifischen politischen Kontext verstehen. Dies fungiert, so Hull, als eine "Art Inventarliste", mit deren Hilfe die Vor- und Nachteile der sozialen Prinzipien der Aufklärung gegen die Vor- und Nachteile des sozialen Prinzips des Absolutismus abgewogen werden" (1996:267). Onanie, argumentiert Hull, repräsentiere die Kehrseite der bürgerlichen Gesellschaft, ihre Erbsünde: Phantasie, das Verlangen nach Luxus, Lesen, vor allem Privatheit seien untrennbar mit der neuen politischen Ordnung verbunden gewesen und schienen doch höchst bedrohlich. Masturbation ist eben diese Bedrohung in ihrer körperlichem Dimension.

Aber, da die moderne Masturbation in England ihren Anfang fand, wo politisch eine ganz andere Situation vorherrschte, und diese repressive Leidenschaft auch generell an anderen Orten mit wiederum unterschiedlichen politischen Bedingungen gedieh – Genf, Frankreich, den amerikanischen Kolonien –, würde ich das neue rege Interesse an dieser Form sexueller Befriedigung eher in einen Zusammenhang mit der aufkommenden Marktwirtschaft stellen wollen. Die Onanie wurde in jenem Jahrzehnt entdeckt, als die ersten Romane erscheinen und die erste Börse krachte. Onanie, der Kollaps der Betrügereien John Laws und die *South Sea Bubble* erblickten alle im selben Jahrzehnt das Licht der Welt, eine Generation, nachdem die Tulpenmanie

Europas erste vollständig kommerzielle Kultur erfasst hatte. Sie kam als die furchterregende Doppelgängerin der Befreiung von Lust im Körper, der Aufwertung von Überfluss, der Möglichkeit einer Welt, in der sich alles, was fest ist, in Lust aufzulösen vermag. Sie steht für die zugleich befreienden, aber auch sozial zersetzenden Eigenschaften der modernen Marktwirtschaft – wie in der Tat für die Moderne generell. Masturbation ist jene Form von Sexualität, die das Selbst am eindeutigsten in einer Welt repräsentiert, in der Kultur ständig neu erschaffen und zugleich beherrscht werden muss.
Und da es Männer und Frauen im Prozess der Zivilisation bekanntlich verstanden haben, unterschiedliche Rollen zu spielen, unterschiedliche Verhältnisse zum Exzess, zum Begehren und zur Phantasie zu haben, war ihr Verhältnis zur Autoerotik ebenfalls unterschiedlich beschaffen. Ich möchte hier nur drei Momente skizzieren. Erstens: Lesen im 18. Jahrhundert, vor allem das Lesen von Frauen. Zweitens: die außerordentliche Bedeutung, die Freud der Onanie nicht nur bei der Zuteilung von Geschlechterrollen, sondern ebenfalls für die genitale Sexualität selbst beimisst. Und schließlich drittens: die Rehabilitierung der Onanie durch Feministinnen in den siebziger Jahren, als die zuvor oftmals verschmähte Praxis sich zu einem Schlüssel zur Selbstverwirklichung außerhalb der Grenzen patriarchalischer Ordnung entwickelt.

Lesen
Alleine lesen war lange Zeit für gefährlich gehalten worden. Denken Sie nur an das fünfte Kanto in Dantes *Göttlicher Komödie* (Zeile 130): "Wir waren allein und waren ungehemmt", sagt Francesca. "Oft führte das Lesen unsere Augen zusammen und machte uns erröten, aber einmal übermächtigte es uns (...) am ganzen Körper zitternd küßte er meinen Mund". Im 18. Jahrhundert war die zuvor seltene Praxis alltäglich geworden. Alleine-Lesen hatte Jan Starobinski (1964) zufolge eine besondere Beziehung sowohl zur Freiheit als auch zum moralischen Dilemmata des modernen Subjekts angenommen. Präziser formuliert, ab dem frühen 18. Jahrhundert stand Masturbation für die vermeintliche Bedrohung, die selbstbezogener, einsamer, literarischer Genuss sowohl für das Individuum als auch die Zivilisation darstellte. "Der Selbstbeflecker, ständig seinen obszönen Gedanken hingegeben", schreibt Tissot, "ist in dieser Hinsicht wie der Schriftsteller, der seine gesamte Aufmerksamkeit auf einen einzigen Punkt richtet (...)."
Seit 1712, von Anbeginn an wurde Onanie mit derjenigen paradigmatischen Form von privat konsumierter, selbststimulierender Literatur in Verbindung gebracht, deren ganzer Zweck es war, durch Phantasie den Körper zu überwältigen – mit der Pornographie nämlich: "schlechte Bücher, schlüpfrige Diskurse", "Bücher, die mit nur einer Hand gelesen werden" – *Ces livres qu'on ne lit d'une main*, wie sie Jean Marie Goulemot (1991) in seiner Studie über Pornographie und ihre Leser im 18. Jahrhundert nennt. Die medizinische Literatur lief zuallererst Gefahr, selbst der Gattung der Pornographie zugerechnet zu werden, hatte sie doch eine Vielzahl rhetorischer Mittel von ihr übernommen. Der anonyme "Arzt", der *Onania* schrieb, betont

seine Unschuld allzusehr. Ihm zufolge sollte man über Masturbation "nicht sprechen, sie darf nicht einmal angedeutet werden, da allein ihre Erwähnung manche gefährden könnte, denen sie sonst niemals in den Sinn gekommen wäre" (4. Aufl. 1716: 15f). Umgekehrt

> könnte sie die Gemüter alberner Leute mit Sinn für Unanständigkeiten erregen (...). Ich bitte daher den Leser, hier einzuhalten, und nicht weiterzulesen, es sei denn er hat den Wunsch, keusch zu sein, oder er ist zumindest zu erwägen bereit, ob er ihn haben sollte oder nicht.

Wer würde da nicht weiterlesen? *Onanias* Autor tut so, als wisse er nicht, dass im Inhaltsverzeichnis aller (mit Ausnahme der ersten) Ausgaben für den Klassiker pornographischer Literatur des 18. Jahrhunderts schlechthin geworben wurde – *Venus dans le cloitre ou La Religieuse en chemise*, die Geschichte zweier Nonnen aus Rom, die durch gegenseitige Masturbation ihre Klitoris so sehr vergrößert hatten, dass diese fälschlicherweise für männliche Geschlechtsorgane gehalten wurden. Ferner sollten wir nicht außer acht lassen, dass *Onania* von Ausgabe zu Ausgabe umfangreicher wurde durch echte oder fiktionale Briefe (was hier aber keinen Unterschied macht), in denen Jungen und Mädchen, Männer und Frauen berichteten, auf welche Weise sie das schändliche Laster erlernt hatten.

Darüber hinaus muss darauf hingewiesen werden, dass die moderne Pornographie genau eine Generation vor *Onania* ihren Anfang nimmt: *L'Ecole de filles, ou la Philosophie des dames*, ein Buch, das eben jene Geschichten sexuellen Verderbens vorwegnimmt, die später in der anti-masturbatorischen Literatur "en masse" auftauchen, erschien 1655; *Venus dans le cloitre* 1762; *Le Rut ou pudeur eteinte* 1676. Zusätzlich wissen wir aus Tagebüchern, dass Leser die neue, populäre medizinische Literatur nach Bildern von Geschlechtsorganen und Beschreibungen des Geschlechtsverkehrs durchkämmten. Pornographie erklärt jedoch nicht die von der Zeit wahrgenommene Zunahme von Onanie, welche angeblich der Impetus für *Onania* und vergleichbarer Bücher war. Wir wissen in der Tat sehr wenig über ihre damalige wie heutige Verbreitung, abgesehen davon, dass sie als beinahe universell gilt. Der Genuss von Pornographie, die Fähigkeit, anhand medizinischer Illustrationen zu phantasieren, das private Sich-Hineinversetzen in fiktive Romanfiguren – all dies – und *Onania*! – waren Symptome einer kulturellen Revolution, in deren Zusammenhang sie und das moralische-medizinische Problem der Masturbation eingebunden waren. Alle waren sie abhängig von denselben Arten von Subjektivität wie jenes Vergnügen und jener Schmerz, die von der endlosen, individuellen Produktion masturbatorischen Begehrens stammen.

Man könnte meinen, dass dies für Männer und Frauen, für Jungen und Mädchen gleichermaßen gilt. Doch in Wirklichkeit wurden Frauen als besonders anfällig für Lesen gehalten – ähnlich wie für die gedeihende Konsumwirtschaft, ohne die sich das Lesen niemals verbreitet hätte. Belletristik, vor allem Romane, wurden als gemeingefährlich angesehen. Ich möchte hierfür zwei Belege anführen, einen visuellen und einen literarischen. Frühneuzeitliche Darstellungen von Frauen *und* Männern behandeln das Lesen entweder als einen impliziten, im Hintergrund stattfindenden Prozess, in dem das Buch als Zeichen für Frömmigkeit, Gelehrtheit oder etwas

anderes steht (siehe z.B. Massys "Porträt einer Frau" im Metropolitan Museum oder van Orleys "Porträt des Arztes Georges de Zelle" in Brüssel), oder aber als Teil einer Allegorie (siehe Botticellis "Madonna des Felsens", wo das Buch, das Christkind – fleischgewordenes Wort – und die Jungfrau miteinander in einer komplizierten Struktur von Blick und Bedeutung verbunden sind). Oder als eine Form spiritueller Versunkenheit – die Jungfrau oder eine andere deutliche fromme Person gefangen genommen von einem religiösen Text (siehe z.B. Messinas "Lesende Jungfrau"). In einer der wenigen säkularen Darstellungen einer lesenden Frau (Andrea del Sartos "Porträt eines Mädchens, das Petrarca liest") ist ihr Blick zweifellos verführerisch – sie schaut uns unvermittelt an –, obgleich sie alles andere als solipsistisch in die Lektüre versunken ist. Mit der holländischen Kunst des 17. Jahrhunderts treten zum ersten Mal verstärkt bürgerliche Frauen auf, die versunken einen Text, oft einen Liebesbrief, anstarren (siehe z.B. Gerard ter Brochs "Frau, die einen Brief liest"). Im 18. Jahrhundert wird eine solche Versunkenheit (siehe Fragonards "Souvenir") und die damit einher gehende Verbindung von Buch/Lesen mit Luxus und einem gewissen voyeuristischen Vergnügen bei der betrachtenden Person zum weit verbreiteten Topos (u.a. Bouchers "Dame auf dem Sofa" oder Greuzes "Schlafende Frau", deren Arm unter anderem auf einem Buch liegt, und die einen Hund in ihrem Schoß hält).
Diese Tradition wird auf die Pornographie onanierender Frauen im 18. Jahrhundert übertragen. (Interessanterweise kommen autoerotisch beschäftigte Männer außer in antiklerikalen Darstellungen von Mönchen in der Kunst nicht vor). In diesen Bildern haben männliche Künstler, die Pornographie und Kunst für Männer schufen, an den Reiz und die Gefahr alleine lesender und sich gleichzeitig erotischen Phantasien hingebender Frauen angeknüpft. Isaac Cruickshanks "Luxus" von 1801 oder die Gravur "Le Midi", basierend auf einem Gouache-Bild von Baudoine, könnten kaum eindeutiger sein. Ein Buch ist ihr aus der Hand geglitten, Licht fällt auf ihre Hände, die eine schläfrig zur Seite gelegt, die andere zwischen ihren Beinen. Die explizite Pornographie einer Nonne in "Le progres du libertinage" weist eine noch größere Präsenz masturbatorischer Gefahren – und Genüsse – auf. Dieses Bild handelt vom sexuell erregenden Potential des Lesens, von der Gefahr des Wissens und nicht zuletzt von der Gefahr des Selbstwissens, der Selbsterkenntnis. Das emanzipatorische Narrativ des den Genitalien vorgehaltenen Spiegels, ein Narrativ, das in der feministischen Literatur des ausgehenden 20. Jahrhunderts dominiert, wird am Übergang von Libertinage zu Antiklerikalismus invoziert (Rowlandsons pornographische Karikatur von 1812 "Die neugierige Frau" gehört in diese Kategorie, wenngleich der Antiklerikalismus dort fehlt).
Onanie wird auf diese Weise eindeutig mit der befreienden, gefährlichen und – für Männer zumindest – erregenden, generell stimulierenden Qualität von privaten Genüssen der Vorstellungskraft assoziiert. Diese Kunst dreht sich um eine Begierde, die nicht auf dem Boden der Realität von Reproduktion oder sozialer Beziehungen erwächst. Romane wurden als repräsentativ für dieselben libidinösen Exzesse erachtet. In Wirklichkeit lasen nicht nur Frauen Romane – in der Tat scheinen sie nicht einmal

die Hauptkonsumenten gewesen zu sein –, doch wurde das Lesen von Belletristik für die gesellschaftlich-moralische Ordnung für besonders bedrohlich gehalten.
Diese Gefahr lag im repräsentatorischen Exzess begründet, genauso wie für Rousseau die Gefahr der Onanie in ihrer Supplementarität, in ihrem Überwinden der Natur und der ihr eigenen, strukturellen Beschränkungen gesehen werden musste. Der englische Arzt und Gesellschaftskritiker Thomas Beddoes wagte 1802 einen Angriff auf "Bücher, die auf die Konstitution einen schädlichen Einfluss ausüben (...). Romane, die das Empfinden krank machen" (76). Beddoes meinte, mobile Bibliotheken seien für viele Krankheiten verantwortlich: "das Vermögen gewisser Ideen, die Organe zu reizen (...) bedarf keiner weiteren Erläuterung" (45). Coleridge fand, das Lesen von Romanen "führe zur völligen Zerstörung der Geisteskräfte" (nach Taylor 1943:106); ein weiterer Kommentator schrieb im 18. Jahrhundert, Romane berauschten das Gehirn mit "morbiden Empfindungen", d.h. sie machten es empfänglich für verschiedene Stimmungen, Gefühle und Stimuli; Romane stellten für das Gehirn dasselbe wie Alkohol für den Körper dar. Romane "wirken auf die Körperorgane ein", "entspannen den Nerventonus", und "haben zusammen mit der Musik mehr als sonst irgend etwas dazu beigetragen, die kränklichen Gesichtsausdrücke und nervösen Ticks unserer hochgebildeten Frauen hervorzurufen" (nach Taylor 1943:102-106). Hier nähern wir uns der Pathologisierung der Onanie an. Wenn wir die Ansicht hinzu nehmen, "novelism" (d.h. die Krankheit des Romanlesens) – der Neologismus des *Methodist Magazine* (Vol. 142, August 1819:607-609) – rufe leere Gesichtsausdrücke hervor, nähre die Phantasie ohne Unterlass, ruiniere das Leben von Frauen unter anderem dadurch, dass Romane "Männern als Bettgenossen Konkurrenz machen", die "Phantasie reizten" und unwiderstehliche Unzufriedenheit hervorriefen, so kommen wir der Wahrnehmung von Onanie zu dieser Zeit immer näher.
J.D.T. Bienvilles *Nymphomania* (ein Buch, das 1771 für Frauen tun wollte, was Tissot für beide Geschlechter getan hatte) hob die Verbindung von Lesen und Onanie explizit hervor. Im 18. Jahrhundert wurde dieses Buch ins Französische, Italienische und Englische übersetzt; auf Deutsch erschien sein Werk in Auszügen als Teil eines allgemeineren Gesundheitsratgebers. *Nymphomania* bestand aus einer Reihe von medizinischen Novellen, die jeweils von den Gefahren des Lesens von Belletristik und dessen onanistischen Folgen handelten. Als böse Fee fungiert hier die Vorstellungskraft (Imagination). Eine Prädisposition zur Verderbnis wird durch sie erst noch beflügelt; sie verleitet die Heldin einer Geschichte dazu, "jede Gelegenheit zur Befriedigung ihrer Neugierde zu nutzen, die sie hinsichtlich der Natur ihrer Wünsche hegt" (1771:171). Bienville schreibt weiter: "Die Vorstellungskraft ist wie ein Handwerker für das fatale Toben der Masturbation" (1771:174). Als "welch ein Heilmittel" sich diese "zärtlichen und lasziven" Werke – Romane – erweisen würden! Sie seien "wie ein Brennglas, das die Sonnenstrahlen bündelt, um sie auf einen Punkt zu richten, an dem sie ein Feuer entzünden müssen." Nach vielen heimtückischen Dienern, törichten Eltern und vereitelten Liebschaften verlassen wir diese seltsame Variante des Romans des 18. Jahrhunderts – mit unserer Heldin unheilbar

krank, doch noch immer am Leben. Das Buch und die Hand bei Bienville, ebenso wie die Bilder lesender Frauen, von denen ich gesprochen habe – sie alle deuten auf dieselbe Körpergegend.

Freud

Wie bereits angedeutet, kam der Masturbation eine besondere Bedeutung in der Theorie Freuds und seiner Kollegen zu. Kein Thema rief hitzigere Diskussionen hervor. Als sich der Wiener psychoanalytische Kreis 1910 drei Abende lang traf, um die Onanie zu diskutieren, waren die Meinungsverschiedenheiten derartig groß, dass eine Veröffentlichung nicht gewagt wurde. Zwei Jahre später wurden neun weitere Versammlungen abgehalten, und Freud gelang es nur mit äußerster Mühe, einen Konsens unter den Mitgliedern herzustellen. So schließt er seinen Bericht mit der Beobachtung, dass "Das Thema der Masturbation schier unerschöpflich ist" (Bd. 8:345).

Ich möchte hier nur einen Aspekt dieses unerschöpflichen Themas ansprechen: seine Rolle in der Freudschen Theorie der genitalen Sexualität und vor allem der Zuschreibung von Geschlechterrollen. Nirgendwo tritt die Spannung zwischen Freuds Radikalismus – seiner Entdeckung einer frei florierenden libidinösen Energie, die die eindeutige Unterscheidung von Geschlechterrollen in Unordnung bringt – und dem normativen Verlangen von Kultur, die auf eben jene Verteilung aufzubauen scheint – so deutlich zutage. Anale Onanie ist weitverbreitet, betont Freud, und es ist in der Tat an dieser Stelle, dass das Kind zuerst eine Umwelt entdeckt, die der Erfüllung instinktiven Vergnügens ablehnend gegenüber steht. Es scheint demnach, dass der Körper nicht auf genitale Sexualität programmiert sei. Doch dann findet das Kind durch Spielen mit der Eichel oder Klitoris heraus, dass Genitalien, so Freud, "zu großen Dingen in der Zukunft bestimmt" seien, daß sie der "Beginn des später "normalen" Geschlechtslebens" sind (Bd. 5:88). Wie eben dies geschehen soll, bleibt unklar. Ich möchte jedoch die These aufstellen, dass erst das Verbot genitaler Masturbation diesen Organen jene Bedeutung zukommen lässt, von der Freud spricht. Es scheint, als sei das Werden dieser Organe ganz davon abhängig, dass sie zum Ort eines Verbots werden. Wie dem auch sei, eindeutig ist auf jeden Fall Freuds Ansicht, dass der Grund für "das künftige Primat dieser erogenen Zone für die Geschlechtstätigkeit" (Bd. 5:89) mit der frühkindlichen Masturbation ("Säuglingsonanie") gelegt wird.

Sowohl für Jungen als auch Mädchen würde die Fortsetzung der Masturbation über das frühe Kindesalter hinaus "die erste große Abweichung von der für den Kulturmenschen anzustrebenden Entwicklung" (Bd. 5:89) darstellen. Doch der entscheidende Moment der Festlegung von Geschlechterrollen kommt mit der Pubertät, wenn Mädchen ihre maskuline Form von Sexualität unterdrücken müssen – d.h. der klitoralen Onanie und klitoraler Sexualität im allgemeinen ein Ende setzen müssen – und, wie Freud sich in seiner *Neuen Folge der Vorlesungen zur Einführung in die Psychoanalyse* ausdrückt, deren "Empfindsamkeit und gleichzeitige Bedeutung an die Vagina abgeben müssen" (Bd. 15:137). Vorfälle von Onanie bei kleinen Mädchen resultieren in einer Sexualität, die "gänzlich maskulin ist"; "mit dem Aufgeben der klitoridischen Masturbation wird auf ein Stück Aktivität verzichtet. Passivität hat nun die Oberhand (...)" (Bd. 15:137). Um es auf den Punkt zu bringen: Masturbation ist bei Freud das Feld, auf dem ein Mädchen zur Frau wird. Der Kürze halber habe ich an dieser Stelle auf einen Kommentar zur Amnesie kindlicher Masturbation verzichtet, die bei Freud die paradigmatische Form kindlicher Amnesie schlechthin ist und welche erklärt, warum bei Neurotikern Schuldgefühle mit Erinnerungen an Onanie verbunden sind, ebenso wie ich hier nichts zur Rolle von Onanie bei Hysterie, Obsession und anderen Neurosen sagen will.

Freuds Argument der Universalität von Kindesmasturbation – ihre Unvermeidlichkeit, moralische Unschuld und Entwicklungsspezifik – übte nach 1920 enormen Einfluss auf die Sexualpädagogik aus. Im Gegensatz zu ihrer früheren Pauschalverdammung als übel und gefährlich wurde sie zum festen Bestandteil der Ontogenese: Sie gehörte eben zum sexuellen Erwachsenwerden dazu. Nur ihr Fortleben bis in eine spätere Entwicklungsstufe hinein – für Freud dem Vertreter einer "primitiven Zivilisation" ähnlich, der auf irgendeine Weise nackt und wild inmitten "zivilisierter Wesen" auftaucht – lässt auf Pathologie schließen, und zwar in erster Linie des Geistes (und nicht des Körpers). Schuldgefühle, nicht körperliche Schwäche, waren ihre äusseren Zeichen. In den siebziger Jahren kehrte der Feminismus dieses Argument um und erklärte zum ersten Mal in der Geschichte der Menschheit die Onanie zu einem Akt der Emanzipation, einem Vergnügen um seiner selbst willen. Zum ersten Mal zumindest, seit Diogenes der Zyniker verkündet hatte, Onanie habe eine lobenswerte Ventilfunktion für körperliche Bedürfnisse; er sagte, dass er wünsche, Reiben würde sein Bedürfnis für Nahrung ebenso leicht befriedigen wie sein Bedürfnis für sexuelle Befriedigung.

Feminismus und Onanie

Onanie, das sollte ich vorweg betonen, wurde nur bei Frauen als befreiend angesehen. Es gibt, soweit ich das beurteilen kann, keinerlei Literatur von Männern für Männer über das Vergnügen um des Vergnügens willen. Masturbation unter Männern bleibt ein Witz, ein Ersatz, ein peinliches Geheimnis.

Der feministische Schlüsseltext, über den ich sprechen möchte, ist *Our Bodies Ourselves*, das 1971 als die erweiterte Fassung einer zuvor vervielfältigten, "Women and their Bodies" betitelten Broschüre der Boston Women's Health Collective erschien. Das Buch *Our Bodies Ourselves* war ungemein erfolgreich: die verkaufte Auflage betrug vier Millionen Exemplare, und es erschien in sechzehn Sprachen – 1974 auf Italienisch, 1975 auf Japanisch und Dänisch und 1980 auf Deutsch als *Unser Körper, Unser Leben*.

Masturbation wird dort zuerst als ein zwei Jahrhunderte altes Schuldgefühl thematisiert. Der erste Fall könnte direkt von Freud stammen: Eine Frau berichtet, als kleines Mädchen sei sie sich sicher gewesen, dass die Infektion und bevorstehende

Amputation des Beins ihres Vaters die Folge ihrer Onanie sei, und er sterben müsse, wenn sie nicht aufhöre. *Our Bodies Ourselves* weist die Freudsche Interpretation dieses Falls zurück und geht dazu über, affirmative Argumente für Selbsterotik vorzubringen: diese sei kein Ersatz für Sex mit einem Mann oder einer anderen Frau, sondern "It's different from, not inferior to, sex for two" (1971:13). Autoerotik biete die einfachste und praktischste Möglichkeit des Experimentierens mit dem eigenen Körper. Es geht um reines Vergnügen. Diesen Ausführungen folgen Instruktionen zum konkreten "wie" und dann eine abschließende Überlegung zum Wert der Phantasie; statt uns zu gefährden, "sagt sie etwas aus über die Wirklichkeit, in der wir uns befinden", über das "Akzeptieren unserer Gefühle und den Versuch, sie zu verstehen" (1971:19).

Gegen Mitte der 70er Jahre hatte dieser Diskurs weite Kreise gezogen. Betty Dodsons *Liberating Masturbation: A Meditation on Self-Love* z.B. erschien 1974 und wurde in Folge sechsmal neu aufgelegt, zuletzt 1996. Dodsons Argumente sind ungleich radikaler. Wo *Our Bodies Ourselves* die Welt noch mit heterosozialen, wenn nicht gar heterosexuellen Augen sieht, fehlt ein solches Telos bei Dodson ganz: "Masturbation ist unser primäres Sexualleben. Sie ist unsere sexuelle Grundlage. Alles, was wir darüber hinaus tun, besteht schlichtweg aus Entscheidungen, unser Sexualleben zu sozialisieren" (55). Doch Dodsen steht mit anderen Feministinnen wie beispielsweise Lonnie Barbach und Nancy Friday in einer Tradition sexueller Befreiung – einem Engagement für ein Innenleben und Vergnügen um seiner selbst willen. So schreibt sie: "Nimm ein heißes Schaumbad, umgib dich mit Kerzen und Spiegeln, lass deiner Phantasie freien Lauf und sag dir selbst: 'Ich liebe dich'" (43).

Dies ist in der Tat die Welt von *Onania* oder Tissot, nur auf den Kopf gestellt. Wovor sich jene fürchteten – Phantasie, Selbstgenuss, Überfluss, Überschuss, Vergnügen – sie alle werden nunmehr als ein politisches Programm gefasst. Die Freudsche These, dass Kultur von einer gewissen normativen Sublimierung der Libido abhängig sei – von "sicheren Deichen", um seine Formulierung zu gebrauchen – wird erst durch die Propagierung jener Form sexueller Befriedigung in Frage gestellt, auf die die Welt zu Beginn der kommerziellen Revolution, zu Beginn des Jahrhunderts der Aufklärung aufmerksam gemacht worden war.

Masturbation ist damit zu ihrem Ausgangspunkt zurückgekehrt: Entstanden als eine säkulare, universell zur Verfügung stehende Besorgnis, die auf endlosem Begehren und grenzenlosem Potential aufgetragen war, wurde sie zusehends als das primäre Zeichen im Körper ihrer Gefahren gefürchtet. Obgleich die anti-masturbatorische Literatur gewiss sowohl auf Männer als auch Frauen abzielte, wurde die von einem schier unbändigen, sexuell unproduktiven und ausschließlich von der Vorstellungskraft getragenen Vergnügens ausgehende Bedrohung im 18. Jahrhundert für Frauen und Mädchen als ganz besonders gefährlich erachtet. Vielleicht weil Männer dies besonders erregend fanden?

Freud glaubte, das Problem gelöst zu haben, indem er die Unterdrückung weiblicher Onanie als Hauptmerkmal des Werdensprozesses der Frau im allgemeinen identifizierte. Mit der Onanie gäben Frauen nicht nur das Vergnügen, sondern auch eine aktive sexuelle Rolle auf. Sie verzichteten folglich auf ihre Männlichkeit, auf ihre Aktivität. (In der Männerbewegung der achtziger Jahre wurden keine Rufe zur positiven Umbewertung der Onanie laut, wie das in der Frauenbewegung nach *Our Bodies Ourselves* der Fall gewesen war, was natürlich daran liegt, dass Männer nie mit dem kulturellen Imperativ leben mussten, den erotogenen Primärort ihrer Jugend aufzugeben). Freud zufolge ist Masturbation bei beiden Geschlechtern gleichermaßen unzivilisiert; nur bedeutet sie für das eine Geschlecht lediglich einen unanständigen Witz, während sie für das andere die Ablehnung der Ordnung der Dinge darstellt. So wurde die Befürwortung von Onanie durch Feministinnen in den siebziger Jahren eben das, was die Erfinder der Selbstbefleckung gefürchtet und Freud zu beherrschen gesucht hatte: die Möglichkeit einer neuen Kultur unergründeter Vergnügen und Lüste.

Literatur

Anonymus (1712): Onania; or the heinous sin of self pollution and all its frightful onsequences, in both SEXES considered with spiritual and physical advice to those who have already injured themselves by this abominable practice and seasonable admonition to the youth of the nation of both SEXES [emphasis in text]. [dt.: Onania oder die Selbstbefleckung mit allen ihren entsetzlichen Folgen, welche dieses schändliche Laster bei beiderlei Geschlechtern nach sich zieht. Mit geistigem und leiblichem Rat für diejenigen, welche sich durch diese abscheuliche Sünde bereits Schaden zugefügt haben und dem enthüllten Geheimnisse, wie ohne ärztliche Hülfe die geschwächten Leibes- und Seelenkräfte wieder herzustellen sind. Verschiedene Ausgaben.

Aquin, T. von (1899): *Summa theologica*. Rome: Leonine edition.

Aristoteles (1984): History of animals (Historia Animalium). (VII, 12-22). In: *The complete works of Aristotle*. Vol 1. Hg. J. Barnes. Princeton: Princeton University Press.

Beddoes, T. (1802): *Hygeia: Or essays moral and medical*. Bristol: J. Mills.

Bienvilles, J.D.T. (1775): *Nymphomania*. London: R. Phillips.

Boston Women's Health Collective (1971): *Our bodies ourselves*. (dt. 1980: *Unser Körper, unser Leben*). Boston:

Brown, P. (1988): *The body and society: Men, women, and sexual renunciation in early christianity*. New York: Columbia University Press.

Dictionnaire portatif de santé (1771): 2. Buch. 4. Auflage. Paris.

Dodson, B. (1974): *Liberating masturbation: A mediation on self-love*. New York: Bodysex Design.

Encyclopédie (1765): 10. Buch. Neuchatel.

Freud, S. (1925-1931): Dostojewskij und die Vatertötung. In: *Gesammelte Werke 1925-1931*. (Band 14). London: Image Publishing.

ders.: Neue Folgen der Vorlesungen zur Einführung in die Psychoanalyse. In: *Gesammelte Werke 1925-1931*. (Band 15). London: Image Publishing.

ders.: Drei Abhandlungen zur Sexualtheorie. In: *Gesammelte Werke 1925-1931*. (Band 5). London: Image Publishing. S. 26-145.

ders.: Schlußwort der Onanie-Diskussion . In: *Gesammelte Werke 1925-1931*. (Band 8). London: Image Publishing. S. 334-345.

ders.: Die Sexualität in der Ätiologie der Neurosen. In: *Gesammelte Werke 1925-1931*. (Band 8). London: Image Publishing. S. 505-506.

Goulemot, J.M. (1991): *Ces livres qu'on ne lit que d'une main: Lecture et lectures des livres pornographiques au XVIIe siecle*. Aix-en-Provence: Alinea.

Hanson, A.E. (1990): The medical writters' woman. In: *Before sexuality*. Hg. D.M. Halperin/J. Winkler/F. Zeitlin. Princeton: Princeton University Press. S. 309-337.

Hippokrates (1839-1861): De morbis 2. (C. 49). In: *Ouvres completes*. Hg. E. Littre. Paris: J.B. Balliere.

Hull, I. (1996): *Sexuality, state, and civil society in Germany 1700-1815*. Itaca, New York: Cornell University Press.

James, R. (1743-1745): *A medicinal dictionary*. (Vol. 2.). London: T. Osborne.

Kant, I. (1838): *Sämtliche Werke. Metaphysik der Sitten* (Bd. 9, zweiter Artikel: *Von der wollüstigen Selbstschändung* § 7). Hg. F. Schubert. Leipzig: Leopold Voss.

Larousse (1875): *Grande dictionnaire universal du XIXe* siecle. Paris: Larousse.

Lipping, M. (1986): Bürgerliche Konzepte zur weiblichen Sexualität in der zweiten Hälfte des 18. Jahrhunderts. In: *Frauenkörper, Medizin, Sexualität*. Hg. J. Geyer-Kordesch/A. Kuhn. Düsseldorf: Schwann. S. 28-42.

Lütkehaus, L. (1991): Hölle, Wollust, Onanie, Phantasie und Literatur. In: *Die Zeit* (15. Nov.). S. 76-77.

Massomod, J. (1985) (Hg.): *The complete letters of Sigmund Freud und Wilhelm Leiss*. Cambridge: Harvard University Press.

Methodist Magazine (1819): Vol. 142, August. S. 607-609.

Rousselk, A. (1983): *Pornea*. Paris: Presses de Universitaires de France.

Rousseau, J.J. (1728-1730, 1959): *Confessions*. Paris:Gallimard.

Starobinski, J. (1964): *The invention of liberty 1700-1789*. Genf: Skira.

Stekle, W. (1961): *Autoeroticism: A psychiatric study of onanism and neurosis*. New York: Grove Press.

Taylor, J. (1943): *Early opposition to the English novel*. New York: Columbia University Press.

Tentler, T.N. (1977): *Sin and confession on the eve of the reformation*. Princeton: Princeton University Press.

Tissot, S.A. (1766): *Onanism: Or a treatise upon the disroders produced by masturbation*. London: Pridden.

Vogel, S.G. (1786): *Unterricht für Eltern*. Stendal.

"The filthiest service in the world": Sodomy, emasculation, honor and shame in the Early Modern period

David Prickett-Barnes
Department of Germanic Languages and Literatures, University of Cincinnati

Introduction

There are countless literary and historical representations of the Thirty Years War. Common to many of the accounts is the excessive violence done not only soldier to soldier, but soldier to civilian. As Andreas Gryphius writes in *Thränen des Vaterlands / Anno 1636* (quoted from Fischetti 1975:63):

> Die Türme stehn in Glutt / die Kirch ist umgekehret.
> Das Rathauß ligt im Grauß / die Starcken sind zerhaun.
> *Die Jungfern sind geschänd't* / und wo wir hin nur schaun /
> Ist Feuer / Pest und Tod / der Hertz und Geist durchfähret.

Indeed, much has been written on the "raping" or pillaging of towns and cities, and the raping of the townswomen by invading soldiers. Yet what of the sexual violence that male soldiers waged on males? What does one make of references such as "ihnen den Hintern zu lecken" (translated in English as "the filthiest service in the world") in Grimmelshausen's *Simplicissimus*? This reference is an example of *Entehrung* through sexual conquest on the battlefield, and relates the fear and shame felt by such conquered soldiers. To further shame the defeated soldiers, the victors sodomized their captors as a statement of ultimate conquest. Thus, capture by the victor was often not merely an issue of losing one's honor as a soldier, but of losing one's honor as a man. In my paper I wish to: 1) discuss the relationship between honor and shame with respect to sodomy in the Medieval and Early Modern period, 2) bring representations of male-male violence to light, 3) examine such representations with respect to honor and shame, and 4) further analyze the concepts of masculinity, sodomy and shame with respect to an excerpt from Grimmelshausen's *Simplicissimus Teutsch.*[1]

Sodomy and shame within soldierly tradition

Throughout the ages, the soldier of honor was the victorious soldier. Conversely, those defeated in battle were left with nothing but their shame. Sodomy as a means of shaming the conquered is as old as time itself. A Babylonian divination manual reads, "If a man has intercourse with the hindquarters of his equal, that man will be foremost among his brothers and colleagues" (as cited in Trexler 1995:12). Herodotus writes of Pharoah Sesostris in *The Persian wars* that "(..) wherever (...) they sub-

1 I would also like to thank Dr. Katharina Gerstenberger and Dr. Richard Schade of the University of Cincinnati, and Ms. Bettina Mathes of the Humboldt University Berlin for their assistance with this project.

mitted readily and without a struggle, he inscribed on the pillars (...) female genitalia to mark that they were a nation of women, that is, unwarlike and effeminate" (cited in Trexler 1995:12). Thus, a soldier's honor was akin to his masculinity, and to lose one's honor was to be emasculated. According to historians Klaus Schreiner and Gerd Schwerhoff, honor (*Ehre*) is understood as: "(...) die Funktion eines Relations- und Prozeßbegriffes, der dazu beitragen soll, Prozesse und Mechanismen der Zuordnung von sozialer Wertschätzung zu ermitteln und zu erklären" (Schreiner/Schwerthoff 1995:11). Linked closely with honor is its opposite: shame (*Schande*).

> Wichtig für diese Konzept ist überdies die Annahme, daß sich die Bedeutung von Gesten, Zeichen und symbolischen Handlungen jeweils an ihrem Kontrast zu anderen Gesten, Zeichen und Symbolen ergibt. Zur sog. 'binären Codierung' einer solchen Vorgehensweise, die auf der Zusammengehörigkeit gegensächlicher Sachverhalte beharrt, gehört demnach nicht nur die Ehre, sondern auch ihr Gegenteil: die durch Entehrung bewirkte Schande. (1995:12)

Thus, soldierly honor was (and is) a social code of paramount importance to the soldier. To keep one's honor, one had to prove oneself on the battlefield, i.e., one had to be victorious. To lose one's honor was (and is) to lose one's social standing; to be *entehrt.* If one were to lose his honor – his masculinity – and thus become "effeminate", he would be better off dead. In the seventeenth century, the concepts of *potestas* (legitimate power) and *violentia* (violence) were two sides of the same coin (Meumann/Niefanger 1997:13). The Thirty Years War certainly bore witness to both. Questions are raised as to the legitimacy of sodomy as an act of war. In Early Modern Europe, was the sodomizing of defeated soldiers an act of *potestas,* a figurative symbol of the virility / "masculinity" of the conquering over the "effeminate" conquered? Or was sodomy on the battlefield held as an act of *violentia*?

Sodomy and civil law

To answer this question, one should perhaps start with the relationship of sodomy, masculinity, honor and shame from the Medieval period. Certainly within civilian society, sodomy was a crime according to the *Karolingische Gesetze (Carolina),* that were introduced by Emperor Karl V in 1532. Of course, he codified that which was already "common law". Any "unnatural" sexual act between people of the same sex was indiscriminately referred to as sodomy (*sodomia*) (Goodich 1979:ix). As such acts were not procreative, they were held to be against God's will (e.g., God's order to Adam and Eve to procreate), and were to be punished (Goodich 1979:ix). The punishment – death by fire – could be traced back to Roman law, where Emperor Justinian interpreted the destruction of the city of Sodom by fire as God's punishment (Spreitzer 1988:20). The punishment of sodomites is described in Article 116 of the *Carolina*:

> Item so eyn mensch mit eynem vihe, mann mit mann, weib mit weib, vnkeusch treiben, die haben auch das leben verwürckt, vnd man soll sie der gemeynen gewonheyt nach mit dem fewer vom leben zum todt richten. (81)

The Emperor's law thus strives to maintain God's law and punishment on earth. We see yet another dimension of the *Problematik* surrounding sodomy in the Early Modern period – power (the state over its subjects; laws) and its relationship to sexuality. The beginnings of this codification are witnessed by such laws as article 116 of the *Carolina.* Although linked with God's punishment of Sodom, the criminality of sodomy was strongly connected with the *Unfruchtbarkeit* of such acts. The contemporary link between sodomy and bestiality also comes to light in this law, making sodomy a true "sin against God". Indeed, sodomy was seen as an act of the Devil himself. A fictive sermon of the devil which was written in 1632 clearly identifies Lucifer as the supreme sodomite:

> Mes amis, auiourd'huy nous celebrons le sabbat de sodomie. La sodomie es un oeuvre tres-agreable à Lucifer. Ie [sic] vous prie faire bien vostre devoir; voire mesme vous provoquer les uns aux autres. Prenez exemple de moy qui suis *le prince de luxure*, et si vous accomplissez souvent cet oeuvre, vous aurez la recompense en ce monde, et en l'autre la Vie eternelle. (in Spreizer 1988:66).[2]

As the *prince de luxure,* or the prince of lust, "Lucifer" defines himself not only as the supreme sodomite, but as the supreme sinner, as *luxuria* is one of the seven deadly sins. The subsequent connection is doubly damning. The representation of the devil as sodomite and seducer in the Medieval and Early Modern periods only makes the sin of sodomy more diabolical. Thus, sodomy was viewed as an act of bestiality, connected with the works of Satan. As such, it was a threat to a man's Christian and indeed sexual honor within the framework of Early Modern sexuality. Those men who voluntarily committed sodomy were certainly condemned by civil and religious law. Similarly, soldiers who were forcibly sodomized on the battlefield stood outside this framework of honor.

The "beastlal" nature of the soldier in the Thirty Years War

In the Thirty Years War, soldiers were often compared with animals, such as wolves, as depicted in the attached illustration. This is a visual representation from a series of illustrations of the most important scenes in Grimmelshausen's *Simplicissimus,* largely held as the most important literary representation of the Thirty Years War. Here, the family farm is being overrun by soldiers (Book I, Chapter 4). Contrasted to the pastoral illustration of the family farm (Figure 1), the paradise is being inverted by soldiers. Underneath the depiction of soldierly *violentia* (Figure 2), the *subscriptio* is flanked by wolves, and the soldiers are referred to as *Wölff* in the *subscriptio*'s text.

2. Translation: "My friends, today we celebrate the sabbath of sodomy. The sodomy is a work of Lucifer. I ask of you to do your duty well; to even arouse one another. Take me as your example, as I am the prince of lewdnes (lust), and if you often do this work, you will receive your due in this world and eternal life in the next."

Figure 1: Pastoral representation of the "Stamm-Haus" of Simplicissimus (Wimmer 1992:31)

Figure 2: Soldiers storm family farm (Wimmer 1992:33)

Thus, the soldiers and their *violentia* take on a certain bestial quality. Grimmelshausen writes of the unfortunate fate of the women on the farm: "es sey meiner Meüder und unserm Ursele nit besser gangen / als den andern" (Grimmelshausen 1668, 1967). Yet any acts of sodomy (man to man, at least), are absent. How does sodomy fit in this relationship? Historian Ralf Pröve writes that acts of violence in the Thirty Years War could be split into four categories: 1) between opposing forces, 2) against civilians (as illustrated by the prior text), 3) inner-military discipline, and 4) conflicts between comrades (35).

In terms of rape, Pröve only discusses the "Ver*gewalt*igung" of women, yet mentions a case of a soldier that was burned for committing sodomy with a horse (Pröve 1997: 35). In this depiction, sodomy is an act of bestiality and vice versa. The soldier is "animal-like", or bestial. For shaming his regiment so, the soldier was burned, in keeping with the traditional punishment of the Early Modern period. This theme of the bestial nature of soldiers is addressed in Ferdinand van Ingen's article "Krieg und Frieden bei Grimmelshausen":

> 'Bestialisierung' ist kein zufällig benutztes, modisches Wort; Grimmelshausen hebt natürlich an mehreren Stellen des *Simplicissimus Teutsch,* also in direktem Zusammenhang mit dem Teutschen Krieg, auf die Ver-Tierung des Menschen ab. (van Ingen 1991:43)

The "Ver-tierung des Menschen" – of both soldier and civilan – is a direct result of the bestial nature of the Thirty Years War. The soldiers' violentia (bestial inhumanity), and their bestial sexuality are the most extreme example of this "Ver-tierung". The most vivid depiction of this in Grimmelshausen's *Simplicissimus Teutsch* is "ein seltsame Comœdia, von 5. Bauern" (Book 1, Chap. 14). Simplicissimus, after having donned the garments – and thus the morals and Christianity – of the *Einsiedler,* is surrounded by forty to fifty troops who are plundering the neighboring town. As they leave the forest with Simplicissimus, they think that they hear a ghost:

> Ich aber gedachte / es träume mir; ihr Officier hiesse dapffer zugraben: Sie kamen gleich auf ein Faß / schlugens auff / und fanden einen Kerl darinnen / der weder Nasen noch Ohren mehr hatte / und gleichwol noch lebte (...). (40)

The soldier tells his fellow troops of what befell him; namely that he and five other comrades were set upon by peasants. His comrades were lined up; a shot was fired that ran through the five comrades, but it did not reach him. As his punishment, the peasants cut off the soldier's nose and ears. This was also a common punishment for homosexuals in this period, and Grimmelshausen must have been aware of this. Writes historian Valentin Groebner:

> Die abgeschnittene Nase scheint als Strafe für Kupplerinnen, Prostituierte und *Homosexuelle* immer in einem deutlichen Kontext zu sexuellem Fehlverhalten zu stehen, und eine solche Symbolgeschichte ist natürlich verlockend – die Nase weist nach unten. (1995:368)

Yet this was just the beginning of the soldier's punishment. Simplicissimus tells that the soldier's nose and ears were cut off *only after* he was forced to lick the anus of each of the five peasants:

(...) daß er ihrer fünffen (...) den Hindern lecken müssen: Als er sich nun von den *Ehr- und Gotts-vergessenen Schelmen* so gar geschmähet gesehen / hätte er ihnen / wiewohl sie ihn mit dem Leben darvon lassen wolten / die allerunnützste Wort gegeben / (...) der Hoffnung / es würde ihm etwan einer auß Ungedult eine Kugel schencken / aber vergebens; sondern nachdem er sie verbittert gemacht / hätten sie ihn in gegenwärtig Faß gesteckt / und also lebendig begraben (...). (41)

This passage is a fascinating reversal of roles; a "verkehrte Welt". Instead of "normal" male-female physical contact, the reader is confronted with "unnatural" male-male physical contact. Also, it is not the soldiers, but the peasants, who are the aggressors in this scene. That the civilians are now committing acts of *violentia* is an indication that the War is particularly extreme in its effect on human nature. Grimmelshausen portrayed the peasants as the perpetrators to illustrate this point. The peasants have become like the soldiers, and are now "honorless, godless pranksters" (quote from English version). It is also important to note that the soldier would prefer to be shot than to have to lick the anus of each of the five peasants. Indeed, in performing this act of sodomy, the reader witnesses the loss of the soldier's honor. As the soldier continues his story, another party of soldiers emerges from the woods with four of the five peasants in question. Some soldiers want to shoot them straightaway; others begin to beat the peasants with their muskets. Yet the soldier, indeed his whole division, had been shamed, and as one soldier suggests,

Ihr Herren / dieweil es der gantzen Soldatesca ein Schand ist / daß diesen Schurken (...) fünff Bauren so greulich getrillt haben / so ist billich / daß wir solchen Schandflecken wieder außleschen / und diese Schelmen den Reuter wieder hundert mal lecken lassen (...). (41)

In order the restore the honor of all of the soldiers, the act of the "effeminate" conquered licking the anus of the "masculine" conquerors had to be repeated one-hundred fold. Not only would the honor of the soldiers be restored, but the troubling, *violentia* order of conquering soldier vs. conquered civilian would be reestablished. However, soldierly honor is not so easily reestablished, as the following passage indicates:

Hingegen sagte ein anderer / dieser Kerl ist nicht werth / daß ihm solche Ehr widerfahre / dann wäre er kein Bernheuter gewesen / so hätte er allen redlichen Soldaten zu Spott diese schandliche Arbeit nicht verrichtet / sondern wäre tausend mal lieber gestorben. (41-42)

Here, Grimmelshausen defines the relationship between soldierly honor and any act of sodomy. A true soldier would put his honor – soldierly honor, sexual honor, honor as a man and a Christian – above saving his life. Having licked the anus of each of the five peasants, the soldier has sinned against God, against his regiment, and against himself. With the loss of his nose and ears, he has been scarred for life, having lost his honor forever. This is also clear to everyone who could interpret the significance of this bodily sign.

This does not mean that the soldiers do not avenge the slander done to the regiment's honor. It is decided that each peasant much perform the act on ten soldiers, saying each time: "Hiermit lesche ich wider auß / und wische ab *die Schand / die sich die Soldaten einbilden empfangen zu haben* / als uns ein Bernheuter hinden leckte" (42).

The repetition of the "oath" each time makes this act into a real ritual. With this ritual, the shame brought upon the regiment would supposedly be washed away – and transferred to the peasants. They refuse to do this. The resistance of the "conquered" peasants is an interesting contrast to the submission of the supposed "conquering" soldier. A fifth peasant who had not abused the soldier is taken aside. The soldier says to the peasant, "Wenn du Gott und alle seine Heiligen verleugnen wilt / so werde ich dich lauffen lassen / wohin du begehrest" (42). That Grimmelshausen would introduce this situation – a test of a man's honor as a Christian, as it were – after the bestial behavior of both soldiers and peasants brings the whole system of honor into question. How can a soldier, after yielding to *violentia* and vengeance, present himself as a soldier of *potestas,* or a "keeper of the faith"? Grimmelshausen brings this question to light as the passage continues. In the interest of saving his life, the peasant renounces God, only to be shot by the soldier. As the peasant still lives after the shot is fired, the soldier seals the peasant's fate:

> Holla / bistu der Haar? ich hab versprochen / dich lauffen zu lassen / wohin du begehrest / sihe / so schicke ich dich nun ins höllische Reich / *weil du nicht in Himmel wilt* / und spalte-te ihm damit den Kopff biß auff die Zähn voneinander / als er dorthin fiele / sagte der Soldat: So muß man sich *rächen / und diese lose Schelmen zeitlich und ewig strafen.* (42)

The merciless soldiers and their thirst for revenge and conquest stand in direct contrast to the religious question posed to the peasant. Grimmelshausen depicts the godlessness of the "religious" war in several ways. First, the peasant not only renounces God, but declares that he has never had a very solid relationship with God. Second, the soldier is not interested in the peasant's religiosity, but rather in avenging his regiment for the deeds of the "Ehr- und Gotts-vergessenen Schelmen". Revenge is in itself a sin against God and thus against one's Christian honor. Third, the punishment that follows is not one of *potestas,* but of *violentia.* In shooting and running his sword through the head of the peasant, the soldier is shaming his unit in a manner not too unlike that of the soldier that committed sodomy with the horse. Both acts are godless acts and thus are of equal damage to one's soldierly honor.

Much like the War, there seems to be no limit to the extent of violence done peasant to soldier, soldier to soldier, or soldier to peasant. Grimmelshausen continues the passage with the fate that befell the remaining four peasants. The violence portrayed thus far climaxes with a certainly fatal act of sodomy – the ultimate conquest:

> Indessen hatten die andern Soldaten die übrigen vier Bauren / so geleckt waren worden [the once "victorious" peasants] auch unterhanden / die banden sie über einen umbgefallenen Baum / mit Händen und Füssen zusammen / so artlich / daß sie (...) den Hindern gerad in die Höhe kehrten (...). (42)

With this act, the order of conquering soldier and conquered peasant is firmly reestablished. It is important to note that the peasants are being shamed on a *fallen* tree. Earlier in Book I, following the storming of Simplicissimus' family's farm, Simplicissimus finds safety and security in a tree[3]. This conjures the notion of the inversion

3 Here, Simplicissimus sings: "Komm Trost der Nacht / O Nachtigal: Nur her [im Baum] mein liebstes Vögelein / Wir wollen nicht die fäulste seyn / und schlaffend liegen bleiben / Sondern biß daß die Mor-

of paradise by the soldiers' *violentia*, as we have seen in the previously discussed illustrations. Also, the peasants' sexual honor is now in a very precarious position; now powerless and *entehrt*, the peasants await the final conquest:

> (...) und nachdem sie ihnen die Hosen abgezogen / namen sie etliche Klaffter Lunden / machten Knöpff daran / *und fidelten ihnen so unsäuberlich durch solchen hindurch / daß der rothe Safft hernach gienge*; / Also / sagten sie / *muß man euch Schelmen den gereinigten Hindern außtröcknen.* Die Bauren schryen zwar jämmerlich / aber es war den Soldaten nur ein Kurtzweil / dann sie höreten nicht auf zu sägen / biß Haut und Fleisch gantz auff das Bein hinweg war (...). (43)

The gruesome act of sawing the peasants to the bone and the soldiers' amusement thereby portray the soldiers' *violentia* and the subsequent inversion of God's order. Perhaps Grimmelshausen held the contemporary notion that that rape of men by men was quite simply an unmentionable vice, and opted instead to limit the anal penetration of the peasants by knotted rope. Interestingly, it seems that the passage is too much for modern audiences, as "(...) *muß man euch Schelmen den gereinigten Hindern außtröcknen* (...)" is not even included in the English version of the text.
With this in mind, it seems that not much has really changed since the Early Modern period with respect to the power-paradigms of sodomy, emasculation, honor and shame. As the discussion has illustrated thus far, the guilt, shame, lust, and evil associated with sodomy made it perhaps one of the greatest potential injuries to one's honor. Honor, of course, had become by the Medieval period a social standing, an office of sorts. The soldier of the Early Modern period is a prime example of such an "office". A soldier's honor was indeed his standing. Yet to lose one's honor was to lose everything – one's standing, one's worth as a "man". Rape and bodily penetration of both women and men – by men – meant a fall from honor. While sodomy (anal intercourse) was strictly forbidden according to the *Carolina* and "normal" / heterosexual intercourse remained the only allowed form of intercourse, fear of bodily penetration remained a concern for both genders in the Early Modern period. For soldiers, this was not only a concern, but a legitimate fear on the battlefield. Sodomy was the quintessential conquest of a soldier, for in sodomizing the enemy one did not simply defeat the enemy, but one *stole his honor.* The treatment of the *Ehr- und Gotts-vergessenen Schelmen* in Grimmelshausen's *Simplicissimus Teutsch* mirrors the contemporary tension surrounding soldierly honor. The relationship between sodomy, emasculation, honor and shame in the Early Modern period is a topic that deserves further research, as it sheds light not only on gender issues of the time, but also on the unthinkably violent relationship between conqueror and conquered in the Thirty Years War. As Simplicissimus ruminates this relationship between soldier and peasant upon returning to his shelter in the woods, he cannot come to any other conclusion other than "(...) es müsten ohnfehlbar zweyerley Menschen in der Welt seyn / so nicht einerley Geschlechts von Adam her / sondern wilde und zahme wären / wie andere unvernünftige Thier / weil sie einander so grausam verfolgen" (43).

genröt / Erfreuet diese Wälder öd / Im Lob Gottes vertreiben" (translation: This tree stands as praise to God, which is in direct contrast to the violentia at the site of the 'umbgefallenen Baum')."

References

Fischetti, R. (Ed.) (1975): *Die deutsche Literatur in Text und Darstellung*: Barock. Stuttgart: Reclam.

Goodich, M. (1979): *The unmentionable vice: Homosexuality in the Later Medieval Period*. Santa Barbara: Dorset.

Grimmelshausen, H.J.C. von (1668, 1967): *Der Abentheurliche Simplicissimus Teutsch und Continuatio des abentheurlichen Simplicissimi*. Tübingen: Niemeyer.

Groebner, V. (1995): Das Gesicht wahren. In: *Verletzte Ehre: Ehrkonflikte in Gesellschaften des Mittelalters und der Frühen Neuzeit*. Eds. K. Schreiner/G. Schwerhoff. Köln: Böhlau. pp. 361-380.

Ingen, F. van (1991): Krieg und Frieden bei Grimmelshausen. In: *Etudes Germaniques* 46 (1). pp. 35-53.

Meumann, M./D. Niefanger (1997): Für eine interdisziplinäre Betrachtung von Gewaltdarstellungen des 17. Jahrhunderts. Einführende Überlegungen. In: *Ein Schauplatz herber Angst: Wahrnehmung und Darstelllung von Gewalt im 17. Jahrhundert*. Eds. M. Meumann/D. Niefanger. Göttingen: Wallstein. pp. 7-23.

Pröve, R. (1997): Violentia und Potestas. In: *Ein Schauplatz herber Angst: Wahrnehmung und Darstellung von Gewalt im 17. Jahrhundert*. Eds. M. Meumann/D. Niefanger. Göttingen: Wallstein. pp. 24-42.

Radbruch, G. (Ed.) (1980): *Die Peinliche Gerichtsordnung Kaiser Karls V von 1532 (Carolina)*: No. 2990. Stuttgart: Reclam.

Schreiner, K./G. Schwerhoff (1995): Verletzte Ehre - Überlegungen zu einem Forschungskonzept. In: *Verletzte Ehre: Ehrkonflikte in Gesellschaften des Mittelalters und der Frühen Neuzeit*. Eds. K. Schreiner/g. Schwerhoff. Köln: Böhlau. pp. 1-28.

Spreitzer, B. (1988): *Die Stumme Sünde: Homosexualität im Mittelalter*. Göppingen: Kummerle.

Todd, B.J. (1998): *Codpieces and power: Sex and self-representation in the Renaissance*. Taft Lecture Series, University of Cincinnati.

Trexler, R.C. (1995): *Sex and conquest: Gendered violence, political order, and the European conquest of the Americas*. Ithaca: Cornell University Press.

Wimmer, R. (Ed.) (1992): *Benebenst feinen und neu-inventirten Kupffer-Stücken: Die Illustrationen der posthumanen Grimmelshausen Gesamtausgabe (1683-1713)*. (Sonderausgabe für die Mitglieder der Grimmelshausen-Gesellschaft, vol. V). Augsburg: Pröll.

Vermännlichung und Verweiblichung: Wissenschaftliche und utopische Experimente im frühen 20. Jahrhundert

Heiko Stoff
Hamburg

Um 1900 begann sich eine Geschlechterordnung zu etablieren, welche die Transformierbarkeit der Geschlechter, die "Vermännlichung der Frau" und die "Verweiblichung des Mannes", behauptete. Das Präfix *Ver-* markierte dabei eine produktive und dynamische Materialisation, das Entstehen neuer vergeschlechtlichter Körper: die Vertauschung und Vermischung von "männlichen" und "weiblichen" Geschlechtsmerkmalen verfasste eine neue Anthropologie der Geschlechtswesen. Diese neuen Mischwesen plazierten sich als mehr oder weniger männlich und weiblich zwischen den Idealen der reinen "Männlichkeit" und "Weiblichkeit". Während die Qualitäten "männlich" und "weiblich" weiterhin einen Geschlechtsbinarismus konstituierten, etablierten sich zugleich eine Unzahl an Hybriden: utopische Romane erzählten von ihnen als zukünftige "neue Menschen", im sozialen Raum forderten sie ihre Rechte ein, am Beispiel der Homosexualität ließen sie sich wissenschaftlich exemplifizieren und anatomisch-physiologisch als Morphogenese der Geschlechter problematisieren, schließlich wurden sie im biologischen Versuchslabor experimentell produziert und distribuiert. Hier wurden neue Wesen erschaffen, geformt in der interdiskursiven Kollektivarbeit von Narration, Materie, Macht und Utopie[1].

Muskulöse Frauen und plumpe Männer

Der vielgelesene englische Schriftsteller Edgar Bulwer-Lytton, prominent durch sein bis heute in zahllosen Auflagen erschienenes *Die letzten Tage von Pompeji*, publizierte 1870 unter dem Titel *Das kommende Geschlecht* (*The Coming Race*) eine erstaunliche Vision einer hochentwickelten unterirdischen Parallelzivilisation, deren markantestes Merkmal eine Verwirrung der Geschlechtsmerkmale darstellt:

---

1 Es könnte sich hier Bruno Latours spekulative These als nützlich erweisen, welche die Moderne als zwei Ensembles von Praktiken beschreibt: eine ausdauernde Produktion von Mischformen und deren gleichzeitige Trennung in zwei vollkommen separierte ontologische Zonen der Menschen, der Gesellschaft, der Subjekte und die der nicht-menschlichen Wesen, der Natur, der Objekte. Modern sein, hieße nach Latour, diese beiden Vorgänge der Übersetzung und der Reinigung getrennt zu betrachten. Im Konzept der Moderne sind Hybride unerwünschte Mischungen reiner Entitäten. Latour schlägt hingegen vor, die Hybridisierungen in das Zentrum zu rücken, so dass "Natur" und "Gesellschaft" gerade noch, Konsequenzen der Existenz von Hybridwesen, Resultate der Stabilisierung von Hybriden darstellen (Latour 1995:18-21,106). Als Beispiele fruchtbarer Umsetzungen dieses explizit nicht-modernen Programmes, siehe Haraway (1995), Sadoff (1998).

> Ob nun infolge einer frühzeitigen gymnastischen Ausbildung oder resultierend aus ihrer körperlichen Organisation sei dahingestellt, jedenfalls sind die Gy-ei [die Frauen, H.S.] den Ana [den Männern, H.S.] für gewöhnlich an Körperkräften überlegen (ein wesentlicher Grund für die Achtung & Wahrung der weiblichen Rechte). Ihr Wuchs ist stattlicher, und eingebettet in ihre abgerundeteren Formen liegen Sehnen & Muskeln, die ebenso fest sind wie die des anderen Geschlechts. (Bulwer-Lytton 1980 [1870]:45f)

Eine solche Umkehrung der Geschlechtscharakteristika musste eine beängstigende Perspektive für den gewöhnlichen Mann des 19. Jahrhunderts sein. Und so erstarrt Bulwer-Lyttons Held, zufälliger Entdecker dieser unterirdischen Welt, in Schrecken vor der Erhabenheit einer der unweiblichen Frauen dieser überlegenen Kultur:

> Diese junge Gy [Frau, H.S.] gab ein herrliches Zeugnis der Muskelkraft, zu der es die Frauen dieses Landes bringen. Ihre Züge besaßen die für ihr ganzes Geschlecht so typische Schönheit: nirgendwo habe ich auf der Oberwelt ein so vornehmes, makelloses Gesicht gesehen; doch die ernsten Studien, denen sie sich widmete, hatten ihrer Miene den Stempel abstrakter Nachdenklichkeit aufgedrückt, der sie im Zustand der Ruhe irgendwie düster wirken ließ; und diese Härte wurde fürchterlich, brachte man sie mit den breiten Schultern und dem hohen Wuchs in Verbindung. Zee [so der Name dieser Frau, H.S.] war selbst für eine Gy groß, und ich habe sie eine Kanone mit der Leichtigkeit handhaben sehen, mit der ich ein Terzerol in Anschlag bringe. Zee flößte mir tiefe Furcht ein – (...). (Bulwer-Lytton 1980 [1870]:77)

Dreißig Jahre nach dieser satirischen Dystopie, veröffentlichte der russische Schriftsteller und Revolutionär Alexander Bogdanow unter dem Titel *Der rote Planet* eine sozialistische Utopie, welche eine weitaus affirmativere Version des zukünftigen Geschlechterverhältnisses propagierte. Die Hauptfigur in Bogdanows Roman heißt Lenni, ein junger russischer Revolutionär, der als eine Art irdischer Botschafter auf den Planeten Mars, ein kommunistisches Utopia, eingeladen wird:

> Ich bemerkte, notiert Lenni im Angesicht der Statuen in einem marsianischen Museum, daß die Körperformen von Mann und Frau einander mehr ähneln als bei den meisten irdischen Völkern: Die ziemlich breiten Schultern der Frauen und die wegen einer gewissen Korpulenz nicht so stark hervortretende Muskulatur der Männer sowie ihr weniger schmales Becken glätten den Unterschied. Das gilt hauptsächlich für die letzte Epoche, das Zeitalter der freien menschlichen Entwicklung. Bei Statuen aus der kapitalistischen Periode treten die Geschlechtsunterschiede stärker hervor. Die häusliche Sklaverei der Frau und der fieberhafte Existenzkampf des Mannes entstellen offenbar die Körper auf unterschiedliche Weise. (Bogdanow 1984 [1907]:72f)

Degeneration und Regeneration, Verfall und Höherentwicklung der im Evolutionsdiskurs metaphorisch verbundenen Menschheit und des Individuums waren zur Jahrhundertwende hochgradig umstrittene und Besorgnis erregende Topoi, die auch diese Visionen einer zukünftigen Gesellschaft – eine bürgerliche Dystopie und eine sozialistische Utopie – anleiteten. Die hier als Höherentwicklung anerkannten, durch gesetzesmäßige biologische Evolution und/oder gesellschaftliche Revolution bedingten Transformationen der Geschlechtskörper provozierten eine gewisse Verunsicherung der "Ordnung der Geschlechter" des 19. Jahrhunderts. Bulwer-Lyttons und Bogdanows Visionen stellten eine verstörende Ansicht für die wissenschaftliche Überzeugung dar, dass sexuelle Differenzierung höchste menschliche Entwicklung bedeute.

Subversion, Verfall, Emanzipation

"Nun aber genug! Gegen die Vermännlichung der Frau", meldete im März 1925 ultimativ die "Berliner Illustrirte Zeitung". Es sei hohe Zeit, so hieß es weiter, dass der gesunde männliche Geschmack sich gegen solche üblen Moden wende, wie die neue Frauensitte des Tragens eines männlichen Schlafgewandes und einer männlichen Frisur. Die Vermännlichung des Frauenantlitzes gebe dem gesunden Mann für den echten Reiz, den sie ihm nehme, bestenfalls einen unnatürlichen zurück: Frauen, die wie ein süßlicher Knabe aussähen, "was ein Abscheu für jeden *richtigen* Knaben oder Mann ist" (Anonym 1925:389, Hervorh. v. H.S.).

Augenscheinlich missbilligte der unbekannte Autor vor allem, dass solche der Mode verfallenen Frauen eine Geschlechterrolle beanspruchten, ohne dabei die Macht innezuhaben, die wesenhaft damit verbunden zu sein hatte. Sie waren nicht länger Frauen und noch lange nicht Männer, jedoch, und das war beunruhigend genug, sie drohten sich zu verwandeln. In einer subtilen Andeutung ist hier ein Verweis auf die grundsätzliche Unsicherheit der binären Geschlechterlogik enthalten: Die Veränderung des einen Pols der Opposition musste Konsequenzen für die Identität des anderen haben. Die beklagte Vermännlichung der Frau, eine Subversion, schien mit der Verweiblichung des Mannes, dem Verfall, in Beziehung zu stehen. Vermännlichung als Entweiblichung und Verweiblichung als Entmännlichung waren signifikante Konzepte in einem hierachischen Machtverhältnis zwischen den Geschlechtern[2].

Modemagazine, Zeitungen, populäre Romane, Filme und Lebensreformbroschüren zirkulierten das Bild der vermännlichten Frau. Die Auflösung separierter Geschlechterzonen wurde als eine Feminisierung der Kultur beschrieben (vgl. Douglas 1996). "Neue Frauen" zeigten sich in den Straßen der Großstädte, in Nachtclubs, Arbeitsplätzen, Schulen und Universitäten. Besorgte Konservative klagten über die fragwürdigen weiblichen Qualitäten dieser "neuen Frauen", über die "Entweiblichung der Frauen", welche sie als bedrohlich sexuell wie die amerikanische "flapper" oder die französische "la garçonne" bestimmten, als gefährlich wie die Feministin, bedauernswert wie das Arbeitermädchen, pervers wie das Mannweib. Industrialisierung, Modernismus und Amerikanismus im allgemeinen, Feminismus, die Geburtskontrollbewegung und die Bürokratisierung der Arbeit im besonderen wurden zeitgenössisch neben den Kriegsfolgen für das Erscheinen dieser "neuen Frau" verantwortlich gemacht[3].

---

2 Rudolf Valentino, naheliegender Rezipient für den Vorwurf der Effeminierung und deshalb selbst mit semiotischem Gespür ausgerüstet, antizipierte diese Herabwürdigung durch eine ostentative Verwandlung: Schon im Dezember 1924 meldete die "Berliner Illustrirte" seinen neuen Bart als "Protest gegen die Vermännlichung der Frau" (Anonym 1924:1472). Auch der Sexualreformer Magnus Hirschfeld, als Verkünder der "sexuellen Zwischenstufen" ausgewiesener Experte für Geschlechtsübergänge, würdigte ausdrücklich den Konnex von Verweiblichung und Vermännlichung. "In der Mode einer Zeit", so schrieb er 1928 im 2. Band seines Standardwerks *Geschlechtskunde*, "steht die Vermännlichung der Frau und die Verweiblichung des Mannes immer zueinander in einem entsprechenden Verhältnis" (Hirschfeld 1928:28).

3 Einen guten Überblick gibt hier Grossmann (1995). Industrialisierung, fortgeschrittene Emanzipation und die kriegsbedingte "Einbuße physischer Männlichkeit", so wurde diagnostiziert, hatten einen "hohe(n) Grad von Verminderung psychischer Weiblichkeit" zur Folge (Hirschfeld 1931:392-394). Auch hier wurde eine Kausalität von "Entmännlichung des Mannes" und "Vermännlichung der Frau" kon-

Die Überdeterminierung von "Geschlecht" machte dabei jede Relationsverschiebung höchst bedeutungsvoll. Wenn die Eigenschaften "männlich" als aktiv, stark, mutig, rational und "weiblich" als passiv, schwach, sensibel, irrational nicht länger den Wesenheiten "Mann" und "Frau" angehören, sondern selbst als bewegliche Qualitäten erscheinen, musste dies einschneidende politische Folgen haben: Die "Körper gewordene soziale Ordnung" war in größte Unordnung geraten (hierzu Bourdieu 1982:740).

Die Soziologin Mathilde Vaerting war eine der wenigen, welche bereits in den 20er Jahren diese Konfusion der Geschlechter zu analysieren verstand. Die weibliche und männliche Eigenart, so Vaerting, werde nicht durch das Geschlecht bestimmt, sondern an erster Stelle durch das Machtverhältnis der Geschlechter, durch Vorherrschaft und Unterordnung:

> Was wir also heute männliche und weibliche Eigenart nennen, ist keine absolute geschlechtliche Eigenart, sondern eine relative Größe, abhängig vom Maß der Machtunterschiede zwischen den Geschlechtern. Mit der Verschiebung des Machtverhältnisses verändert sich zugleich die Ausprägung der Eigenart der Geschlechter. (Vaerting 1922:122)

"Verweiblichung", Misogynisten waren sich dessen sehr wohl bewusst, bedeutete Machtverlust. Jede Demaskulinisierung des Männerkörpers wie des Volkskörpers - die Verweiblichung als ein Verlust von Vitalität und Virilität - musste entsprechend bekämpft werden[4]. Wie der amerikanische Historiker Michael S. Kimmel schreibt, benötigte Männlichkeit ständig Bestätigung, Erklärung und Beweis (1994:21). Intellektuelle wie Otto Weininger oder Hans Blüher versuchten männliche Überlegenheit durch eine separatistische Abgrenzung von effeminierten und vor allem auch jüdischen Konnotationen aufzurichten; zugleich wurde die Restauration der Männlichkeit durch Körperkultur außergewöhnlich populär (vgl. Mosse 1997:79-106, Van der Will 1990).

Liberale Positionen definierten die Vermännlichung der Frau als Überspanntheit der bald wieder zur Vernunft zurückkehrenden Frau (Hirschfeld 1931:420-423), als "Übertreibungen", bedingt durch die dauerhafte Unterdrückung der Frau durch den Mann. Für die meisten Feministinnen jedoch schien das Ziel der Emanzipation nur durch das Mittel einer ausdrücklichen Desexualisierung möglich zu sein: Die emanzipatorische Verbesserung der Frau verlangte "Menschen und nicht nur Geschlechtswesen", wie es Johanna Elberskirchen auf dem Wiener Sexualreformkongress proklamierte (Elberskirchen 1931:91). Die Zurückweisung des berühmten Diktums des 19. Jahrhunderts, welches Frauen als "Dependenz des Eierstocks" erfasste, eröffnete die Möglichkeit, sich als Wesen von höherer Moralität und Reinheit zu bestimmen. Unter diesem Blickpunkt erschien die Vermenschlichung von Mann und Frau, die

struiert: "Die asketischen Dulder der Front glichen Entmannten, der Geschlechtstrieb war in ihnen erloschen", heißt es dazu prägnant in der von Hirschfeld herausgegebenen *Sittengeschichte der Nachkriegszeit* (1931:392).

4 Dass all dies die schönste Verwirrung hervorrufen konnte, zeigt der weltweites Aufsehen erregende Fall des Colonel Barker, eines englischen Faschistenführers, der sich im Frühjahr 1929, von aufmerksamen Medizinern enttarnt, als eine Frau entpuppte (McLaren 1997:215f). Die stärkste Darstellung von Männlichkeit vollbrachte eine Frau.

Entmännlichung des Mannes und die Entweiblichung der Frau, in einer androgynen Geschlechtervermischung, eine verführerische Perspektive darzustellen[5].
Während der gesamten 20er Jahre jedoch, waren Kulturwissenschaftler, Journalisten und Feuilletonisten eifrig damit befasst zu beweisen, dass Frauen in Wirklichkeit gar keine emanzipierten Viragos werden wollten - welche im Allgemeinwissen ohnehin als nichts anderes als verkappte Männer galten - sondern wieder "wirkliche Frauen"[6]. Die wichtigste und exzeptionell modernste Methode, die Verwirrung der Geschlechter und die sogenannte "Geschlechtsnot" aufzuheben, war jedoch die Neugestaltung der Heterosexualität durch Sexual- und Ehereform. Die Verbesserung der Geschlechtsvereinigung durch gleichzeitigen Orgasmus, wie sie der holländische Mediziner Van de Velde in seinem internationalen Bestseller "Die vollkommene Ehe" propagierte, wurde als die feinste Technik angesehen, die Geschlechter zu befried(ig)en. Hier erklang die Stimme des Fortschritts, der Zukunft, der Jugend: Glücklicher Heterosexualismus, der sich von den reaktionären, überkommenen Werten der "Mucker" emanzipiert glaubte (vgl. Dean 1994, Grossmann 1995).

Ordnungsprobleme: Das anatomische Verschwinden von Mann und Frau

Zahllose Buchpublikationen, Fachveröffentlichungen, populäre Broschüren, gar eine neue Disziplin wie die der "Frauenkunde" beschäftigte zur Jahrhundertwende die Frage nach dem eigentlichen Wesen der Frau, nach der "Biologie und Pathologie des Weibes", nach dem "Geheimnis vom Ewig-Weiblichen". Die Krise der "Ordnung der Geschlechter" verlangte nach eingehender Introspektion.
Mitte des 19. Jahrhunderts schien eine inkommensurable sexuelle Differenzierung, das "Zwei-Geschlechter-Modell", wie Thomas Laqueur es nennt, eine unbestreitbare Tatsache zu sein: Die physiologische Alterität der Frau, ihr biologisches Geschlecht, erklärt ihre moralische Abweichung vom (männlichen) Menschsein, ihr soziales Geschlecht. Die "Polarisierung der Geschlechtscharaktere" verfasste eine Ordnung der Differenz, eine "Anatomie und Physiologie der Unvergleichlichkeit" (Laqueur 1992: 18), welche Frauen und Männer anhand binärer Oppositionen identifizierte, normierte und als psychophysische Gegensätze, die sich in harmonischer Komplementarität zu suchen schienen, in der ewigen Routine der Liebe fixierte[7]. Dennoch, so mussten die Experten der Jahrhundertwende resigniert feststellen, hatte diese Ord-

5 Der Bestseller-Autor Frank Thiess etwa lobte ausdrücklich, dass die Frau seiner Zeit männliche Neigungen aufgenommen habe: "Hat sie sich dadurch schon vermännlicht?", lautete seine rhetorische Frage, "Keineswegs. Sie hat sich vermenschlicht und ist dem Manne, der mehr als ein Geschlechtswesen in ihr achten will, näher, nicht ferner gerückt". Und auch die "Verweiblichung des Mannes", so sie denn nicht "Verweichlichung" bedeute, sei durchaus zu begrüßen: "Die angebliche 'Verweiblichung' des Mannes hat merkwürdigerweise ganz das Gegenteil erzeugt, was die Männer alten Schlages, die 'tüchtigen Kerls', hier prophezeiten, nämlich keinen Schwächling, sondern einen eminent gespannten, energischen und bewussten Mannestyp" (Thiess 1929:327f).

6 Niemals, so Weininger, erhebe ein wirkliches Weib die Forderung der Frauenemanzipation, dies täten durchweg nur männlichere Frauen, "die ihre eigene Natur missdeuten, und die Motive ihres Handelns nicht einsehen, wenn sie im Namen des Weibes zu sprechen glauben" (Weininger 1903:89).

7 Hierzu gibt es mittlerweile eine umfangreiche Literatur, vgl. exemplarisch Hausen (1976), Russett (1989), Honegger (1991), Laqueur (1992).

nung niemals wirklich funktioniert. Am Ewig-Weiblichen irre zu werden, wie es Richard Freiherr von Krafft-Ebing ereilte (Krafft-Ebing 1894:282), war die neue Erfahrung der Jahrhundertwende.
In seiner Vorlesung über "Die Weiblichkeit" (1933) drohte selbst Sigmund Freud, ein aufmerksamer Beobachter der wissenschaftlichen Debatte, am Grübeln über das "Rätsel der Weiblichkeit" zu scheitern. Die alltägliche Sicherheit der Unterscheidung in "männlich" und "weiblich", so Freud, könne von der Wissenschaft nur in einem Punkt geteilt werden: "Männlich ist das männliche Geschlechtsprodukt, das Spermatozoon und sein Träger, weiblich das Ei und der Organismus, der es beherbergt". Aber die Forschung habe auch bewiesen, dass Teile des männlichen Geschlechtsapparates sich auch am Körper des Weibes finden und das gleiche im anderen Falle. Das prinzipiell bisexuelle Individuum sei eben nicht Mann oder Frau, sondern jedesmal beides in unterschiedlicher Mischung. Das Verhältnis, nachdem sich Männliches und Weibliches im Einzelwesen vermenge, unterliege dabei, so Freud, ganz erheblichen Schwankungen:

> Da aber doch, von allerseltensten Fällen abgesehen, bei einer Person nur einerlei Geschlechtsprodukte – Eier oder Samenzellen – vorhanden sind, müssen Sie an der entscheidenden Bedeutung dieser Elemente irrewerden und den Schluß ziehen, das, was die Männlichkeit oder die Weiblichkeit ausmache, sei ein unbekannter Charakter, den die Anatomie nicht erfassen kann. (Freud 1969[1933]:545f)

Die ständige Wiederholung regulierender Normen des Dimorphismus, um es in Butlerschen Begriffen zu fassen, wirkt so materialisierend, wie sie zugleich auch zur Instabilität, zur Produktion von Anomalien neigt. Die hegemonialen Normen des Geschlechterantagonismus konstituieren nicht bloß den Bereich intelligibler (männlicher/weiblicher) Körper, sondern notwendigerweise auch einen Bereich der verworfenen Körper: Der heterosexuelle Imperativ ist eine "Matrix mit Ausschlusscharakter" (Butler 1995:16, 23). Diese verworfenen Körper – homosexuell, transsexuell, hermaphroditisch – stellten ein bedeutendes epistemologisches und politisches Problem dar (Hirschauer 1993:66-115).
Gerade die mühevolle, ausdauernde Arbeit des Arrangements der männlichen und weiblichen Kennzeichen machte paradoxerweise die Realität von Mann und Frau fragwürdig und vage. Die etablierten männlichen und weiblichen Attribute, gleich wie die männliche und weibliche Physis, hatten die Tendenz einer gewissen Unsolidität, welche die auf Fixation angewiesene Wissenschaft beunruhigte: Was ist der Mann mit dem breiten Becken? Was ist die großgewachsene Frau? Was ist der emotionale Mann? Was ist die rationale Frau? Oder gar: Was sind Hermaphroditen? Die Frage nach den Subjekten Mann und Frau wurde durch die andere Frage nach dem, "was männlich und was weiblich" sei, ersetzt, die Magnus Hirschfeld in seinem berühmten *Die Homosexualität des Mannes und des Weibes* stellte (1914:354ff). Männliche und weibliche Anlagen, so Hirschfeld, seien jedem menschlichen Wesen inhärent und entwickelten sich nur idealtypisch zum vollkommen weiblichen "absoluten" und zum vollkommen männlichen "absoluten" Typus:

> Ein vollkommen weibliches 'absolutes' Weib wäre demnach ein solches, das nicht nur Eizellen produziert, sondern auch in jeder anderen Beziehung dem weiblichen Typus entspräche, ein 'absoluter' Mann ein solcher, der Samenzellen bildet, zugleich aber auch in allen übrigen Stücken den männlichen Durchschnittstyp aufweist. (Hirschfeld 1914:357)

Mit dem empirischen Argument, dass solche absoluten Vertreter ihres Geschlechtes konstruierte Abstraktionen seien, konnte Hirschfeld die Existenz reiner, einheitlicher Geschlechter aufkündigen (Hirschfeld 1914:357).
Die komplizierte und graduelle Systematisierung der "männlichen" und "weiblichen" Eigenschaften, die jedes Wesen konstituierten, entwickelte dabei eine beträchtliche Dynamik und Produktivität. Hirschfeld selbst glaubte, dass sie mathematisch berechenbare 43 046 721 Sexualtypen hervorbringen könne (Hirschfeld 1914:360)[8].

Der Effeminierte und die Virago

"Anima muliebris virili corpore inclusa" - eine weibliche Seele, eingeschlossen in einem männlichen Körper – eine Wendung, welche der deutsche Jurist Karl Heinrich Ulrichs in den 1860er Jahren ersann, wurde zur bestimmenden Trope, die Phänomene der "conträren Sexualität" oder "sexuellen Inversion" zu bezeichnen (Sedgwick 1990:87). Wie Foucault es in *Sexualität und Wahrheit* formuliert, ist es dieser "Hermaphroditismus der Seele", eine Art "innerer Androgynie", durch den erst die Homosexualität als eine Spezies, welche sich durch eine Lebensform und eine Morphologie auszeichne, erschaffen worden sei (1977:58). Homosexualität wurde zu einer inversen und transitiven Variante des heterosexuellen Modells. Die Lokalisierung und Materialisierung der verirrten Seele im verformten Körper war die wissenschaftliche Praxis der Sexualpathologie der Jahrhundertwende.
Namentlich Richard Freiherr von Krafft-Ebing choreographierte in mannigfaltig nuancierten, symmetrischen Kombinationen die Anthropologie der "verschiedene(n) Entwicklungsstufen dieser abnormen Erscheinung" nach körperlichen, seelischen Eigenschaften sowie nach der Ausrichtung des Geschlechtstriebs (1883:84). Verortet zwischen den Geschlechtern erschien das "dritte Geschlecht" als ein neuer Akteur auf der anthropologischen Bühne.
Diesen "typus inversus" als pathologische "hereditäre Degeneration" zu bezeichnen, war in der Ordnung des frühen 20. Jahrhunderts jedoch schon nicht mehr zwingend. Die sich etablierende Sexualwissenschaft, deren markantester deutschsprachiger Vertreter Hirschfeld war, formulierte als einen Hauptpunkt ihrer Disziplingründung die Depathologisierung der Homosexualität. Biologisch bestimmt als eine "sexuelle Zwischenstufe" galt sie nunmehr als Variation, als eine nicht ausdifferenzierte Entwicklung der grundsätzlichen Bisexualität des Menschen.

8 Der Literaturwissenschaftler und Diskurstheoretiker Jürgen Link verzeichnet in seinem *Versuch über den Normalismus*, in Anlehnung an Foucaults Thesen zur "Normalisierung", diesen Wechsel von der, so Link, "diskontinuierlichen Polarität der Geschlechter zum kontinuierlichen Gender-Mix" (1997: 373), als Übergang vom komprimierenden und stabilisierenden *Protonormalismus* zum expandierenden und dynamisierenden *Flexibilitätsnormalismus* (Link 1997:77f).

Schließlich restabilisierte sich hier eine heterosexuelle Logik, welche die mehr oder weniger virilen und femininen Männer und Frauen in einer Anziehung des Gegensätzlichen wieder in die dichotome Ordnung zurückführte. Die verweiblichten und vermännlichten Körper wiederum galten als durch sichtbare Zeichen erkennbar, welche sich in den "Typenporträts" der Invertierten - der "Effeminierte" und die "Virago" - manifestierten und durch die positivistische Diagnose der "Konstitutionsforschung" aufgespürt werden sollten. "Passing", das Unentdecktbleiben des "Anderssein", schien, entgegen jeder empirischen Erfahrung, unmöglich zu werden[9].

Der "Kampf der Gonaden"

> Wenn mir (...) die Frage vorgelegt wurde, ob der 'Bubikopf' nur eine Mode oder tatsächlich ein Zeichen der 'Vermännlichung' der Frau ist, schrieb Hirschfeld 1926 in seiner "Geschlechtskunde", pflegte ich zu antworten: Man muß zwischen denen unterscheiden, die ihn *gemacht*, und denen, die ihn *nachgemacht* haben; bei jenen ist er die Auswirkung eines männlichen Einschlages, bei diesen (mehr oder weniger unbewußt) von männlicher und weiblicher Gefallsucht abhängig; bei jenen ist er durch die *Sekretion*, bei diesen durch die *Selektion* (...) hervorgerufen; bei jenen wird er sich vermutlich halten, bei diesen ist es sehr unwahrscheinlich. (Hirschfeld 1926:532, Hervorhebungen v. Hirschfeld)

Die von Magnus Hirschfeld initiierte "I. Internationale Tagung für Sexualreform auf sexualwissenschaftlicher Grundlage", die im September 1921 in Berlin stattfand, eröffnete mit zwei Vorträgen, die einen entscheidenden Paradigmenwechsel in der wissenschaftlichen Bestimmung der Geschlechter verkündeten. Neues experimentelles Material und eine neueste biologische Untersuchungsmethode, so erklärten die Apostel der neuen Lehre, der Physiologe Arthur Lipschütz und der renommierte Prager Professor Artur Biedl (Autor eines der wichtigsten, in zahlreichen Auflagen erschienenen und oft zitierten Handbücher der "Inneren Sekretion"), versprachen das Rätsel der Geschlechtsbestimmung und des Geschlechtes selbst zu lösen (Lipschütz 1922:9, Biedl 1922:15).

Woraus schöpfte sich der Enthusiasmus der Wissenschaftler? Beide, Lipschütz wie Biedl, bezogen sich auf die Experimente des österreichischen Physiologen Eugen Steinach (1861-1944), Direktor der Biologischen Versuchsanstalt in Wien. Maßgeblich in den 1910er Jahren publizierte er in bio-medizinischen Fachzeitschriften über irritierende Tierexperimente, die er in seinem Labor unternommen hatte. Mit seiner zu dieser Zeit bereits etablierten und anerkannten Untersuchungsmethode, der experimentellen Extirpation, Kastration, Transplantation und Sterilisation der Keimdrüsen, so behauptete Steinach, sei ihm die "Umstimmung der Geschlechtscharaktere", die "experimentelle Maskulierung, Feminierung und Hermaphrodisierung" gelungen (Steinach/Kun 1931:266).[10]

---

9 Zum Typus des "Effeminierten", der bereits eine vertraute Figur der Antike darstellte, vgl. Halperin (1990). Zur "Virago" ist immer noch Esther Newtons Aufsatz "The Mythic Mannish Lesbian" instruktiv (Newton 1984). Vgl. zur wissenschaftlichen Systematisierung der (weiblichen) Homosexualität Hacker (1987).

10 Steinachs Experimente haben in der historischen Forschung bisher kaum Beachtung gefunden. Eine gewichtige Ausnahme bildet hier Sengoopta (1998).

Seit dem letzten Jahrzehnt des 19. Jahrhunderts ergänzte und ersetzte eine auf chemischer Regulierung basierende sogenannte "neue Physiologie" die alte Physiologie des Nervensystems (Medvei 1993:187). Dieser wichtige epistemologische Wechsel erlaubte es, körperliche Veränderungen zu produzieren, zu reproduzieren und dadurch zu exemplifizieren: Wachstums- und Alterungsprozesse genauso wie die sexuelle Differenzierung. Die tierexperimentelle Verpflanzung spezifischer Drüsen, etwa der Hypophyse, der Schilddrüse und vor allem der Keimdrüsen, schien zu beweisen, dass diese für spezifische physische aber auch psychische Effekte verantwortlich seien. Was die neue Physiologie proklamierte, war die Existenz einer erstaunlich produktiven, durch chemische Botenstoffe (Hormone) funktionierenden "inneren Sekretion". Die Entnahme der Drüsen hatte Veränderungen, Krankheiten, Deformationen und Monstrositäten zur Folge. Die Extirpation der Keimdrüsen vor allem, konnte, das war als Kastrationsfolge bekannt, den Verlust der spezifischen Geschlechtsmerkmale bedeuten. Sexualhormone, so die Wissenschaftshistorikerin Nelly Oudshoorn, wurden so als mächtige Agenten von Männlichkeit und Weiblichkeit konzeptualisiert (1994:17). Die Restitution der entnommenen Drüsen, die Organotherapie, erschien dabei nicht nur als eine neue Heilungsmethode, sondern auch als Verfahren der sensationellen Verjüngungs- und Geschlechtsumwandlungsoperationen (Stoff 1998). Die Geschlechtsdrüse, so lautete die neue physiologische Gewissheit, funktioniere durch zwei voneinander unabhängige Aufgaben: Ein Drüsengewebe mit innerer Sekretion, welches Steinach auf den Namen "Pubertätsdrüse" taufte, gebe Hormone für die Entwicklung physischer und psychischer Geschlechtsmerkmale über das Blut an den Körper ab, die äußere Sekretion der eigentlichen Keimdrüse hingegen produziere ausschließlich die Samen- und Eizellen für die Fortpflanzung (Kammerer 1921:13, Hirschfeld 1926:416f.). Die "Innere Sekretion" allein sei demnach verantwortlich für die endgültige Entwicklung der Geschlechtsmerkmale und des Sexualtriebs: der "Grad der Ausbildung der Pubertätsdrüse" und der "Grad der Entwicklung der Geschlechtsmerkmale" stehen in einem Kausalverhältnis (Steinach 1912:75, Lipschütz 1918c:398).
Ein entscheidendes Anliegen Steinachs war es dabei zu zeigen, dass die Wirkung der Pubertätsdrüse spezifisch sei, dass diese die Entwicklung homologer Merkmale fördere und die Entwicklung heterologer Merkmale hemme. Der Geschlechtsspezifität der Hormone verdankten wir nichts weniger als die sogenannte Trennung der Geschlechter, schloss Steinach, sie sei ausschlaggebend beim Entstehen der Geschlechtscharaktere. Was hier postuliert wurde, war eine scharfe Trennung unauflöslicher, irreduzibel "männlicher" und "weiblicher" Einheiten, die er später sogar als F- und M-Zellen im Mikroskop materialisiert zu sehen glaubte. Der Antagonismus sei so gravierend, dass sich männliche und weibliche Hormone in einem "Kampf der Gonaden" (Steinach 1920a:13) gegenüberständen. Selbst wenn dieses Konzept, wie Steinach später selbst zugeben musste, sich als unhaltbar erweisen sollte, bestimmt es grundsätzlich bis heute Vorstellungen über das geschlechtliche Funktionieren des Organismus. So ist es von nun an ein mächtiges hormonelles Prinzip mit maskulinisierenden und feminisierenden Effekten und nicht ein bestimmtes Organ, die Keim-

drüsen oder das Gehirn, welches für das Arrangement der Geschlechtsunterschiede verantwortlich gemacht wird (Oudshoorn 1994:38).
Mit der chemischen Isolierung der Sexualhormone und der Anfang der Dreißiger auch von Steinach mitvollzogenen Vorstellung, dass im Körper sowohl "männliche" als auch "weibliche" Sexualhormone produziert werden (Steinach/Kun 1931), verschob sich die Idee eines innersekretorischen Antagonismus hin zu einem hormonellen Relativismus[11]. In seinem Labor, so verkündete Steinach, sei es möglich, experimentell eine ganze Stufenleiter der somatischen und funktionellen Geschlechtscharaktere herauszuarbeiten, wie es auch möglich sei, diese wieder zur Rückbildung zu bringen (1920b:562): Durch die gleichzeitige Einpflanzung von Keimdrüsen beiderlei Geschlechts in einen zuvor kastrierten Körper sei es so auch möglich geworden, hermaphroditische und homosexuelle Tiere in mannigfaltiger Ausbildung operativ herzustellen (1920a:19, 1920b:558). Die analogisierten Hermaphroditismus und Homosexualität, dies war Steinachs Überzeugung, seien erklärbar durch einen nichtdifferenzierten Keimstock, der zur Folge habe, dass "im differenzierten Hoden weibliche oder im differenzierten Ovarium männliche Pubertätszellen eingesprengt sind und unter gewissen Bedingungen zu Einfluss gelangen" (1912:86). Die "experimentelle Hermaphrodisierung" sorge durch die Abschwächung des Sexualantagonismus für eine reiche Variabilität an psychischen und somatischen Erscheinungen, für "feine Unterschiede der Erotisierung" (1920a:21f)[12]. Das "dunkle Gebiet der Homosexualität", so Steinach, sei endlich objektiv erklärt (1920a:23). Homosexualität wurde als ein experimentell produziertes Laborprodukt konstituiert (Oudshoorn 1993:157f). Steinachs Experimente blieben nicht unumstritten, bildeten jedoch ein starkes Paradigma - etwa die nachträgliche physiologische Referenz für die vierte Auflage von Freuds *Drei Abhandlungen zur Sexualtheorie* (Sadoff 1998:196-199) - welches kein seriöser Wissenschaftler ignorieren konnte.

Das Versuchslabor als Produktionsort neuer Geschlechtskörper

Als Norman Haire, etablierter Londoner Arzt und späterer Vorsitzender der "World League for Sexual Reform", im Jahr 1924 Steinachs Laboratorium besuchte, staunte er nicht schlecht über die Artenvielfalt, die Steinach in seinem Labor erzeugte hatte:

> No verbal description, no ordinary photographs, can convey the impression that one gains from a personal visit to Steinach's laboratories in the old Vivarium building in the Prater at Vienna. The rats on which the original experiments were made, beautifully dissected and displayed – the castrated male and the spayed female; then the castrated male into which a testicle had been grafted, and the spayed female into which an ovary had been grafted; then the masculinised female, the feminised male which actually suckled the litter of another animal; the various hermaphrodites and homosexuals artificially produced; the rejuvenated senile rats. (Haire 1924:11f)

11 Zur Etablierung des Konzeptes von "männlichen" und "weiblichen" Sexualhormonen in den dreißiger Jahren, siehe vor allem Oudshoorn (1994). Für die weitere Geschichte der Sexualhormone vgl. Van den Wijngaard (1997).

12 Hirschfeld und Steinach standen, das wird hier deutlich, durchaus in einem Informationsaustausch (vgl. Hirschfeld 1917).

Steinachs tierphysiologische Abteilung war eine Produktionsstätte, ein Ort der Fabrikation neuer Geschöpfe, welche die Phantasie der Wissenschaft, der Reformbewegung, der Science Fiction und des Horrorfilms beflügelte, eine Pilgerstätte für alle, die den neuen Menschen materialisiert sehen wollten. Wissenschaftler wie Laien fühlten sich gleichermaßen durch das Versprechen der hormonellen Manipulation des menschlichen Körpers inspiriert.

Steinachs Experimente sollten es ermöglichen, somatische, psychische und funktionelle Geschlechtsmerkmale zu transformieren und neuzugestalten (1912:76). Die Einpflanzung von Ovarien in den Körper einer zuvor kastrierten männlichen Ratte sorgte für eine Metamorphose: die eingepflanzten Eierstöcke würden zu wuchernden weiblichen Pubertätsdrüsen, beschrieb Steinach die Verwandlung, sie gäben der Weiterentwicklung eine neue Richtung, sie feminierten das Tier (1920a:14). Männliche Rudimente verwandelten sich zu weiblichen Organen. Die feminierten Tiere blieben im Wachstum zurück und entwickelten selbst für ein Weibchen außergewöhnlich zarte, zierliche, schmiegsame Körperformen (Steinach 1920a:14). Die Feminierung sei so stark ausgesprochen, dass das vormals männliche Tier Milch gebe: "Es ist ein unvergleich eindrucksvolles Bild", begeisterte sich noch 1930 ein Anhänger Steinachs, "bei solchem männlichen Tier (...) spritzt die Milch im Strahl bei Druck auf die gefüllte Brustdrüse heraus" (Schmidt 1930:42). Am augenscheinlichsten, geradezu synekdotisch zeigte sich die durch die Transplantation hervorgerufene Metamorphose an den Genitalien: Die Verwandlungen eines Penis in eine Klitoris und vice versa wurde in den zwanziger Jahren zu einem beliebten Beweis für die gelungene Geschlechtsumwandlung[13].

Das entscheidende Maß gelungener geschlechtlicher Differenzierung war die bei Steinachs legendären Verjüngungsoperationen exemplifizierte sogenannte "Potenzprobe" (Steinach 1920b:566). Bei gelungener Verjüngung wiederholte sich als geradezu klassische Biologisierung des Geschlechterverhältnisses stets das gleiche Schauspiel idealer sexueller Differenzierung: Das brünstige Weibchen werde sofort stürmisch verfolgt und unterliege unter leisem Aufschrei dem kurzen tetanischen Koitus (Steinach 1920b:566f). Mit brutaler Gewalt werde von einer anderen verjüngten Ratte der Koitus erzwungen, was sonst ein Durchschnittsmännchen nicht tue und nicht vermöge (Steinach 1920b:577). Bei einem Männchen sei der "sexuelle Paroxysmus" so übertrieben, dass es alles bespringe, ob brünstig oder nicht brünstig. Steinach zählte hier 19 Akte in 15 Minuten (Steinach 1920b:580). Feminine Jugend der weiblichen Ratte wiederum beweise sich allein durch das sexuelle Interesse, welches diese bei der männlichen Ratte errege. Das geschlechtliche Verhalten werde charakterisiert durch die eigentümliche Reaktion der normalen Männchen. Trotz der heftigen Abwehr durch Beißen und Heben des Hinterfußes versuche der Bock unermüdlich, wenn auch vergeblich den Aufsprung (Steinach 1920b:596f). Steinach sprach hier von "Hypermaskulinität" und "Hyperfeminität" (1920b:588).

---

13 Vor allem Alexander Lipschütz versuchte sich an der Verwandlung der Klitoris in ein penisartiges Organ (Lipschütz 1918a).

"Vermännlichung", so der amerikanische Sexualforscher Harry Benjamin, meint Verstärkung der Libido in heterosexueller Richtung (1931:256). Die operative Behandlung von Homosexualität, welche Steinach in problemloser Übertragung der Tierexperimente auf den Menschen versprach, die Reheterosexualisierung, übte auch auf ausgesprochene Vertreter der homosexuellen Emanzipation wie Hirschfeld große Attraktivität aus. Selbst wenn diese in den späten 1910er Jahren tatsächlich unternommenen Operationen rasch wieder aufgegeben wurden, beharrte Steinach doch auf der Wichtigkeit des biologischen Prinzips für die menschliche Therapie, die Möglichkeit der Schaffung einer zukünftigen Menschheit durch "dauernde Verbesserungen und Erneuerungen der Natur" (Steinach 1920a:18)[14].

Die Beharrlichkeit des Zwei-Geschlechter-Modells

Das Laborprodukt der transplantierbaren Eigenschaften der "Männlichkeit" und "Weiblichkeit" emanzipierte sich von den als nie wirklich existent proklamierten Wesenheiten "Mann" und "Frau". Die konstatierte Vielfalt der Geschlechtstypen ließ sich im Versuchslabor imitieren und erklären. Während dies ausdrücklich auch als eine zustimmende "biologische Antwort auf die Frauenfrage" verstanden wurde[15], war es zugleich auch eine erfolgversprechende Möglichkeit, die Natur zu verbessern oder erst wirklich zu fabrizieren. In der experimentellen Praxis führte die Laborwissenschaft faktisch die Produktion von, allerdings zur reinen Natur erklärten Hybridformen, Zwischenstufen, Variationen durch und strebte zugleich die Rekonstruktion eines reinen Dimorphismus an, wie er sich schließlich in den geeichten männlichen und weiblichen Sexualhormonen fixieren ließ (Oudshoorn 1994:42-64)[16]. Bei allem möglichen Reichtum, am Ende sollen es doch wieder nur Zwei sein.

Die Verwandelbarkeit der Geschlechter - Utopie oder Dystopie, rhetorische Figur, Machtfrage, experimentelles Laborprodukt - hat sich im 20. Jahrhundert als das bestimmende Modell, Geschlecht zu verkörpern, zu nutzen und wahrzunehmen, gefestigt. Subversive Möglichkeiten des Geschlechtswechsels werden bis heute ausgetestet[17], die Inversionstrope funktioniert immernoch als Beschreibung sozialer Veränderungen, in Labors werden weiterhin die wahren genetischen und neuroendokrinologischen Ursachen des Dimorphismus hergestellt und was die brutale Rekonstruktion von "Männlichkeit" als Herrschaftsform bedeutet, ist seit Klaus Theweleits *Männerphantasien* (1980) bekannt.

---

14 Hirschfeld selbst veranlasste solche Operationen, um sich jedoch später von ihnen, wenn auch bedauernd, zu distanzieren (vgl. Schmidt 1984, Herzer 1992:78-82).

15 Diesen Zusammenhang knüpfte der Biologe Paul Kammerer (Kammerer 1926/27:381).

16 Die bedeutende produktive Funktion der wissenschaftlichen Laborarbeit und des Experiments wird in den neueren "Science Studies" hervorgehoben, vgl. u.a. Pickering (1992).

17 Genannt seien nur Butlers offensiv gewendete Bedeutung der "Performativität" (1995:163-188), Silvermans Hervorhebung der fundamentalen Bedeutung der Effeminierung für die Subjektwerdung des homosexuellen Mannes als Möglichkeit subversiver Identifizierung (1992:339-388) oder Straayers These, dass die männliche Identifizierung von Frauen als Transvestitismus, als Maskerade, als jede Form der Übertretung, als eine Art des sozialen Handelns, eine Möglichkeit sei, sich Tag und Nacht zurückzuerobern (1996:159).

Gleichzeitig erweisen sich die Modelle "Vollmann" und "Vollweib" trotz der massenhaften Produktion von hybriden Geschlechtskörpern als jederzeit mobilisierbar und materialisierbar. Dass das Zwei-Geschlechter-Modell - obwohl der echte Mann und die wahre Frau längst als Biologismus, Aufführung, Fiktion enttarnt sind - nicht so ohne weiteres verschwinden mag, beweist nachdrücklich seine konstitutive Bedeutung für die Ordnung der Moderne, in der wir immer noch leben.

Literatur

Anonym (1924): Bart als Protest gegen die Vermännlichung der Frau. In: *Berliner Illustrirte Zeitung* 49. S. 1472.

Anonym (1925): Nun aber genug! Gegen die Vermännlichung der Frau. In: *Berliner Illustrirte Zeitung* 13. S. 389.

Benjamin, H. (1931): Das männliche Sexualhormon. In: *Sexualnot und Sexualreform. Verhandlungen der Weltliga für Sexualreform. IV. Kongreß. Abgehalten zu Wien vom 16. bis 23. September.* Hg. H. Steiner. Wien: Elbemühl-Verlag. S. 247-257.

Biedl, A. (1922): Die Bedeutung des endokrinen Systems für die Sexualität. In: *Sexualrefrom und Sexualwissenschaft. Vorträge gehalten auf der 1. Internationalen Tagung für Sexualreform auf sexualwissenschaftlicher Grundlage.* Hg. A. Weil. Stuttgart: Julius Püttmann. S. 14-27.

Bogdanow, A. (1984, 1907): *Der rote Planet. Ingenieur Menni. Utopische Romane.* Berlin: Verlag Volk und Welt.

Bourdieu, P. (1982): *Die feinen Unterschiede. Kritik der gesellschaftlichen Urteilskraft.* Frankfurt/Main: Suhrkamp.

Bulwer-Lytton, E. (1980, 1870): *Das kommende Geschlecht.* Frankfurt/Main: Suhrkamp.

Butler, J. (1995): *Körper von Gewicht. Die diskursiven Grenzen des Geschlechts.* Berlin: Berlin Verlag.

Dean, C.J. (1994): Foucault, gender and the history of sexuality. In: *History and Theory* 33. S. 271-295.

Douglas, A. (1996): *The Feminization of American Culture.* London: Papermac.

Elberskirchen, J. (1931): Die Überwertung des Sexualen in der Kultur und die Sexualnot. In: *Sexualnot und Sexualreform.* Hg. H. Steiner. Wien: Elbemühl-Verlag. S. 87-93.

Foucault, M. (1977): *Sexualität und Wahrheit. Der Wille zum Wissen.* Frankfurt/Main: Suhrkamp.

Freud, S. (1969, 1933): Die Weiblichkeit. In: *Studienausgabe. Vorlesungen zur Einführung in die Psychoanalyse und neue Folge.* (Bd. 1). Frankfurt/Main: Fischer. S. 544-565.

Grossmann, A. (1995): *Reforming sex. The german movement for birth control and abortion reform, 1920-1950.* New York, Oxford: Oxford University Press.

Hacker, H. (1987): *Frauen und Freundinnen. Studien zur 'weiblichen Homosexualität' am Beispiel Österreich 1870-1938.* Weinheim, Basel: Beltz Verlag.

Haire, N. (1924): *Rejuvenation. The work of Steinach, Voronoff and others.* London: George Allen & Unwin Ltd.

Halperin, D. (1990): *One hundred years of homosexuality and other essays on Greek Love.* New York: Routledge.

Haraway, D. (1995): *Monströse Versprechen. Coyote Geschichten zu Feminismus und Technowissenschaft.* Hamburg, Berlin: Argument Verlag.

Hausen, K. (1976): Die Polarisierung der Geschlechtscharaktere. Eine Spiegelung der Dissoziation von Erwerbs- und Familienleben. In: *Sozialgeschichte der Familie in der Neuzeit Europas*. Hg. W. Conze. Stuttgart: Ernst Klett Verlag. S. 363-393.

Herzer, M. (1992): *Magnus Hirschfeld. Leben und Werk eines jüdischen, schwulen und sozialistischen Sexologen*. Frankfurt/Main, New York: Campus.

Hirschauer, S. (1993): *Die soziale Konstruktion der Transsexualität. Über die Medizin und den Geschlechtswechsel*. Frankfurt/Main: Suhrkamp.

Hirschfeld, M. (1914): *Die Homosexualität des Mannes und des Weibes*. Berlin: Louis Marcus.

Hirschfeld, M. (1917): Die Untersuchungen und Forschungen von Professor E. Steinach über künstliche Vermännlichung, Verweiblichung und Hermaphrodisierung. In: *Jahrbuch für sexuelle Zwischenstufen* 17. S. 3-20.

Hirschfeld, M. (1926): *Die körperseelischen Grundlagen. Die Geschlechtskunde*. (Bd. 1). Stuttgart: Julius Püttmann.

Hirschfeld, M. (1928): *Folgen und Folgerungen. Die Geschlechtskunde*. (Bd. 2). Stuttgart: Julius Püttmann.

Hirschfeld, M. (1931): *Die Grundlagen der Nachkriegserotik. Sittengeschichte der Nachkriegszeit*. (Bd. 1). Leipzig, Wien: Verlag für Sexualwissenschaft.

Honegger, C. (1991): *Die Ordnung der Geschlechter. Die Wissenschaften vom Menschen und das Weib. 1750-1850*. Frankfurt/Main, New York: Campus.

Kammerer, P. (1921): *Über Verjüngung und Verlängerung des persönlichen Lebens. Die Versuche an Pflanze, Tier und Mensch gemeinverständlich dargestellt*. Stuttgart, Berlin: Deutsche Verlags-Anstalt.

Kammerer, P. (1926/27): Frauenbewegung und Lebensforschung (Biologische Antwort auf die Frauenfrage). In: *Geschlecht und Gesellschaft* 17. S. 374-382.

Kimmel, M.S. (1994): Consuming manhood: The feminization of american culture and the recreation of the male body, 1832-1920. In: *The male body. Features, destinies, exposures*. Hg. L. Goldstein. Ann Arbor: University of Michigan Press. S. 12-41.

Krafft-Ebing, R. Freiherr von (1883): *Lehrbuch der Psychiatrie auf klinischer Grundlage für praktische Ärzte und Studirende*. (Bd. 1). 2. Auflage. Stuttgart: Enke.

Krafft-Ebing, R. Freiherr von (1894): *Psychopathia sexualis mit besonderer Berücksichtigung der conträren Sexualempfindung; eine medicingerichtliche Studie füe Aerzte und Juristen*. 9. Auflage. Stuttgart: Enke.

Laqueur, T. (1992): *Auf den Leib geschrieben. Die Inszenierung der Geschlechter von der Antike bis Freud*. Frankfurt/Main: Campus Verlag.

Latour, B. (1995): *Wir sind nie modern gewesen. Versuch einer symmetrischen Anthropologie*. Berlin: Akademie Verlag.

Link, J. (1996): *Versuch über den Normalismus. Wie Normalität produziert wird*. Opladen: Westdeutscher Verlag.

Lipschütz, A. (1918a): Umwandlung der Clitoris in ein penisartiges Organ bei der experimentellen Maskulierung. In: *Archiv für Entwicklungsmechanik der Organismen* 44. S. 196-206.

Lipschütz, A. (1918b): Die Gestaltung der Geschlechtsmerkmale durch die Pubertätsdrüsen. In: *Archiv für Entwicklungsmechanik der Organismen* 45. S. 396-410.

Lipschütz, A. (1922): Die innere Sekretion der Geschlechtsdrüsen und ihre Bedeutung für die Sexualität des Menschen. In: *Sexualreform und Sexualwissenschaft*. Hg. A. Weil. Stuttgart: Julius Püttmann. S. 8-14.

McLaren, A. (1997): *The trials of masculinity. Policing sexual boundaries, 1870-1930*. Chicago, London: University of Chicago Press.

Medvei, V.C. (1993): *The history of Clinical Endocrinology. A comprehensive account of endocrinology from earliest times to the present day*. Revised and updated edition. Carnforth, Blue River: The Parthenon Publishing Group.

Mosse, G.L. (1997): *Das Bild des Mannes. Zur Konstruktion der modernen Männlichkeit*. Frankfurt/Main: S. Fischer.

Newton, E. (1984): The mythic mannish lesbian: Radclyffe Hall and the New Woman. In: *Signs. Journal of Women in Culture and Society* 9. S. 557-575.

Oudshoorn, N. (1994): *Beyond the natural body. An archeology of sexhormones*. London, New York: Routledge.

Pickering, A. (Hg.) (1992): *Science as practice and culture*. Chicago, London: The University of Chicago Press.

Russett, C. (1989): *Sexual science. The Victorian construction of womanhood*. London: Harvard Press.

Sadoff, D.F. (1998): *Sciences of the flesh. Representing body and subject in Psychoanalysis*. Stanford: University Press.

Schmidt, P. (1928): *Das überwundene Alter. Wege zu Verjüngung und Leistungssteigerung*. Leipzig: Paul List Verlag.

Schmidt, G. (1984): Helfer und Verfolgte. Die Rolle von Wissenschaft und Medizin in der Homosexuellenfrage. In: *Mitteilungen der Magnus-Hirschfeld-Gesellschaft* 3. Berlin: Magnus-Hirschfeld-Gesellschaft. S. 21-32.

Sedgwick, E. Kosofsky (1990): *Epistemology of the closet*. Berkeley: University of California Press.

Sengoopta, C. (1998): Glandular politics. Experimental biology, clinical medicine, and homosexual emancipation in Fin-de-Siècle Central Europe. In: *Isis* 89. S. 445-473.

Silverman, K. (1992): *Male Subjectivity at the Margins*. New York, London: Routledge.

Steinach, E. (1912): Willkürliche Umwandlung von Säugetier-Männchen in Tiere mit ausgeprägt weiblichen Geschlechtscharakteren und weiblicher Psyche. Eine Untersuchung über die Funktion und Bedeutung der Pubertätsdrüse. In: *Pflüger's Archiv für die gesamte Physiologie* 144. S. 71-108.

Steinach, E. (1920a): Künstliche und natürliche Zwitterdrüsen und ihre analogen Wirkungen. Drei Mitteilungen. In: *Archiv für Entwicklungsmechanik der Organismen* 46. S. 12-37.

Steinach, E. (1920b): Verjüngung durch experimentelle Neubelebung der alternden Pubertätsdrüse. In: *Archiv für Entwicklungsmechanik der Organismen* 46. S. 557-619.

Steinach, E./H. Kun (1931): Luteingewebe und männliche Geschlechtscharaktere. In: *Pflüger's Archiv für die gesamte Physiologie* 227. S. 266-278.

Stoff, H. (1998): Die hormonelle und die utopische Geschlechterordnung. Verjüngungsoperationen und der neue Mensch in den zwanziger Jahren. In: *Verqueere Wissenschaft? Zum Verhältnis von Sexualwissenschaft und Sexualreformbewegung in Geschichte und Gegenwart*. Hg. U. Ferdinand/A. Pretzel/A. Seeck. Münster, Hamburg, London: Lit-Verlag. S. 245-260.

Straayer, C. (1996): *Deviant eyes, deviant bodies: Sexual re-orientations in film and video*. New York: Columbia University.

Thiess, F. (1929): Der schöne Mann von heute. In: *Die Freikörperkultur. Monatsschrift für Leibesgestaltung*. S. 327-328.

Theweleit, K. (1980): *Männerphantasien*. (Bd. 1 und 2). Reinbek bei Hamburg: Rowohlt.

Vaerting, M. (1922): Neubegründung der Psychologie von Mann und Frau. In: *Sexualreform und Sexualwissenschaft*. Hg. A. Weil. Stuttgart: Julius Püttmann. S. 121-128.

Weininger, O. (1903): *Geschlecht und Charakter. Eine prinzipielle Untersuchung*. Wien, Leizig: Braunmüller.

Wijngaard, M. van den (1997): *Reinventing the sexes. The biomedical construction of femininity and masculinity*. Bloomington, Indianapolis: Indiana University Press.

Will, W. van der (1990): The body and the body politics as symptom and metaphor in the transition of german culture to national socialism. In: *The nazification of art*. Hg. B. Taylor/W. van der Will. Winchester: Winchester Press. S. 14-52.

Production and perception of gendered voice quality

Monique Biemans
Department of General Linguistics and Dialectology, University of Nijmegen

Introduction

This study is about the communication of gender through voice quality.[1] Voice quality is "the characteristic auditory colouring of an individual speaker's voice" (Laver 1980). This includes phonation (e.g. breathiness, creakiness, harshness), articulation (e.g. precision of articulation, nasality), and prosody (pitch, tempo, loudness).

Voice quality differences relating to gender are caused by anatomical differences between speakers and/or by the way they habitually use their voice for speaking. In general, the physical dimensions and size of the larynx and the vocal tract of men and women differ, and therefore their voices will differ. For example, the predominantly shorter and thinner vocal cords of women vibrate at a higher frequency than the longer and thicker vocal cords of men, causing women's voices to be perceived as higher in pitch.[2] However, the social environment also plays a role. As, among others, Graddol/Swann (1989:18) point out, the voices of boys and girls differ before they develop sex-specifically in puberty. Furthermore, pitch, and voice quality in general, are culturally variable. Social ideas about gender can influence the way people speak (e.g. Van Bezooijen 1995, about pitch differences between Japanese and Dutch female speakers).

Communicating gender through voice quality implies that biological gender differences and social gender aspects are communicated simultaneously. Therefore, both these sources have to be accounted for. In phonetic research, social gender is almost never considered. To operationalize gender, only the sex of the speaker is taken into account. A rare exception is Smith (1985). He related the self-assessed gender identity of speakers to the gender identity attributed to them by listeners. He found significant correlations between self-assessed gender identities and gender identities attributed on the basis of speech.[3] However, he did not try to isolate specific voice characteristics that may be responsible for communicating gender identity.

In the present research both biological gender (the sex of the speaker) and social gender are operationalized. Social gender is represented by gender identity. This is defined as the extent to which gender stereotypical behavior, thoughts, or feelings are part of a person's identity (Willemsen/Fischer 1997).

---

1 The research reported on is part of a larger research project conducted at the department of General Linguistics, University of Nijmegen, Netherlands. I thank Dr. Renée van Bezooijen and Judith Haan for their comments on an earlier version of this paper.

2 This is a simplification of the complex process of pitch perception, which also depends on resonance characteristics, loudness, etc.

3 The correlations varied between .65 and .81.

Communication is two-sided: it involves a speaker and a listener. Listeners extract information about speaker characteristics from the voice. Therefore, in order to describe how gender is communicated through voice quality we use a simplified version of the model for interpersonal communication proposed by Scherer (1978) (Figure 1). The model consists of three levels. The first level represents the gender characteristics of the speaker: sex and gender identity. These characteristics are externalized in a speaker's voice. At level two voice quality characteristics are rated perceptually by phonetic experts. This level represents an intermediate level between 'objective' acoustic measurements of speech and the perception of speech by naive listeners. At the third level, naive listeners attribute gendered personality characteristics to the speaker on the basis of her/his voice. The purpose of the study is to examine the relations between the three levels of the model, and subsequently to evaluate the use of voice quality to communicate gender throughout the entire model.

LEVEL 1	LEVEL 2	LEVEL 3
Speaker gender	Speech characteristics	Attributed personality characteristics
(sex + gender identity)	(perceptual expert ratings)	(gender identity)

Figure 1: Communication model (simplified version of Scherer 1978)

In this article, first the speakers and speech material will be described. Next, the three levels of the model will be dealt with separatly, followed by a discussion of the relation between the levels. To conclude, the entire model will be discussed.

Speech material

Conversations were recorded between 114 speakers, i.e. 19 female/female, 19 female/male and 19 male/male conversation pairs. All speakers were between 20 and 45 years old. We wanted to relate 'stable' gender characteristics of the speakers to their voice quality. Therefore, we had to provide the most relaxing experimental conditions possible: the speakers in a dyad knew each other beforehand, and they talked to each other at the home of one of the speakers, without interference from the researcher who usually sat in another room. The speakers talked for 30 minutes about gender-neutral topics, for instance about statements such as "it should be prohibited to smoke in restaurants" (at present this is not prohibited in the Netherlands; educational material about smoking, e.g. on television, is not gender-biased). Through an elaborate procedure, from each speaker one minute of speech was selected to be used in the research. This resulted in utterances of intermediate length, without background noise, and with gender-neutral content (assessed in an experiment in which participants had to judge the masculinity and femininity of the written-out utterances).

The three levels of the communication model

Gender identity questionnaire

Level 1 of the model assesses gender characteristics. All speakers filled out a gender identity questionnaire, designed specifically for the Netherlands in the early 1990s (Willemsen/Fischer 1997). The questionnaire reflects beliefs about femininity and masculinity in the Netherlands.[4] Gender identity is defined as the extent to which gender stereotypical behavior, thoughts, or feelings are part of a person's identity.

The questionnaire consists of two parts: the first contains 30 questions about stereotypically gendered personality traits and the second contains 28 questions about stereotypically gendered behavior. Examples of feminine traits: emotional and caring, of masculine traits: independent and technical, of feminine behavior: remembering people's birthdays and going shopping for clothes often, of masculine behavior: hiding emotions and going out alone to e.g. a bar, cinema. The speakers filled out the questionnaire about themselves (self assessment) and in addition the conversation partners filled out the traits part of the questionnaire about each other (peer ratings).

In general, women scored higher on the femininity part of the questionnaire than men did, but this was only a matter of degree, because the scores of men and women did overlap substantially. (For a more elaborate discussion of the questionnaire, see Biemans/Van Bezooijen 1996).

Expert ratings of voice quality

Two expert phoneticians judged all 114 speech fragments on voice quality. Both were trained by John Laver personally, and since then have had experience in rating pathological and non-pathological voices. Their ratings were factor analyzed (principal components analysis with varimax rotation) to discover the underlying dimensions. Table 1 represents the results of this analysis. Only scales with factor loadings larger than .5 and smaller than .4 on other factors are listed.

The analysis resulted in four factors. The first consists entirely of the three pitch scales pitch variation, pitch range, and average pitch (scored sex-specifically), and therefore is called pitch. The second has to do with the vocal cords and the larynx (harshness, laryngeal tension, breathiness, and creakiness), and is called phonation. The third factor reflects the amount of effort someone puts into speaking: more effort means a larger vowel space, more supralaryngeal tension, and a louder voice. The scale tempo stands on its own as the fourth factor. These four factors have been used in further analyses.

4 Although we acknowledge that such a questionnaire never can fully address all aspects of gender, it nevertheless can be used as a good starting point for this type of research.

Factor number	Chosen name	Contributing scales
1	Pitch	- Pitch variation - Pitch range - Average pitch (scored sex-specifically)
2	Phonation	- Harshness (roughness) - Laryngeal tension - Breathiness - Creakiness (negatively correlated with the other three scales)
3	Effort	- Vowel space (accented vowels) - Supralaryngeal tension - Loudness
4	Tempo	- Tempo

Table 1: Factor analysis of expert scores

Listeners' attributions of gender identity
The third level in the communication model consists of listeners' attributions of gender identity on the basis of speech. At present, only a pilot study is available for this level. 40 listeners (21 female, 19 male) listened to speech fragments of 10 speakers (5 female, 5 male). The speakers were selected from the 114 speakers on the basis of their self-assessed gender identity: female and male speakers who represented the whole range of gender identity scores (i.e. very masculine, very feminine, not at all masculine, not at all feminine). The pilot experiment therefore is expected to provide a good indication of the results of a large-scale experiment.
The listeners filled out several gendered personality scales (five-point scales). For each speaker average scores were computed. In this paper only the results for the listeners' overall impressions of masculinity and femininity will be discussed. Results showed that the listeners made a distinction between female and male speakers: female speakers got significantly higher femininity scores than male speakers (average 3.6 versus 2.3), and male speakers got significantly higher masculinity scores than female speakers (average 2.1 versus 3.3). In fact, the scores for female and male speakers for the two scales did not overlap but were divided into two separate distributions. However, within these two groups the scores varied sufficiently (1.5 scale points) to warrant their use in the present research.

Relations between the three levels of the communication model

Speaker gender and expert ratings of voice quality
Some significant correlations between the speakers' biological and social gender characteristics and the expert ratings of the speakers' voice quality were found (levels 1 and 2 of the model), but the relations are not very strong.

Two of the four voice quality factors correlate significantly with sex of the speaker: pitch (*r* -.31) and phonation (*r* -.41). The experts judge women to have larger pitch variation, a larger pitch range and higher average pitch (scored sex-specifically) than men (scale from –3 to 3; average scores .57 and .15 respectively; *F* 6.87, *df* 111, *p* .00). Furthermore, women get higher scores for phonation: they are judged to speak more harshly, with more laryngeal tension, with more breathiness, and less creak than men (scale from 0 to 3; average scores 1.4 and 1.1 respectively; *F* 2.06, *df* 111, *p* .00). The relation between the sex of the speaker and the phonation scores can be seen in Figure 2.

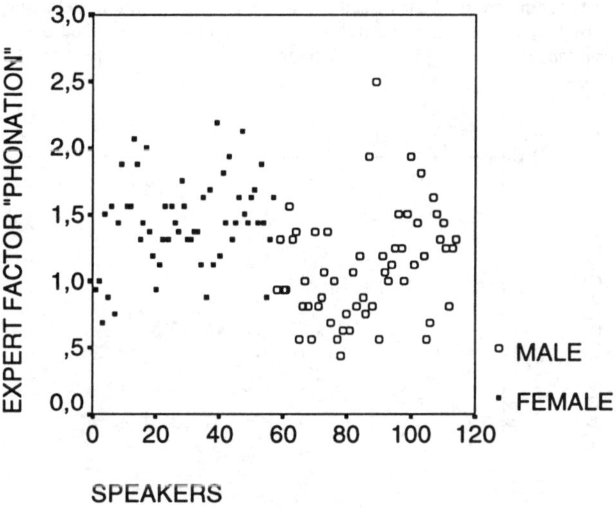

Figure 2: Scatter plot of the expert phonation scores for 57 female speakers (on the left, nr. 1-57) and 57 male speakers (on the right, nr. 58-114)

Similar to the correlations with the sex of the speaker, the significant correlations between gender identity and the expert scores were relatively low. Table 2 gives an overview of the significant correlations. These vary between .22 and .41, which means that between 5% and 17% of the variance of the various voice quality ratings is explained by gender identity. Visual inspection of the significant relations in this table showed us that the effects are caused by an interaction with the sex of the speaker (relation between masculine traits and pitch / phonation), or are very weak, or even non-detectable (for the very small correlations). One of the most clear visual representations is depicted in Figure 3: the relation between masculine behavior and the factor effort for the female speakers. Female speakers with relatively high self-assessed scores on masculine behavior put more effort into their speech than female speakers with relatively low scores. However, although the relation is significant, not much direction can be discovered in the scatter plot; the dots are distributed fairly random.

	Female + male speakers				Female speakers				Male speakers			
	Pit	Pho	Eff	Tem	Pit	Pho	Eff	Tem	Pit	Pho	Eff	Tem
MT	-.31	-.41					.36					
FT												
MB							.27					
FB				-.22								-.36
MT*cp*							.26	-.30				
FT*cp*												

Table 2: Significant correlations ($p < .05$) between expert ratings and gender identity. MT=masculine traits, FT=feminine traits, MB=masculine behavior, FB=feminine behavior, MT*cp*=masculine traits assessed by conversation partner, FT*cp*=feminine traits assessed by conversation partner, Pit=factor pitch, Pho=factor phonation, Eff=factor effort, Tem=factor tempo

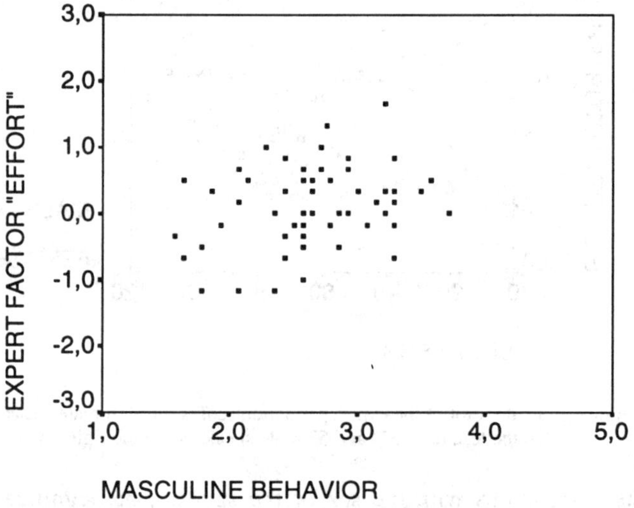

Figure 3: Relation between masculine behavior and expert factor effort for 57 female speakers (*r* .27)

Speaker gender and attributed gender identity

On the relation between speaker gender and attributed gender identity (levels 1 and 3) we can be short: no significant correlations were found. The self-assessment and conversation partner's assessment of gender identity did not correspond to the attributed gender identity by the listeners. In Figure 4 the differences between self-assessed and attributed masculinity are indicated. No clear pattern emerges.

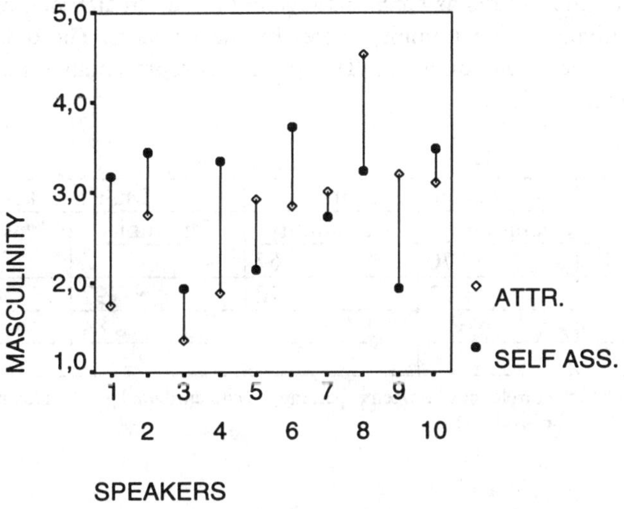

Figure 4: Differences between self-assessed and attributed masculinity for five female (1-5) and five male (6-10) speakers

Expert ratings of voice quality and attributed gender identity

The relation between level 2 and level 3 of the communication model was looked at for female and male speakers separately, because of the two separate distributions of attributed femininity and masculinity for female and male speakers. With so few speakers, even high correlations can barely reach significance. In Table 3, therefore, all relatively high correlations are listed, also non-significant ones.

For the five female speakers, relatively high correlations between the factors pitch and phonation and attributed gender identity were found. More pitch variation, a larger pitch range and a higher pitch is associated with higher attributed femininity. This corresponds with the expert scores: women were rated higher on the factor pitch than men. Furthermore for female speakers, harsher, laryngeally tenser, breathier and less creaky voice is regarded as more masculine.

For the five male speakers the relation between phonation ratings and attributed gender identity was in the opposite direction: harsher, laryngeally tenser, breathier, and less creaky voices are seen as more feminine. Apparently, the listeners have different gender associations for phonation characteristics of female and male speakers. At present, we have no explanation for this result. The results further showed that for male speakers the factor effort was associated with masculinity. This corresponds to the expert ratings for female speakers on this factor, where it was found that a higher level of effort in the voice was related to the self-assessed and conversation partner's assessment of masculinity scales.

Figure 5 is an example of one of the correlations in Table 3: the correlation between attributed femininity and phonation for male speakers. Male speakers whose voices were judged by the experts as harsh, laryngeally tense, breathy and not creaky were attributed relatively high femininity scores by the listeners. The dots in the Figure clearly form a line in one direction. This pattern is representative for the other correlations listed in Table 3.

	Female speakers		Male speakers	
	Femininity	Masculinity	Femininity	Masculinity
Pitch	.70	-.67		
Phonation	-.72	.70	* .97	-.87
Effort			-.84	.83
Tempo				

Table 3: Relatively high correlations between expert ratings and attributed gender identity (* = significance level .01)

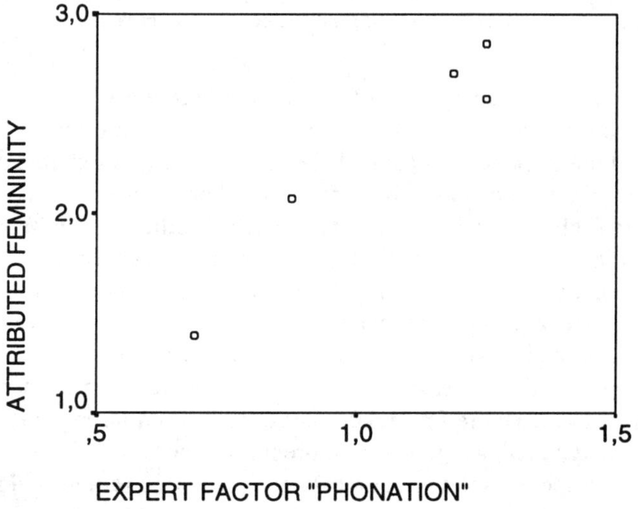

Figure 5: Relation between expert factor "phonation" and attributed femininity for five male speakers

Discussion

In this study we examined the relation between gender (identity) and voice quality from a communication point of view, i.e. the relation between speakers' gender characteristics and voice, between voice and attributed gender characteristics, and between speakers' gender identity and attributed gender identity.

First, we can conclude that in the present study the self-assessed gender identities of the speakers and the gender identities attributed to them by listeners were not significantly related to each other. This contradicts the findings of Smith (1985) who found that self-assessed and attributed gender identity were significantly correlated. The speakers in both studies were 8-10 students. However, the type of speech recordings that were made, were different. Smith had his speakers read a short passage of 'lively prose', whereas in the present study people were recorded while talking with an acquaintance. It is possible that the former situation triggers a type of speech that is more gender-related than the latter. Reading aloud might trigger some form of 'performance', to read as expressively as possible. In contrast, talking to a friend does not ask for 'performance' or doing one's best. A second explanation could be cross-cultural differences. Perhaps in the USA much larger gender differences in voices can be found than in the Netherlands.

Second, in the present study the significant correlations that were found between speaker gender characteristics and expert ratings of voice quality were low; the relations were relatively weak. On the other hand, the correlations between the voice quality ratings and the attributed gender identities were high. The latter correlations were only based on a pilot study, but they fit the pattern found in other research in this area (e.g. Pittam 1987, Van Bezooijen 1995). The relatively large significant relations we found at the 'perception' side of the study, are in a sense logical: it does not matter from what situation speech samples are taken, the stereotypical reactions of listeners to voice quality variation will still largely be the same.

One explanation for the lack of large significant relations at the 'production' side of the research could be the same as described above: in the research setting people talked to an acquaintance. Possibly, we made the situation so relaxed, that speakers did not feel the need to speak in a overly gender-related way. The small correlations that we did find, could be related to small gender effects, or anatomical differences between speakers. Furthermore, it has to be noted that the speakers in this study were highly educated, and (at least in the Netherlands) among highly educated people gender differences seem to be less prominent.

Another possible explanation for the small correlations could be the type of voice characteristics we studied. It might be that gender (identity)-related speech mostly occurs in e.g. intonation patterns, which were not looked at here. However, this explanation does not seem to apply. We found relatively strong relations at the 'perception' side of the study between the experts' voice quality ratings and the attributed gender identities. Variation in voice quality is sufficiently present and is used by listeners to attribute gender-related personality characteristics to the speakers, but is not related to the self-reported gender identities of the speakers.

References

Biemans, M./R. van Bezooijen (1996): The effect of masculinity and femininity on pitch. In: *Gender and belief systems. Proceedings of the fourth Berkeley women and language conference*. Eds. N. Warner/J. Ahlers/L. Bilmes/M. Oliver/S. Wertheim/M. Chen. Berkeley, California: Berkeley Women and Language Group. pp. 25-36.

Graddol, D./J. Swann (1989): *Gender voices*. Oxford: Blackwell.

Laver, J. (1980): *The phonetic description of voice quality*. Cambridge: CUP.

Pittam, J. (1987): Listeners' evaluations of voice quality in Australian English speakers. In: *Language and Speech* 30(2). pp. 99-113.

Scherer, K. (1978): Personality inference from voice quality: the loud voice of extroversion. In: *European Journal of Social Psychology* 8. pp. 467-487.

Smith, P.M. (1985): *Language, the sexes and society*. Oxford: Basil Blackwell.

Van Bezooijen, R. (1995): Sociocultural aspects of pitch differences between Japanese and Dutch women. In: *Language and Speech* 38 (3). pp. 253-265.

Willemsen, T.M./A.H. Fischer (1997): De Nederlandse sekse-identiteit vragenlijst ("The Dutch gender identity questionnaire"). In: *Nederlands Tijdschrift voor de Psychologie (Netherlands Journal of Psychology)* 52. pp. 126-130.

Gender in English, German, and other languages: Problems with the old theory, opportunities for the new[1]

Donald G. MacKay
Department of Psychology, University of California at Los Angeles

Nominal gender-marking is a complex linguistic device, one aspect of which is the obligatory use of masculine, feminine, and neuter articles for modifying nouns in languages such as German. By way of illustration, German speakers must use the masculine *der* (and its variants) as the definite article for some nouns, e.g., 'moon' (*der Mond*), the feminine *die* for other nouns, e.g., 'sun' (*die Sonne*), and the neuter *das* for still other nouns, e.g., 'girl' (*das Mädchen*). What makes nominal gender especially interesting is its intimate relations to important syntactic devices such as anaphora. Indeed, pronoun use is arguably the strongest indicant that *der* is masculine, *die* is feminine, and *das* is neuter (Ibrahim 1973). Because speakers of German generally use 'he' to request a 'spoon' (*der Löffel*), 'she' to request a 'fork' (*die Gabel*), and 'it' to request a 'knife' (*das Messer*), *der* (and *Löffel*) must be masculine, *die* (and *Gabel*) must be feminine, and *das* (and *Messer)* must be neuter.

This paper addresses a more controversial aspect of nominal gender, namely its psychological functions and implications. These functions have puzzled theorists since the time of Freud and before because gender-marking for any given concept differs across languages, and because some languages such as English do not employ obligatory gender-marking. Nonetheless, three *a priori* factors suggest that obligatory gender-marking may be interesting and important from a psychological point of view. One is the effort required to learn the gender system in such languages, especially for non-native speakers (see e.g., Corbett 1991:7). A second factor is that historically, obligatory gender-marking is remarkably persistent in many languages and must be serving some important psychological functions. The third factor is the elevated frequency of use that obligatory gender-markers exhibit. A comparison with the pronoun *he* will serve to illustrate this elevated frequency: Although educated Americans over the course of their lifetime use *he* and its variants more than 10,000,000 times in reading alone by one estimate (MacKay 1980a), *der*, *die*, or *das* and their variants are used with virtually every German noun, and may occur in order of magnitude more frequently than *he* and its variants. One consequence of this overwhelming frequency is that processes underlying the perception and production of obligatory gender-marking become automatic and unconscious during childhood, an effect that lasts throughout life. Practice of such magnitude may also have other effects that are beyond the ken of present-day psychology, and until psychological research can determine such effects, the claim that obligatory gender-marking is a trivial phenomenon must be treated with skepticism.

---

1 The author thanks Drs. Friederike Braun, Yvonne Lippa, and Uwe Nissen for helpful comments on an earlier draft, and Bryan Chae for assistence. Support from National Institute for Aging grant R01 AG 097705 is gratefully acknowledged.

To help stimulate such research, the present paper develops a new theory in which effects of obligatory gender-marking are anything but trivial. On the positive side, the theory suggests that nominal gender enables comprehenders and learners to transfer habitual attitudes and emotional reactions from their interpersonal world to the world of ideas and things, and thereby relate in a familiar, personal, and culture-specific way to newly encountered concepts and objects. On the negative side, the theory suggests that traditional gender stereotypes underlie the gender-marking of nominal concepts, and that gender-marking transmits these stereotypes to children learning the language, and thereby serves to perpetuate these stereotypes in a subtle, unconscious and enduring manner.
To set the stage for this new theory, I first describe the more complex "structuralist" theory wherein nominal gender carries no semantic or psychological significance for speakers, listeners, or learners of a language. I next describe three broad classes of gender-related phenomena that are problematic for this "Two-Types" theory, despite its widespread acceptance in mainstream philosophy, linguistics, anthropology, and psychology over the past 40 years (see e.g., Bock 1982, Fodor 1959, Ibrahim 1973, Newmeyer 1998). Finally, I develop the new and simpler, "Unified" theory of nominal gender that explains these "problematic phenomena" and makes new predictions for future tests.

The Two-Types theory of nominal gender

Under the Two-Types theory, gendered languages exhibit two fundamentally different and conflicting patterns: natural gender vs. grammatical gender. Natural gender follows two rules in the theory: 1) Referential meaning (semantic features for male vs. female referents) determines gender in some languages, e.g., English; and 2) Sex-specific nouns in natural-gender languages take corresponding masculine or feminine gender, whereas inanimate referents take neuter gender. By contrast, grammatical gender follows two quite different rules in Two-Types theory: 1) Referential meaning does not determine gender; and 2) Nouns and their corresponding modifiers fall into two or three gender categories (masculine, feminine, and neuter) that are formal or arbitrary in nature and vary at random from one language to the next in the many Indo-European languages with grammatical gender. The main support for this "arbitrariness assumption" and Two-Types theory in general is that the same referent can take one gender-marker in one language and a different, and by inference, arbitrary gender-marker in some other language(s). For example, French marks 'knife' and 'child' as masculine and 'girl' as feminine, whereas German marks all three as neuter.

Three broad classes of problems with Two-Types theory

There are three broad classes of problems with the Two-Types theory. First there are unexplained classes of exceptions to natural-gender rules, the stereotype-congruent nature of exceptions to the natural-gender rule, and the unexplained exceptions to the arbitrariness assumption for grammatical-gender languages.

Unexplained classes of exceptions to natural-gender rules

There are four unexplained classes of exceptions to natural-gender rules. These include personification, reification, prototypic reference, and generic reference.

Speakers and writers of English generally use *he* and *she* rather than *it* when *personifying* inanimate concepts and objects such as time, ships, cars, the sun, and the moon. These uses are remarkably common (MacKay 1986), represent neither speech errors nor slips of the pen (see MacKay/Konishi 1980), and violate the natural-gender rule that inanimate referents take neuter gender requiring the use of *it*.

Reification refers to use of *it* in reference to humans of known sex, such as a baby, infant, child, corpse, or familiar adult toward whom the speaker feels antipathy, as in "Oh, no. Here it comes" (see MacKay/Konishi 1980). Such uses are deliberate, and violate the natural-gender assumption that only inanimate referents are neuter, whereas sex-specific referents are either masculine or feminine.

Prototypic reference includes use of *she* for sex-indefinite classes that are predominantly but not exclusively female, e.g., *model*, *secretary*, and *nurse*, and use of *he* for sex-indefinite that are predominantly but not exclusively male, e.g., *doctor*, *architect*, and *professor*. These uses are problematic for the natural-gender assumption that use of *he* is specific to male referents and *she* to female referents.

Generic reference refers to the fact that English partially resembles a grammatical-gender language rather than a strictly natural-gender language in the traditional (but currently changing) use of *he* to that are not predominantly male, e.g., *student*, *pedestrian*, and *person*, as in "A person over 65 should visit his doctor every year". Because females outnumber males in the class "person over 65", this use violates the natural-gender assumption that *he* only designates male or predominantly male referents.

The stereotype-congruent nature of exceptions to the natural-gender rule

Although proponents of Two-Types theory might suggest adding further rules to explain the prevoius points, the phenomena described next are difficult to explain in this way.

MacKay and Konishi (1980) and MacKay (1986) examined thousands of instances in large anthologies of English poetry and prose where writers used *he* or *she* to personify nonhuman antecedents, including objects, e.g., *the moon* and *the sun*, animals, e.g., *dogs*, *gorillas*, and *ladybugs*, and abstract entities and concepts, e.g., *old age* and *time*. These *he* vs. *she* personifications were remarkably consistent. For example, old age, cats, ships, countries, cars, nature, and the moon were always *she*-antecedents whereas time, dogs, death and the sun were always *he*-antecedents. Such consistency suggests that English exhibits implicit gender marking resembling German for *cats* (fem.) and *dogs* (masc.), and resembling French for *old age* and *moon* (fem.), and *time* and *sun* (masc.).

A second, even more remarkable aspect of personification in English literature was the stereotypic nature of *he*- vs. *she*-antecedents and their assigned traits. Animals consistently personified with *he* included, e.g., dogs, lions, gorillas, and wolves, and animals consistently personified with *she* included, e.g., cats, mice, ladybugs, and bees. To establish stereotype-consistency, MacKay and Konishi (1980) presented these *he*- and *she*-animals in random order to a large group of judges, who rated each animal on 12 semantic differential scales (after Osgood/May/Miron 1975).

Ratings on scales making up the potency dimension (i.e., weak vs. strong; tender vs. vigorous; light vs. heavy; small vs. big) were higher for *he*- vs. *she*-animals, and paralleled differences in potency ratings for *he*-humans (e.g., husband, father, uncle, brother) vs. *she*-humans (e.g., wife, aunt, mother, sister). Ratings on scales making up the activity dimension (i.e., calm vs. agitated; quiet vs. noisy; sedate vs. lively; slow vs. fast) were also significantly higher for *he*- than *she*-animals, and paralleled ratings for *he*- vs. *she*-humans. Such parallels suggest that stereotypes associated with *he*- vs. *she*-humans determined whether writers of English literature personified an animal as male vs. female.

Consider now the traits typically assigned to *he*- vs. *she*-animals, concepts, and objects in English literature. Traits commonly assigned to *he*-antecedents included brave, wise, clever, strong, active, savage, deceitful, mischievous, and angry, which received high ratings on potency and activity dimensions of the semantic differential test. However, traits commonly assigned to *she*-antecedents included pretty, sweet, nice, foolish, helpless, dependent, poor, and hysterical, which received significantly lower ratings for potency and activity dimensions on the semantic differential test. Moreover, traits for *he*-antecedents fell into the stereotypically male category of the Bem (1974) sex-role inventory significantly more often than traits for *she*-antecedents. Sexual stereotypes rather than the natural-gender rules of Two-Type theory apparently underlie all four sets of phenomena: the gender of personified antecedents, the traits assigned to *he* vs. *she*-antecedents, the sexual stereotyping of animal species, and the semantic differential ratings for *he*- vs. *she*-humans.

MacKay and Konishi (1994, 1995) also examined what pronoun speakers of English used "on-line" when completing sentence fragments containing human antecedents such as *corpse*, *fetus*, *baby*, *child*, *teenager*, and *adult*, and animal antecedents such as *dog* and *cat*. Each fragment came in several different versions for presentation to different subjects. For example, six different versions of the fragment, "If a corpse is taken care of in all ways", were created by replacing the word *corpse* with *fetus*, *baby*, *child*, *teenager*, or *adult*. As can be seen in Figure 1 (right ordinate), use of human pronouns in completing these six sentence fragments increased systematically from *corpse* and *fetus* (0%), to *baby*, *child*, *teenager*, and *adult* (89%). Next, a large group of judges independently rated the rationality and likeability of these referents on a 6 point scale, and their mean (combined) rationality and likeability ratings also increased systematically from *corpse*, to *fetus*, to *baby*, *child*, *teenager*, and *adult* (Figure 1, left ordinate), in the same way as use of human pronouns in the sentence completion task. These and other data indicated that speakers of English choose pronouns on the basis of underlying attitudes (e.g., likeability) and beliefs (e.g., rationality) concerning their referents, and not just on the basis of features representing animacy and sex.

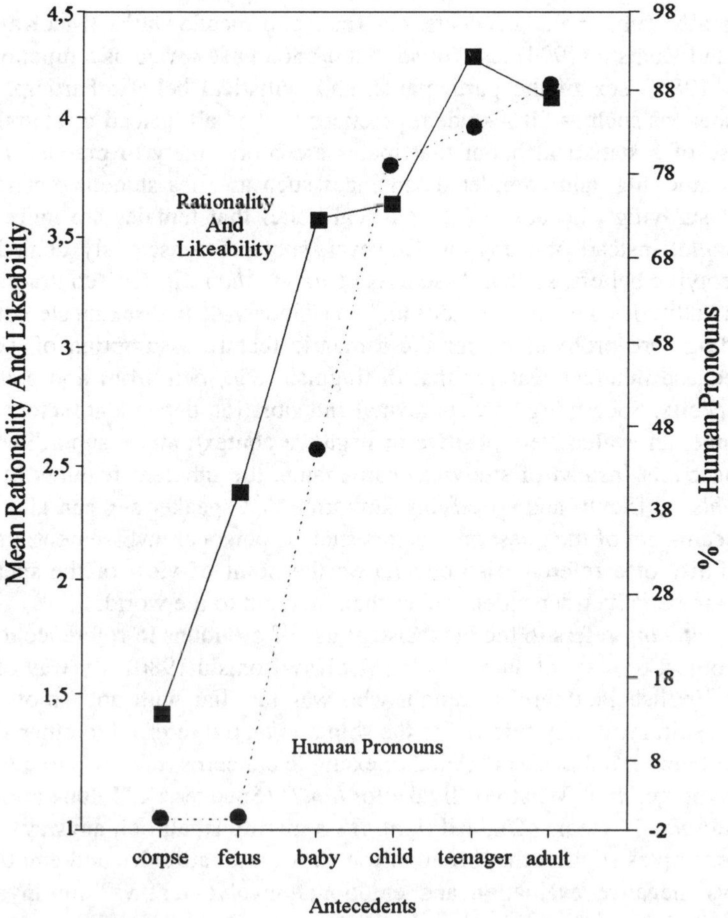

Figure 1: Human pronoun use (in %, solid line, left ordinate) in completing sentences for the antecedents *corpse*, *fetus*, *baby*, *child*, *teenager*, and *adult*, and mean ratings for rationality and likeability for these referents (0-5 scales, broken line, right ordinate).

Choice of pronouns for designating animals and things reflected many other attitudes and beliefs: Like writers of English literature, ordinary speakers of English were more likely to use human pronouns rather than *it* for named rather than unnamed referents, for personally involving and familiar referents rather than uninvolving and unfamiliar referents, for pets rather than non-pets, and for the same referent engaging in typically human rather than nonhuman activities or participating in evaluatively positive vs. negative contexts, e.g., "taking a nap" vs. "seeing an enemy". Also like writers of English literature, participants completing the sentences usually used *he* for stereotypically masculine antecedents, e.g., dogs and wolves, but *she* for stereotypically feminine antecedents, e.g., cats and meadowlarks (MacKay 1980b). MacKay and Konishi (1994) also found that pronoun use varied as a function of time (1980 vs. 1981), sex of the participants, and statistical beliefs: Participants completed sentences such as "If a student practices basketball instead of studying" with *he* because of a statistical belief that males are more likely to practice basketball instead of studying, and completed sentences such as "If a student practices ballet instead of studying", because of a statistical belief that females are more likely to practice ballet instead of studying. However, subjects consciously denied holding such stereotypic beliefs, so that these uses of *he* vs. *she* reflected "contra-conscious" beliefs and attitudes, i.e., unconscious and consciously-denied sexual stereotypes.

Such findings are problematic for the semantic feature assumption of Two-Types theory because inherent features that distinguish, e.g., pets from non-pets are difficult to specify. Specifying how contextual and situation-dependent factors such as a proper name, an evaluatively positive or negative context, and a subordinate phrase (practicing ballet instead of studying) can change the inherent features of an antecedent is also difficult, and specifying how time and speaker sex can alter inherent features seems out of the question. Factors such as personal involvement, familiarity, and likeability of a referent also depend on the point of view of the speaker, and therefore are perceiver-dependent rather than inherent to the world.

Pronoun switching refers to the inconsistent use of pronouns in reference to one and the same object or class of antecedents (MacKay/Konishi 1980). By way of illustration from English literature, a captain who was familiar with and emotionally attached to a ship invariably referred to the ship as *she*, but referred to other ships with no apparent emotional ties as *it*. Another example concerns reference to a wood tick: "Where'd you get *him*? What you'll take for *him*?" (Speaker 1). "I don't know. I don't want to sell *him*." (Speaker 2). "All right. *It's* a mighty small tick anyway." (Speaker 1). Such examples suggest that pronoun use varies with attitudes and emotions, e.g., positive vs. negative evaluation and emotional involvement vs. non-involvement, such that a tick is referred to as *he* when the protagonist wants it but is downgraded to *it* when deemed unattainable.

On-line sentence completion studies have extended this pronoun switching phenomenon to ordinary speakers: Participants in MacKay and Konishi (1980, 1994) often used a different pronoun in their completion than the one given in the fragment, e.g., "*After a dog wakes up from her afternoon nap*, he goes out to play" (original fragment italicized). These on-line pronoun switches were nonrandom: As in the example, all of the *she*-to-*he* switches occurred in fragments containing stereotypically masculine antecedents such as *dog*.

Unexplained exceptions to the arbitrariness assumption for grammatical-gender languages

Six general phenomena contradict the assumption of the Two-Types theory that gender is completely arbitrary and random either within or between grammatical-gender languages. One is the *strong correlation between gender and biological sex* in humans and animals: Within grammatical-gender languages such as German and Spanish, most nouns referring to sex-specific females, e.g., 'wife', 'cow', are feminine gender and most nouns referring to sex-specific males, e.g., 'husband', 'bull', are masculine gender. Moreover, no language exhibits bizarre gender combinations for sex-specific animals as might be expected if gender were arbitrary and random, e.g., masculine 'he' for biologically female animals, or neuter 'it' for male animals but 'she' for female animals. Nor is gender for inanimate objects and animals completely random across languages. For example, no language with male and female pronouns for sex-specific humans uses only the female pronoun or only the male pronoun to refer to animals and inanimate objects. A third non-random characteristic is that semantic "opposites", e.g., sun-moon, earth-heaven, night-day tend to have "opposite" masculine vs. feminine gender in grammatical-gender languages (see Zubin/Köpcke 1981).

Translation switching refers to effects of gender on the translation of nouns from one grammatical-gender language to another (see e.g., Jacobson 1966). For example, Vygotsky (1962) cites a translation where the French noun for 'grasshopper' (feminine) was rendered in Russian as *dragonfly* (feminine) so as to avoid a gender conflict (*grasshopper* is feminine in French but masculine in Russian), and a stereotype conflict (the grasshopper-dragonfly's stereotypically feminine traits were unchanged in translation). Such phenomena suggest that, contrary to Two-Types theory, gender is not an arbitrary or irrelevant phenomenon when translating between grammatical-gender languages. Translation switching suggests that writers choose nouns, their (stereotypic) traits, and their gender in grammatical-gender languages in the same way that writers of natural-gender languages choose personified nouns, their (stereotypic) traits, and their gender.

The *nature of actual and proposed gender changes* contradicts the assumption that nominal gender becomes adopted in an arbitrary and meaning-free manner. For example, gender in grammatical-gender languages tends to become consistent across lexical classes, e.g., days of the week, months of the year, and foreign words, as when Old German *Mittwoche* (feminine) became *Mittwoch* (masculine) to eliminate the gender conflict with remaining weekdays. Proposed gender changes likewise violate the assumption that gender is arbitrary and meaning-free. For example, Rilke's proposal (Konishi 1991) that *die Sonne* and *der Mond* should switch genders to comport with their semantic properties implies that meaning is a criterion for assigning grammatical gender, contrary to Two-Types theory.

A fourth phenomenon contradicting the arbitrariness assumption concerns *on-line choice of proper names for inanimate objects*. Mills (1986) had German speakers choose proper names for a variety of toy animals, and found that they assigned male names to referents with masculine gender, e.g., *der Hund*, and female names to referents with feminine gender, e.g., *die Lerche*. This finding suggests that contrary to Two-Types theory, nominal gender is not independent of semantics, in this case the semantics of proper names.

Connotative stereotypes linked to male- vs. female-gender nouns are the fifth phenomenon contradicting the arbitrarinessassumption. Several methodologically sophisticated studies (Hoffstätter 1963, Konishi 1993, Mills 1986, Zubin/Köpke 1984 and 1986) have demonstrated differences in connotative or evaluative semantics between highly familiar masculine- vs. feminine-gender nouns (for a review Konishi 1991). Illustrative results from Konishi (1993) involved a large number of German nouns for inanimate objects and concepts rated by native German speakers tested in Germany using German semantic differential scales and an equally large number of Spanish translation equivalents rated by native Spanish speakers tested in Mexico using Spanish scales. Mean potency ratings were significantly higher for masculine gender nouns than for feminine gender nouns in both languages.

Konishi's results for 54 pairs of high-frequency opposite-gender translation equivalents were even more spectacular. Half of these noun pairs, designated Type I words, took feminine gender in German but masculine gender in Spanish, e.g., *Luft* vs. *Aire* ('air'); *Uhr* vs. *Reloj* ('clock'); *Gabel* vs. *Tenedor* ('fork'); *Schulter* vs. *Hombro* ('shoulder'); *Welt* vs. *Mundo* ('world'). The other half, designated Type II words, took masculine gender in German but feminine gender in Spanish, e.g., *Apfel* vs. *Manzana* ('apple'); *Strand* vs. *Playa* ('beach'); *Berg* vs. *Montaña* ('mountain'); *Stein* vs. *Piedra* ('rock'); *Löffel* vs. *Cuchara* ('spoon'). German speakers judged the Type II nouns (masculine in German) significantly higher in potency than Type I nouns (feminine in German; Fig. 2 next page), whereas Spanish speakers judged the Type I nouns (masculine in Spanish) significantly higher in potency than the Type II nouns (feminine in Spanish; Fig. 2). These results indicate that connotations of potency for precisely the same referents differ depending on nominal gender in grammatical-gender languages, and these differences comport with sexual stereotypes discussed earlier. Similar effects for "nonsense nouns" linked to masculine vs. feminine gender-markers (see Konishi 1991, 1994, Ervin 1962) likewise contradict the Two-Types theory.

Relations between real-world bias and grammatical gender are a sixth phenomenon contradicting the arbitrariness assumption. Munroe and Munroe (1969) observed a relation between language and behavior that strongly contradicts the assumption that gender in grammatical-gender languages is arbitrary and formal in nature. The proportion of masculine gender nouns in a variety of languages correlated positively and reliably with the independently judged degree of masculine sex bias in the corresponding cultures. Although the exact mechanism underlying this relation between gender frequency and sex bias is currently unknown, this relation is clearly problematic for Two-Types theory.

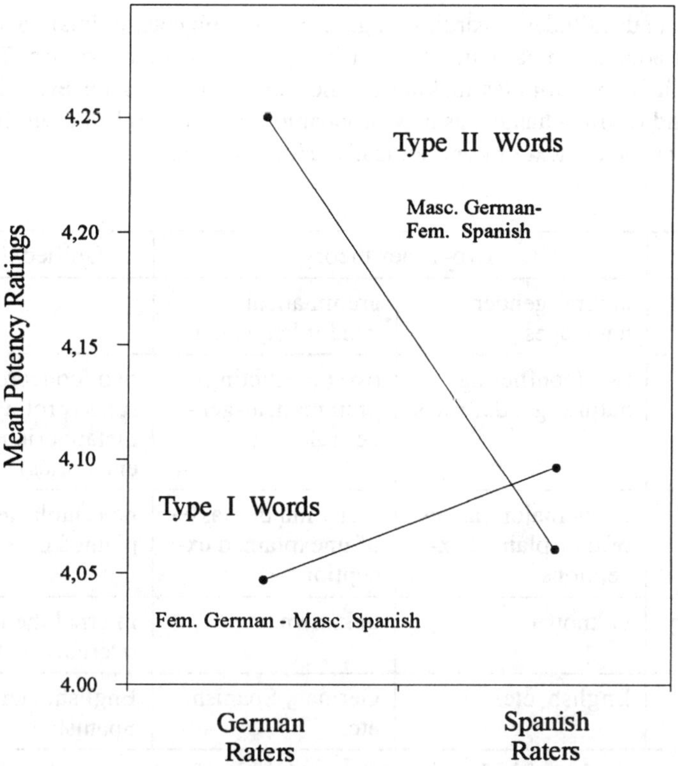

Figure 2: Mean potency ratings for Type I nouns (with feminine gender in German but masculine gender in Spanish), and Type II nouns (with masculine gender in German but feminine gender in Spanish) (Konishi 1993)

Unified theory of nominal gender

The Unified theory (see MacKay 1986, MacKay/Konishi 1994) is simpler than Two-Types theory (see the overview comparison of these theories in Table 1): Two-Types theory postulates one set of rules for some languages, and another, fundamentally different and conflicting set of rules for other languages, with no account of why some languages evolve one way and other languages evolve the other way. However, Unified theory postulates two types of concordant or nonconflicting rules that apply across all languages: *prototypic vs. metaphoric inference rules*. Both types of inference rules operate on internal theories about objects, concepts, animals and people rather than on inherent features with fixed and discrete values such as + or –. That is, words are not chosen on the basis of a matching process involving features inherent either to words or to the world under Unified theory. Rather, meaning is meaning to a person and lexical choice depends on inferences from the internal theory (propositional beliefs and attitudes regarding, e.g., concepts, objects, animals and people) that a speaker adopts at a particular time or in a particular context of use. These propositional beliefs and attitudes making up the internal theories for everyday words are flexible and readily changed as new propositions become linked or unlinked with a concept, or as the context or communicative situation changes.

	Two-Types theory		Unified theory
	natural-gender languages	grammatical-gender languages	
Rules	two (conflicting) natural-gender rules	two (conflicting) grammatical-gender rules	two (concordant) rules (prototypic and metaphoric inference rules)
Supporting Data	many major classes of unexplained exceptions	many major classes of unexplained exceptions	no established unexplained exceptions
Evolutionary Processes	unknown	unknown	internal theories (stereotypes)
Example Languages	English, etc.	German, Spanish, etc.	English, German, Spanish, etc.

Table 1: Overview comparison of the Two-Types Theory and Unified Theory of nominal gender

Prototypic inference rules explain the same phenomena as natural-gender rules, plus some of the exceptions. However, prototypic rules are statistical in nature and much more flexible than natural-gender rules, as required to explain gender inferences in on-line comprehension, e.g., that the noun phrase "a student who practices basketball rather than studying" probably refers to a male by inference from the internal theory that American males (statistically) have more interest in sports than in studying. What holds for inner theories involving behavioral characteristics such as interest in sports also holds for inner theories involving physical characteristics. In American culture, for example, physical characteristics such as hair length and clothing style provide statistically valid cues to the deeper, essence-determining genetic characteristics that define the categories male vs. female in scientific theories (Barsalou 1992:380). Unlike such essence-determining genetic characteristics, however, "inferential cues" such as hair length and clothing style can vary in validity across sociocultural contexts and over time within a culture rather than being inherent and inflexible in nature (see MacKay/Konishi 1994, for further comparisons between scientific vs. everyday internal theories).

Prototypic rules are also more general than natural-gender rules, as required to explain the "prototypic reference exception", e.g., use of *he* for *doctor* vs. *she* for *secretary*. Speakers use *he* to reference the prototypic doctor by inference from an internal theory wherein most doctors are male. Similarly, speakers use *she* to reference the prototypic secretary by inference from an internal theory wherein most secretaries are female. Moreover, similar prototypic inference rules determine pronoun choice for most sex-specific, living referents in all gendered languages under Unified theory: For example, in languages with masculine, feminine and neuter pronouns, prototypic rules ensure that most sex-specific nouns take the corresponding masculine or feminine pronoun. In short, the prototypic reference exception simply reflects a more general rule, namely generation of prototypic inferences from internal theories.

How do prototypic inferences relate to stereotypes? Stereotypes are simply conventional internal theories about a category of persons that are so imprecise or inaccurate as to make prototypic inferences inappropriate. Examples are the prototypic inference that *all* dogs have stereotypically male traits, *all* cats have stereotypically female traits, and that *any* male student is more likely than *any* female student to prefer basketball to studying. Another example is the unconscious, stereotype-linked inference that fame and achievement are more likely bases for familiarity with a pictured male than a pictured female (Banaji/Greenwald 1994).

Other routine but unjustified stereotypic inferences concern culture-specific traits such as helpfulness and honesty that people spontaneously assign when comprehending texts (Bargh 1989) and social events *in vivo* (Brewer 1988). Like on-line prototypic inferences concerning personal involvement, likeability, uniqueness, familiarity, and rationality (MacKay/Konishi 1994), such inaccurate social inferences are so habitual as to be produced unintentionally and perceived unconsciously and perhaps also contraconsciously.

Metaphoric rules, the second type of inference rule, explain the initial creation of grammatical gender and remaining exceptions to natural-gender rules. Consider first the "metaphoric inferences" from stereotypes (inaccurate internal theories) that create personification in English. When personifying objects, concepts, and animals, speakers and writers of English must use either *he* or *she*, the only available human pronouns; and under Unified theory, choice of *he* vs. *she* involves unconscious metaphoric inferences from male vs. female stereotypes. By way of illustration, if the speaker-writer views *time* as a powerful force that controls occurrence of *death*, unconscious metaphoric inferences from the male stereotype that associates maleness with power and control will cause selection of *he* rather than *she* in personifying *time*. Similarly, if the speaker-writer views *the moon* as depending on the sun for light which it reflects weakly and passively and without power of its own, metaphoric inferences from the female stereotype that associates femaleness with passiveness, dependence, and lack of power will cause selection of *she* rather than *he* in referring to *the moon*.

Reification resembles personification except that metaphoric inferences derive from a "thing stereotype" that includes traits such as non-rationality and reactiveness. If a speaker-writer considers a person non-rational, reactive and object-like, metaphoric inferences from this thing stereotype can therefore trigger selection of *it* as in "Oh no! Here it comes". Although this example of reification, like many instances of personification in English literature, reflect unusual and creative uses of language that are deliberate and conscious, Unified theory also comports with the habitual inferences from internal theories of maleness, femaleness, and thingness that ordinary speakers of English generate in a rapid, habitual, unconscious, and sometimes contraconscious manner (MacKay/Konishi 1994). The fact that these unstated speaker beliefs and attitudes are graded, complex, multidimensional, and socially or experientially constructed, and can therefore vary from time to time, culture to culture, speaker to speaker, and context to context, rather than being inherent to particular concepts, is also consistent with the Unified theory.

Now let us consider nominal gender-marking. Under Unified theory, the original inventor(s) of the gender for a noun such as *le temps* in French exhibited creativity not unlike the unknown writer, poet, or speaker who first personified *time* as male in English. The listeners who initially accepted and adopted this gender invention probably appreciated and accepted this creativity. However, details of the metaphoric processes underlying creation of gender in grammatical-gender languages are for the most part unrecorded and unrecoverable from historical records. I therefore limit present discussion to "frozen" nominal gender metaphors, which, due to their obligatory status and elevated frequency of use have been so highly practiced that effects on adults are now unconscious and perhaps contraconscious, and their origins in childhood have been forgotten.

Under Unified theory, speakers of grammatical-gender languages such as German unconsciously use three types of frozen metaphoric gender rules every time they learn, comprehend, and produce the masculine, feminine, or neuter gender-markers for a specific noun, including its pronouns and gender-specific articles and other modifiers. Masculine gender-markers signal that the referent is like the stereotypic human male in some way, feminine gender-markers signal that the referent is like the stereotypic human female in some way, and neuter gender-markers signal that the referent is like the stereotypic thing in some way.[2]

2 Two possible caveats require discussion at this point. Under one caveat, Unified theory is not a novel alternative to Two-Types theory because modern linguists have already taken note of pragmatic factors explained within Unified theory (see Corbett 1991:12). Contrary to this caveat, however, Corbett treats these pragmatic counterexamples as minor inconsistencies or "leaks" in Two-Types theory rather than as grounds for a new theory. For example, following a review of English counterexamples, Corbett (13) incorrectly concludes that "it is sufficient to know the meaning of a noun in order to determine its gender" in English. Corbett further supports TwoTypes theory rather than a new alternative when he concludes (32) that in grammatical gender languages, semantic and pragmatic criteria "fail to account for the gender of a high proportion of the nouns, and formal criteria must be sought". Under the second caveat, Unified theory is not new because the pre-structuralist approach of Grimm, Frazer, Adelung and Herder anticipated the relation between personification and grammatical gender in Unified theory. Despite being on the right track, this earlier semantic approach to gender was soon eclipsed by the structuralist alternative, i.e., Two-Types theory, and is now all but forgotten within mainstream linguistics

By way of hypothetical illustration, masculine gender-markers indicate to the child learning French that 'time' (*le temps*) resembles the stereotypic male in some way, say in power and activity, whereas 'old age' (*la viellese*) resembles the stereotypic female in some way, say in weakness and passivity, because *old age* is weak and passive relative to *time*, which holds power or control over *aging* (like stereotypic males relative to stereotypic females). Similarly, masculine gender-markers indicate to the child learning French that 'the sun' (*le soleil*) resembles the stereotypic male in some way, say in power, because both the sun and the stereotypic male are powerful. Similarly, feminine gender-markers indicate to the child learning French that 'the moon' (*la lune*) resembles the stereotypic female in some way, say in weakness, passivity, and dependence because the light of the moon is weak, a mere reflection of the active and more powerful force of the sun, like the stereotypic woman who reflects or derives power from men.

The assumption that metaphoric rules can override prototypic inference rules in all languages readily explains cases where biological gender and gender conflict, e.g., *das Mädchen* in German and reification of known-sex infants and corpses in English. The complex, multi-dimensional nature of human stereotypes and internal theories of nominal concepts in Unified theory explain the remaining aspects of grammatical gender, including cross-language differences in gender-markers for the same nominal concepts. For example, unlike French, Spanish, and (optionally) English, German obligatorily marks (personifies) 'the sun' as female and 'the moon' as male. Consequently, the feminine gender-marker indicates to the child learning German that *the sun* resembles the stereotypical female in some way, say in warmth and nourishing or life-giving qualities, whereas *the moon* carries less positive connotations, like the stereotypic male.

Conclusions and implications

The Unified theory promises a means of explaining why different languages such as German and Spanish have developed the gender categories that they have, and integrated with other theories, may explain why people in different cultures have developed the conceptual categories that they have (see Barsalou 1992). However, the culture-specific internal theories of Unified theory need to be specified in detail for a wide variety of nominal concepts in grammatical-gender languages, and then *tested empirically* for a wide variety of speakers of those languages.

If Unified theory withstands these future tests, a more general issue will arise, namely, language change and the process of introducing more appropriate internal theories for influencing social consciousness via everyday word use in conversation, wri-

and psycholinguistics (see e.g., Corbett 1991, Newmeyer 1998). Moreover, the Grimm-Frazer approach overlooked relations between nominal gender and stereotypes, as well as the real-world implications of these complex chicken-and-egg relations: Stereotypes can cause initial gender attribution, and gender attribution, once adopted, can lead to further stereotyping within a culture. Finally, this early approach failed to develop a detailed psychological theory of how people create, perceive, produce and learn or adopt gender, my fundamental goal for Unified theory.

ting, and reading (see also MacKay 1980a). Although such change may seem remote or unlikely, it is nonetheless possible under Unified theory in the same way that the new internal theory of social interactions underlying the American revolution triggered changes in second person English pronouns (see MacKay/Konishi 1994).

References

Banaji, M.R./A.G. Greenwald (1994): Implicit stereotyping and prejudice. In: *Psychology of prejudice: The Ontario symposium on personality and social psychology*. Eds. M.P. Zanna/J.M. Olson. Hillsdale, NJ: Erlbaum. pp. 55-76.

Bargh, J.A. (1989): Conditional automaticity: Varieties of automatic influence in social perception and cognition. In: *Unintended thought.* Eds. J.S. Uleman/J.A. Bargh. New York: Guilford Press. pp. 3-51.

Barsalou, L.W. (1992): *Cognitive psychology: An overview for cognitive scientists*. Hillsdale, NJ: Erlbaum.

Bem, S.L. (1974): The measurement of psychological androgeny. In: *Journal of Consulting and Clinical Psychology* 42. pp. 155-162.

Bock, J.K. (1982): Toward a cognitive psychology of syntax: Information processing contributions to sentence formulation. In: *Psychological Review* 89 (1). pp. 1-47.

Brewer, M.B. (1988): A dual process model of impression formation. In: *Advances in social cognition.* Eds. T.K. Srull/R.S. Wyer. Hillsdale, NJ: Erlbaum. pp. 1-36.

Corbett, G.G. (1991): *Gender.* Cambridge: Cambridge University Press.

Ervin, S.M. (1962). The connotations of gender. In: *Word* 18 (3). pp. 249-261.

Fodor, I. (1959): The origin of grammatical gender. In: *Lingua* 8. pp. 1-41, 186-214.

Hofstätter, P.R. (1963): Über sprachliche Bestimmungsleistungen: Das Problem des grammatikalischen Geschlechts von Sonne und Mond. In: *Zeitschrift für experimentelle und angewandte Psychologie* 10. pp. 91-108.

Ibrahim, M.H. (1973). *Grammatical gender: Its origin and development*. The Hague: Mouton.

Jakobson, R. (1966): On linguistic aspects of translation. In: *On translation.* Ed. R.A. Brower. New York: Oxford University Press. pp. 232-239.

Konishi, T. (1991): Language and thought: A cross-cultural study on the connotations of gender (Doctoral dissertation, University of California, Los Angeles, 1991). In: *Dissertation Abstracts International* 52/03B. pp. 1756.

Konishi, T. (1993): The semantics of grammatical gender: A cross-cultural study. In: *Journal of Psycholinguistic Research* 22. pp. 519-534.

Konishi, T. (1994): The connotations of gender. In: *Word* 45. pp. 317-327.

MacKay, D.G. (1980a): Language, thought, and social attitudes. In: *Language: Social psychological perspectives.* Eds. H. Giles/W.P. Robinson/P.M. Smith. Oxford: Pergamon Press. pp. 89-96.

MacKay, D.G. (1980b): On the goals, principles and procedures for prescriptive grammar. In: *Language in Society* 9. pp. 349-367.

MacKay, D.G. (1986): Prototypicality among metaphors: On the relative frequency of personification and spatial metaphors in literature written for children versus adults. In: *Metaphor and symbolic activity* 1 (2). pp. 87-107.

MacKay, D.G./T. Konishi (1980): Personification and the pronoun problem. In: *Women's Studies International Quarterly* 3. pp. 149-163.

MacKay, D.G./T. Konishi (1994): Contraconscious internal theories influence lexical choice during sentence completion. In: *Consciousness and Cognition* 3. pp. 196-222.

MacKay, D.G./T. Konishi (1995): The selection of pronouns in spoken language production: An illusion of reference. In: *Reflecting sense: Perception and appearances in literature, culture, and the arts*. Eds. F. Burwick/W. Pape. Berlin: deGruyter. pp. 279-300.

Mills, A.E. (1986): *The acquisition of gender: A study of English and German*. Berlin: Springer-Verlag.

Munroe, R.L./R.H. Munroe (1969): A cross-cultural study of sex, gender and social structure. In: *Ethnology* 8. pp. 206-211.

Newmeyer, F. J. (1998): *Language form and language function*. Cambridge, Mass.: M.I.T. Press.

Osgood, C.E./W.H. May/M.S. Miron (1975): *Cross-cultural universals of affective meaning*. Urbana: University of Illinois Press.

Vygotsky, L.S. (1962): *Thought and language*. Cambridge, MA: MIT Press.

Zubin, D.A./K.-M. Köpcke (1981): Gender: A less than arbitrary grammatical category. In: *Chicago Linguistic Society* 17. pp. 439-449.

Zubin, D.A./K.-M. Köpcke (1984). Affect classification in the German gender system. In: *Lingua* 63. pp. 41-96.

Zubin, D.A./K.-M. Köpcke (1986). Gender and folk taxonomy: The indexical relation between grammatical and lexical categorization. In: *Noun classes and categorization*. Eds. C. Craig. Amsterdam/Philadelphia: John Benjamins.

Perceptions of women and men based on their linguistic behavior: The Gender-Linked Language Effect

Anthony Mulac
Department of Communication, University of California at Santa Barbara

On the subject of gender and communication, one question continues to excite popular passion and command scholarly discussion: "Are there meaningful gender differences in language behavior?" A popular book in the United States offers the simplistic answer that the two genders are worlds apart – *Men are from Mars, Women are from Venus* (Gray 1991). At the other extreme is one academic pronouncement that meaningful differences between the language of men and women may exist, but they have not yet been found (Canary/Hause 1993). My research on the Gender-Linked Language Effect suggests that, as is so often the case with questions that excite passion, the truth lies somewhere in between the two poles. And although the answer is far more complex than can be prescribed in an aphorism, I would suggest that the reality is closer to the following: "Men are from Schleswig-Holstein, Women are from Brandenburg." That is, men and women speak the same language, but they do so in subtly different ways and with importantly different consequences.

The Gender-Linked Language Effect

The *Gender-Linked Language Effect* is the result of nearly two decades of investigations that I have conducted with colleagues at the University of California at Santa Barbara dealing with gender differences in American English language behavior and the effects of those differences. We have defined this construct as the attributional consequences of male/female language differences, in which female communicators are rated higher on *Socio-Intellectual Status* and *Aesthetic Quality*, whereas males are rated higher on *Dynamism* (Mulac/Lundell 1980, 1982).

In order to validate the Gender-Linked Language Effect, we have tested and substantiated four basic theorems that combine to support this effect:

Theorem #1: The language behavior of women and men is subtly different.
Theorem #2: Perceptions of women and men differ, based on their language.
Theorem #3: Language differences are implicated in perceptions of women and men.
Theorem #4: The Gender-Linked Language Effect is similar to, but independent of, gender stereotypes.

This paper will discuss how each of these crucial findings has been established through the use of powerful, multivariate statistical procedures. The paradigm that we have employed in this program of research is as follows:

(a) Large language samples of female/male communication, in American English, from various communication contexts: Speakers of a particular age group (e.g., 9-10 year olds, university students, or senior citizens) are asked to engage in a particular communication task (e.g., to describe a landscape photograph or to solve a problem with a conversational partner). Their spontaneous speech samples are recorded on audiotape and transcribed for later analysis. In several of our investigations, we have asked individuals to write descriptions of landscape photographs or essays on morality, and these have been printed for assessment. The number of speakers or writers whose language we have sampled has ranged from 12 to 142 individuals, with a mean of 56 communicators per study. By assessing a relatively large number of actual language samples, we increase our ability to generalize to other individuals.

(b) Language feature coding to differentiate gender: Linguistic analyses are then conducted by trained coders who assess the transcripts for language features that have previously been found to distinguish the speech or writing of women (e.g., *intensifiers* ["really"] and *references to emotion* ["I felt sad"]), or of men (e.g., *references to quantity* ["30 feet tall"] and *elliptical sentences* ["Great picture."]). In each study, the gender of the speakers or writers is not made available to the language coders. The language data are aggregated across coders and analyzed, using stepwise discriminant analysis (DA) procedures, to determine whether the female and male communicators have used language differently.

(c) Sex-guess analysis: Next, untrained observers are asked to "guess the sex" of the speakers or writers. If they are able to do so with better than chance accuracy, then this would mean that other observers' judgments could be influenced by gender stereotypes.

(d) Transcript rating for communicator psychological traits: In the next phase, other untrained observers are asked to rate psychological characteristics of each of the speakers or writers "as a person", based on the transcripts. Ratings are done using a 12-item semantic differential, the Speech Dialect Attitudinal Scale (SDAS, Mulac 1975, 1976), designed to assess the effects of dialect differences. Factor analysis of the SDAS ratings has consistently yielded the following three-factor solution: (a) *Socio-Intellectual Status* (e.g., rich/poor, literate/illiterate), (b) *Aesthetic Quality* (e.g., beautiful/ugly, nice/awful), and (c) *Dynamism* (e.g., strong/weak, aggressive/unaggressive). Analyses of these ratings, using multivariate analysis of variance (MANOVA), determines whether the female and male communicators are judged differently, based on their transcripts. These analyses also demonstrate whether female and male observers differ in their judgments of the communicators and, in three studies, whether university student and older observers differ in their ratings of female and male communicators.

(e) Linking language differences to communicator ratings: Next we determine, by means of stepwise multiple regression analysis (MRA), whether speakers' gender-differentiating language can explain their ratings on the psychological characteristics. To the extent that female/male language differences can predict the psychological ratings, these results help verify that the language itself is implicated in the effect.

(f) Comparing the effects of gender-linked language to gender stereotypes: Finally we have experimentally tested the similarity of the Gender-Linked Language Effect to the effect of gender stereotypes. In addition, we have assessed their independence by determining whether one effect could be invoked without the other, whether they could be produced together for double the effect, and whether they could be pitted against each other for a nullification of the effect.

This six-element paradigm has formed the basis for our testing and substantiation of the four theorems underlying the Gender-Linked Language Effect. The first theorem deals with the question of language differences.

Theorem #1: The language behavior of women and men is subtly different

The first requirement needed to support the Gender-Linked Language Effect is that male and female communicators must actually display language differences in a variety of contexts. A substantial number of empirical investigations of actual female/male language use, conducted in a variety of communication contexts with communicators of different ages, has demonstrated the existence of gender differences in language behavior.

Summary of language difference research: We have summarized the results of over 30 studies, including our own experimental endeavors, that have shown statistically significant differences in the use of language features by female and male communicators (Mulac/Bradac/Gibbons 1998). Twenty-one linguistic features were found to distinguish gender in two or more investigations. (Although the number of linguistic comparisons undertaken in these studies varied, roughly half of the features assessed across them evidenced gender differences.) Table 1 (next page) summarizes the results of this analysis, indicating six variables used more by men, ten used more by women, and five whose use was found to be equivocal. Next to each variable, an "M" or "F" is printed for each study that found that variable to be employed more by males or by females. For example, we discovered four studies that reported *references to quantity* were used more by males (and hence we printed "M" four times next to it) and six that indicated *intensive adverbs* were employed more by females.

Gender	Language features	Gender/Study findings						
Male[a]								
	References to Quantity	M[b]	M	M	M			
	Judgmental Adjectives	M	M	M				
	Elliptical Sentences	M	M					
	Directives	M	M					
	Locatives	M	M					
	"I" References	M	M					
Female	Intensive Adverbs	F	F	F	F	F	F	
	References to Emotions	F	F	F	F	F		
	Dependent Clauses	F	F	F	F	F		
	Mean Length Sentence	F	F	F	F	F	M[c]	
	Sentence-Initial Adverbials	F	F	F	F			
	Uncertainty Verbs	F	F	F				
	Oppositions	F	F					
	Negations	F	F					
	Hedges	F	F					
	Questions	F	F					
Equivocal	Personal Pronouns	F	F	F	F	F	M	M
	Tag Questions	F	F	F	F	M	M	
	Fillers	F	F	F	M	M		
	Progressive Verbs	F	F	M				
	Justifiers	F	M					

Table 1: Literature review results showing 21 gender-differentiating language features supported by two or more empirical studies (Mulac et al. 1998)

[a] Where the pattern is consistent across studies, the variable is listed under the gender making greater use of it. Variables are listed in decreasing order of gender-predicting effectiveness.

[b] Each letter (M = male or F = female) represents one study that found a given language feature to be indicative of the males or females whose communication was analyzed.

[c] Fourth grade boys' use of run-on sentences seems to explain this single conflicting result.

We located six features that were generally used more by men and boys. They include the following, with examples drawn from our research transcripts: *references to quantity* ("... an 81 percent loss in vision."), *judgmental adjectives* ("Reading can be a drag."), and *elliptical sentences* ("Nice photo."). Men were also more likely to use *directives* ("Think of some more."), *locatives* ("The sun is off to the left side."), and *"I" references* ("I have a lot of meetings.").

On the other hand, we found ten language features that were generally used more by women and girls. Among these features were *intensive adverbs* ("He's really interested."), *references to emotions* ("If he really loved you ..."), and *dependent clauses* ("which is the type that produces slightly more fuel than it uses."). Women were also more likely to use *sentence-initial adverbials* ("When the material is too difficult, studying with someone can be beneficial."), *uncertainty verbs* ("It seems to be ..."), *oppositions* ("The tone of it is very peaceful, yet full of movement."), and *negations* ("Preparation will make you not sound like a fool."). Finally, this analysis showed that women were more likely to use *hedges* ("We're kind of set in our ways."), *questions* ("Do you think so?"), and longer *mean length sentences.*

The remaining five features were found to be equivocal predictors of gender. That is, some studies showed these five to be used more by men, and others, more by women. These included *personal pronouns* ("Before we go on, do you ... ?"), *tag questions* ("That's right, isn't it?"), *fillers* ("It's, you know, it's ... "), *progressive verbs* ("watching him"), and *justifiers* (" ... because that's what I saw.").

Our review indicated that 16 language features distinguish communicator gender with a high degree of reliability across a substantial number of investigations. These findings demonstrate that clear-cut differences are present and must be acknowledged. However, it is obvious that no Gilesian "markers" of gender exist (Giles/Scherer/Taylor 1979) – no linguistic forms that clearly and unerringly point to the gender of the speaker. Instead we have, as Smith (1985) observed, only gender-linked "tendencies" to favor certain linguistic features over others. Many of these 16 distinguishing features can be seen in two language samples of speakers describing the same landscape photograph:

Speaker Number 5 (a woman)

"This picture I like very much, with the mountains – they dominate the picture – and the yellow trees. There's a lot of .. there's color in this picture without really having color. There's, there's a force in this picture; it .. draws you to it, like you really want to be there. And, uh, let's see .. there's something so removed from the city about it – peaceful and cool – and you'd really like to be there. Uhm, again there's something about the colors – they, they're icy colors and yet the yellow in the forefront, in the foreground, uhm give, or lend, a certain kind of warmth to the picture."

Speaker Number 11 (a man)

"Okay. It looks like a beautiful winter scene, in which we've got lots of very .. probably fall, maybe the first snowfall of the year. Large groups of tall mountains and partially covered with snow .. and perhaps some lower hogbacks and such forth .. and covered with various types of coniferous and deciduous trees. Probably morning time with a low layer of fog just kind of .. between the ground and the tops of the mountains. Beautiful blue sky up above. Reminds me a lot of the Sierra Nevadas perhaps, maybe the west side."

For the sake of illustration, I have chosen these two as prototypical examples of gender-linked language differences because they clearly represent the differentiating language features. However, as we will see later, the magnitude of these differences is small, requiring powerful multivariate statistical procedures, such as discriminant analysis, to uncover them in any given corpus of language samples.

Results of multivariate analysis: Unlike the majority of language researchers, we have employed a multivariate statistical method to determine whether speakers or writers use language in gender-differentiating ways. Like other investigators, we be-

gin by having trained observers code language variables (such as *intensive adverbs* and *directives)* appearing in the transcripts of elicited language. However, after aggregating across coders, we analyze these language data by means of stepwise discriminant analysis (DA). This procedure identifies the weighted combination of variables that best predicts some categorical variable, in this case communicator gender. In an example of this approach, we analyzed 71 problem solving conversations of university students (Mulac/Wiemann/Widenmann/Gibson 1988).
Nine trained observers coded the language of the 142 participants for use of 12 variables that had been selected as potential discriminators of gender. Results of the stepwise discriminant analysis (see Table 2) showed that a weighted combination of eight language variables permitted 76% gender identification (i.e., reclassification accuracy) across same-sex and mixed-sex conversations.

DA Step	Language Variable	Gender Predicted[b]	Canonical Coeffizient[c]	*F*- to Remove	Wilks Lambda
1	Interruptions	Male	7.98	6.78	.93
2	Questions	Female	-8.02	5.02	.88
3	Justifiers	Female	-6.95	4.42	.84
4	Intensive Adverbs	Female	-4.47	3.68	.81
5	Personal Pronouns	Female	-2.84	2.32	.79
6	Directives	Male	4.23	1.76	.78
7	Sentence Initial Adverbs	Female	-5.27	1.77	.76
8	Conjunct/Fillers Begin Sentence	Male	2.65	0.56	.76

Table 2: Summary of stepwise discriminant analysis[a] of 12 language features to predict interactent gender (Mulac et al. 1988)

[a] Wilks *lambda* = 0.76, F (8, 87) = 3.52, $p < .01$, $R^2 = .24$. Reclassification accuracy = 76%, jackknifed to take into account the number of writers and the number of language variables included in the discriminant function (Lachenbruch/Mickey, 1968).

[b] Relatively frequent use of the variable led to this prediction for writer gender.

[c] Coefficients are not standardized. The designation of male indicators as having positive coefficients, and female as negative, is arbitrary.

The first study in which we employed this approach was an investigation of the public speeches of 30 university students (Mulac/Lundell/Bradac 1986). Eleven trained individuals coded 35 language features and the discriminant analysis showed a combination of 20 features that permitted 100% accuracy of gender prediction. Similarly, in Mulac and Lundell (1986) we analyzed oral descriptions of landscape photographs by 48 speakers ranging from 9 to 69 years of age. Here a combination of 17 variables predicted speaker gender with 87.5% accuracy.
We employed the same method in another study (Mulac/Studley/Blau 1990) to determine whether 16 girls and 16 boys from each of three public school groups (fourth, eighth, and twelfth grades, totaling 96 students) differed in their written es-

says. Again, significant discriminant analyses indicated that combinations of six-to-nine variables could accurately predict gender for 84-87% of the 32 writers from each grade level. Similar results were uncovered in a study of 40 university students' written photograph descriptions (Mulac/Lundell 1994) where 72% accuracy of gender reclassification was established.

Additional support for gender differences was found in our analysis of 108 university students' problem solving interactions in same-sex and mixed-sex pairs (Mulac/Bradac 1995). In this study, a combination of 12 features was able to accurately determine interactant gender for 70% of the individuals.

Finally, we found significant gender-determination in 140 interactions of spouses and strangers (members of 20 couples engaging in seven dyadic interactions) with an identification accuracy of 78% (Fitzpatrick/Mulac/Dindia 1995). In all seven of our studies that employed this procedure, a significant portion of speaker or writer gender was predicted by a weighted combination of the language features, with an accuracy substantially better than chance. In these investigations, the computer program was able to "guess" speaker sex, on the basis of language use, with an accuracy of 70% to 100%.

Determination that language differences are subtle: Our investigations indicate that trained language coders can provide linguistic data that, when analyzed by sophisticated statistical procedures, demonstrate language preferences. But the second part of Theorem #1 claims that the differences are "subtle", and that issue will be addressed next. Two findings that demonstrate the subtle nature of the differences, findings that have been consistently supported across our various investigations, are the following:

(a) In all but one study, the accuracy of gender reclassification by the computer, on the basis of the weighted combination of language features, was less than 100%. The accuracy of reclassification usually ranged from 70%-88%. Therefore, the language behavior generally failed to distinguish the gender of the communicator in 13%-28% of the cases.

(b) In the sex-guess auxiliary study phase of our investigations, university students who are native speakers of American English were not able to guess the sex of the communicators with any degree better than chance accuracy. If bright, native speakers cannot distinguish gender any more accurately than flipping a coin, then the differences must be slight in magnitude.

However if gender-linked language differences are small in magnitude, how could they be important? The answer comes from findings related to the second theorem of the Gender-Linked Language Effect, regarding whether there is an impact of gender-linked language on observer judgments of the speaker.

Theorem #2: Perceptions of women and men differ, based on their language
The second finding that is necessary to support the argument that meaningful differences exist requires that women's and men's language use leads them to be judged differently on psychological dimensions that are of consequence. That is, they must be judged differently because of differences in their transcribed language. We have defined the resultant effect as the evaluative consequences of gender-differentiating language use, and have investigated it in a substantial number of communication settings.

Sex-guess analysis: The first step in this process is to determine whether untrained observers can successfully "guess the sex" of the speakers. We reasoned that if they could successfully guess the sex, then other observers might be influenced by gender stereotypes when they rated the speakers. In other words, if raters can determine that a given speaker was a man, they might rate him higher on strength and aggressiveness, purely because of their stereotypical view that men exhibit more of these attributes. If, on the other hand, they can not correctly identify speaker sex, then they could not be influenced by stereotypes. In all our investigations, we have found that untrained observers could *not* correctly identify which language examples were produced by women and which were by men.

Transcript rating for communicator psychological traits: After the sex-guess auxiliary phase, we asked other observers to read the female and male transcripts and then rate each speaker or writer "as a person". For this purpose, we employed a 12-item semantic differential, the Speech Dialect Attitudinal Scale (Mulac 1975, 1976). Factor analyses of respondents' ratings have consistently yielded the following three factor structure: (a) *Socio-Intellectual Status* (high social status/low social status, white collar/blue collar, literate/illiterate, and rich/poor), (b) *Aesthetic Quality* (pleasant/unpleasant, beautiful/ugly, sweet/sour, and nice/awful), and (c) *Dynamism* (strong/weak, active/passive, loud/soft, and aggressive/unaggressive). Reliability coefficients from these investigations have shown that raters are able to use these psychological dimensions in a consistent, stable fashion.

Our investigation of 30 university students' first speech in a public speaking class (Mulac/Lundell 1982) was typical of this program of research. The 30 transcripts were evaluated by two groups of untrained raters, 132 students (median age = 19 years) and 126 older non-students (median age = 45), using the Speech Dialect Attitudinal Scale. Results of the multivariate analysis of variance (MANOVA) demonstrated what has become the classic pattern of the Gender-Linked Language Effect: The women were generally rated higher on *Socio-Intellectual Status* and *Aesthetic Quality*, whereas the men were judged higher on *Dynamism* (Figure 1, next page).

Although this general effect was substantial across the group of 30 speakers, it did not hold true for all of them. For example, two of the top five rated speakers on *Socio-Intellectual Status* were men, even though only one of the lowest five rated speakers was a woman. The highest evaluated speaker on *Aesthetic Quality* was a man, although the next three were women and the bottom five were all men. Finally on *Dynamism*, although the top rated three speakers were male (including the man who was judged highest on the first two dimensions), the fourth and fifth ranking scores were received by female speakers. In spite of this within-gender variability, the overall effect (one that statistically took into account the within-gender variation) could have occurred by chance less than one time in 1,000.

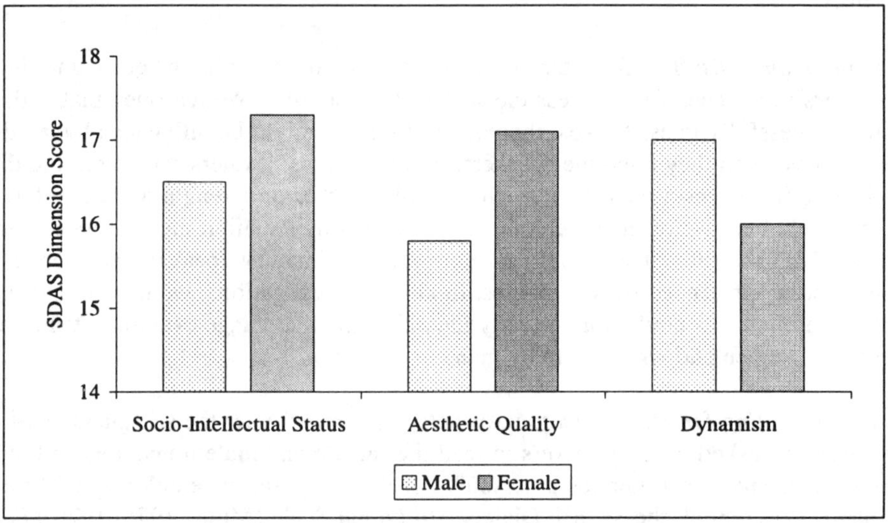

Figure 1: The classic pattern of ratings for the Gender-Linked Language Effect (Mulac/Lundell 1982)

We first discovered the Gender-Linked Language Effect in a study of American dialects (Mulac/Rudd 1977) in which listeners rated recordings, and readers rated transcripts, of speakers from three geographical areas of the United States who were describing landscape photographs. Reader judgments showed that, based on the transcripts, women were rated higher on *Aesthetic Quality*, and men were judged higher on *Dynamism*. A follow-up investigation (Mulac/Lundell 1980) analyzed photograph descriptions by 48 speakers from different age groups: sixth graders, university freshmen and sophomores, university graduate teaching assistants and lecturers, and people in their 50s and 60s. Ratings of 45-second transcripts showed that female speakers were rated higher on *Socio-Intellectual Status* and *Aesthetic Quality*, and males higher on *Dynamism*.

In addition, we found that on *Aesthetic Quality*, older women were favored more in comparison to older men, than were younger women compared to younger men. On *Dynamism*, older male speakers were favored more in comparison to older females, than were younger males compared to younger females. That is, the classic pattern was evidenced by the judgments of all ages, but it was greater for the two older groups of speakers, in terms of *Aesthetic Quality* and *Dynamism*.

We also investigated the writing of three groups of primary and secondary school children: (a) fourth graders (9-10 years of age), (b) eighth graders, and (c) twelfth graders (Mulac/Studley/Blau 1990). In their English classes, they were asked to write an essay on the topic: "Is it important to tell the truth? Can it ever be better to lie?" For fourth graders, the results showed the standard pattern of girls favored on *Socio-Intellectual Status* and *Aesthetic Quality,* and boys favored on *Dynamism.* However, for the eighth and twelfth graders, the only difference was on *Dynamism,* favoring boys. In contrast, our study of university students' informal written descriptions of landscape photographs (Mulac/Lundell 1994) demonstrated the classic Gender-Linked Language Effect for all three dimensions.

In addition, we analyzed same-sex and mixed-sex problem solving dyadic interactions between strangers (Mulac et al. 1988). For same-sex conversations, we found the predicted effect favoring women on *Socio-Intellectual Status* and *Aesthetic Quality,* but not favoring men on *Dynamism.* As hypothesized on the basis of Speech Accommodation Theory (Giles/Mulac/Bradac/Johnson 1987), the results for mixed-sex dyads demonstrated a convergence of ratings for both male and female interactants. Recently, we recorded 108 university students in both same-sex and mixed-sex problem solving dyads (Mulac/Bradac 1995), again finding the women rated higher on *Socio-Intellectual Status* and *Aesthetic Quality,* and the men higher on *Dynamism.*

The above findings are all the more important because in all eight investigations that found evidence of the Gender-Linked Language Effect, the pattern of judgments provided *by* female and male raters was virtually identical. That is, purely on the basis of communicators' language samples, women and men both perceived female communicators to be of a higher social status and more literate, as well as nicer and more beautiful, than males. On the other hand, both rated males as stronger and more aggressive.

In three of these studies, we tested the possibility that older non-students (median age over 40 years) might render judgments that differed from university student raters (median age less than 20). In all three investigations, the older non-students and university students provided virtually identical ratings of the transcript communicators. These results demonstrate that the same effect is perceived by female and male observers, as well as by older and younger ones. These consistent findings substantiate the broad generalizability of the consequences of differences in the transcripts. The findings lead logically to the next theorem that requires a test of whether gender-differentiating language itself is directly implicated in the rating differences

Theorem #3: Language differences are implicated in perceptions

To test our third theorem, we examined the extent to which language differences could predict the psychological judgments that form the pattern of the Gender-Linked Language Effect. For this purpose, we utilized stepwise multiple regression analyses (MRA) to predict *Socio-Intellectual Status, Aesthetic Quality,* and *Dynamism* ratings on the basis of the gender-discriminating language features, such as *re-*

ferences to emotion and *elliptical sentences.* Like discriminant analysis, this multivariate procedure seeks to determine the weighted combination of variables that best explains the predicted, or criterion, variable (such as *Dynamism).* We reasoned that if these language features could predict a significant percentage of the psychological judgments, then these features could be seen to be implicated in the judgments. To that extent, they would truly be implicated in the demonstrated outcome.

Typical of this approach was our assessment of the effects of university students' impromptu photograph-description essays (Mulac/Lundell 1994). Here, we sought to determine the extent to which the nine linguistic variables, found in the first phase of the investigation to differentiate gender, could predict the psychological ratings rendered by readers in the second phase. Table 3 shows the results of one of the multiple regression analyses, predicting *Socio-Intellectual Status* ratings of the writers on the basis of their use of gender-discriminating language.

MRA Step	Language Variable	Standard Regress Coeff[b]	Adjusted[c] R^2	*F*- to Remove	Gender[d] predicted by DA	Consistent with GLLE?[e]
1	Sentence Initial Adverbials	0.38	.189	.69	Female	Yes
2	References to Emotion	0.67	.222	.64	Female	Yes
3	Judgmental Adjectives	-0.41	.252	.73	Male	Yes
4	Elliptical Sentences	-0.18	.261	.74	Male	Yes
5	Uncertainty Verbs	-0.13	.260	.75	Female	No

Table 3: Summary of stepwise multiple regression analysis[a] of nine gender-discriminating language features to predict Socio-Intellectual Status in a written photograph description setting (Mulac/Lundell 1994)

[a] F (5, 34) = 3.75, $p < .01$, Adjusted $R^2 = .26$.

[b] Negative standardized regression coefficients were predictive of lower *Socio-Intellectual Status* ratings (that is, the more the writers used that language feature, the lower they were rated on this psychological dimension).

[c] Coefficients of multiple determination (R^2) are here adjusted for the number of writers and the number of language variables included in the regression function (Theil 1971:179).

[d] Gender predicted by discriminant analysis.

[e] Answers the question of whether the psychological judgment effect of the language feature was consistent with the Gender-Linked Language Effect (e.g., Did a particular female-indicating language feature, e.g., *references to emotion,* predict higher *Socio-Intellectual Status* ratings?).

The first language feature to enter the predictive equation, and therefore the best overall predictor, was *sentence-initial adverbials* ("Because there's new snow on the trees and on the ground, this appears to be ... "). Speakers who employed this form more tended to receive higher *Socio-Intellectual Status* ratings.

References to emotion, the second most important predictor ("There's a mournful quality ... "), also led to higher ratings on status, and like the first predictor, were used more by female writers. The next two features, in order of importance, were *judgmental adjectives* ("This is fabulous!") and *elliptical sentences* ("Winter time."). Both features were displayed more in men's writing, and both were predictive of lower *Socio-Intellectual Status* ratings. Because of their use by women and men, and due to their effect on *Socio-Intellectual Status* perceptions, these first four features are completely consistent with the Gender-Linked Language Effect. The fifth, however, was not. *Uncertainty verbs* ("It seems to be early winter."), a female language feature, was found to be predictive of lower ratings of *Socio-Intellectual Status*, not higher. Although this was the last variable to enter the predictive equation, and was therefore the least important predictor, it's effect was in conflict with the Gender-Linked Language Effect. However, use of *uncertainty verbs* lacked the necessary power to negate the overall effect of the other language features.

In an assessment of oral descriptions of landscape photographs by sixth graders, university freshmen and sophomores, graduate teaching assistants, and people in their 50s and 60s (Mulac/Lundell 1986), we reported that language differences predicted substantial proportions of the ratings on all three psychological dimensions. Similar results were obtained for university students' public speeches (Mulac et al. 1986), with language features again able to forcast meaningful proportions of all three dimensions that distinguished speaker gender. In addition, our analysis of essays by fourth, eighth, and twelfth graders showed that differences in language could meaningfully predict psychological ratings in 80% of the analyses (Mulac et al. 1990). Finally, our assessment of university students' same-sex and mixed-sex dyads also demonstrated that interactants' language use could meaningfully predict *Socio-Intellectual Status, Aesthetic Quality,* and *Dynamism* ratings (Mulac/Bradac 1995).

These five investigations showed that the gender-differentiating language features found in the linguistic analysis phase of our studies could predict 26%-70% of the variance of the psychological ratings in the same studies. These results support the third theorem – that the effects found for gender differences in ratings are the result of the gender-linked language differences located in those same transcripts. Without this link between language and ratings, we could not properly call the phenomenon the Gender-Linked Language Effect. There remains one final theorem needed to establish the effect, one that answers the question of how the language effect is related to gender stereotypes.

Theorem #4: The Gender-Linked Language Effect is similar to, but independent of, gender stereotypes

The striking similarity of the effects of gender stereotypes and those of gender language differences requires the determination of whether the two are in fact independent effects. Might some subconscious stereotype mechanism be functioning that permeated the language effect studies? In order to answer this question, we tested the correspondence of the Gender-Linked Language Effect and gender stereotypes using the basic paradigm employed in our other investigations (Mulac/Incontro/James 1985). In this investigation, we examined the extent to which judgments based on gender stereotypes and those based on effects of gender-linked language were: (a) *independent* of each other (i.e., could be produced separately of each other, or in combination) and (b) *related* to each other (i.e., demonstrated similar patterns).

In this study, we experimentally manipulated the same set of 12 photograph-description transcripts to produce four transcript conditions: (a) language effect only (with speaker sex not indicated and not guessable), (b) language plus stereotype (speaker sex correctly identified 100% of the time so that both effects came into play), (c) stereotype effect only (50% correct sex identification so that gender language could not have an effect), and (d) language pitted against stereotype (0% correct identification so that the two effects were in opposition).

The language effect alone was produced by transcripts of the 12 speakers, for which speaker sex was not identified and could not be accurately guessed (as indicated by our sex-guess data in this study). The gender stereotype effect alone was produced by having the same 12 transcripts rated, but with 50% of the six women's transcripts identified "A WOMAN" and the other 50% indicated as "A MAN". In this condition, the same manipulation of attributed speaker sex was also accomplished for the six men's transcripts. The female stereotype scores were found by combining all six transcripts' ratings identified as "A WOMAN", one-half of which really represented the language of male speakers. The male stereotype scores combined all six ratings for "A MAN", one-half of which were actually spoken by female speakers. In this way, the effect of the speakers' language was controlled experimentally. In the condition in which both language and stereotype operated congruently, both could be added together to increase the witnessed effect. In the condition in which they were pitted against each other, they could be subtracted from each other to nullify the effect of either.

Analysis of ratings for the four conditions supported the independence of the two effects: Each consequence could be produced without the other being present, both could be combined congruently to add each effect to that of the other, and when pitted against each other, they combined incongruently to subtract each effect from that of the other. Therefore the evidence indicated that these two effects were independent of each other.

However, in the 'look-alike contest' to assess their similarity, the correlation of judgments resulting from stereotypes, as compared to those from language, demonstrated an astoundingly high relationship ($r = .93$). That is, the two effects shared a remarkably high 86% of the individual effects variance. Therefore, even though the two effects were demonstrated to be independent of each other, their patterns were virtually identical. This implies that the way women and men speak or write might operate to reinforce gender stereotypes. It also suggests that gender stereotypes might in some way influence the way people learn to speak, perhaps as a manifestation of cultural expectations.

Summary of findings for the four theorems using multivariate procedures

The findings of our program of research have consistently provided backing for the four theorems necessary to substantiate the Gender-Linked Language Effect. Support for these theorems has come from empirical assessments of language use, and the effects of that language use, in a variety of communication settings by communicators ranging from 9 to 69 years of age.

Essential to the support of these theorems has been the analysis of our data by means of four multivariate statistical analytic procedures: (a) discriminant analysis (DA), (b) factor analysis, (c) multivariate analysis of variance (MANOVA), and (d) multiple regression analysis (MRA).

Theorem #1: The language behavior of women and men is subtly different – as demonstrated by discriminant analysis

Our summary of over 30 empirical investigations has demonstrated 16 language features that are often found to differentiate female from male communication. Consistent with these findings, we have shown that discriminant analysis procedures are able to locate weighted combinations of language features that can identify communicator gender with the precision of 72% to 100% accuracy. The results of seven of our investigations have demonstrated the efficiency of this approach for locating clusters of linguistic variables that distinguish gender.

However, our results have shown that these differences are subtle, not large, in nature. Their small magnitude is demonstrated by two of our consistent findings: First, our use of trained coders and sophistocated computer programs generally permits less than 100% accuracy in gender determination on the basis of language use. Second and more importantly, university native speakers of American English are unable to guess the sex of the communicators, on the basis of their transcribed language use, with anything better than chance accuracy. Thus the differences in language use, while consistent and statistically significant, are small in nature.

Theorem #2: Perceptions of women and men differ, based on their language – as demonstrated by factor analysis and multivariate analysis of variance

The consistent finding that has demonstrated the importance of gender-linked language differences is that these differences, although subtle, have important judgmental consequences. That is, observers perceive female and male speakers differently, based on their language use. Ratings of the communicators have been assessed through factor analysis, supporting the three-factor makeup of judgments.

The pattern of observer perceptions, demonstrated by multivariate analysis of variance, has shown that female communicators are generally rated higher on Socio-Intellectual Status (e.g., high social status and literate) and Aesthetic Quality (nice and beautiful), and males are generally perceived as higher on Dynamism (strong and aggressive). The results of eight studies have supported this outcome, in whole or in part. Even though the magnitude of the effect appears to be of moderate size, its pervasive nature amplifies its impact in daily communication.

These investigations demonstrate the omnipresent nature of the effect, because it has been found for naturally occurring language from a broad range of communication tasks and settings: (a) oral descriptions of landscape photographs, (b) written descriptions of landscape photographs, (c) public speeches, (d) written essays on practical morality, and (e) same-sex and mixed-sex problem solving dyadic interactions. Across these contexts, the pattern of judgments has been remarkably consistent – in fact, virtually identical. In addition, the effect has been located for communicators as young as 9-10 years, and as old as 50-69. What is more, it has been seen equally in the speaker ratings provided by female and male observers, as well as by older and younger raters.

Theorem #3: Language differences are implicated in perceptions of women and men – as demonstrated by multiple regression analysis

Support for the third essential theorem has been demonstrated in five investigations showing that gender-based language differences are implicated in the rating differences for the communicators. Multiple regression analysis results have shown that the communicator's gender-distinguishing language use could predict 26%-70% of their gender-differentiating psychological ratings. Thus we can see that the consistent establishment of the Gender-Linked Language Effect answers the challenge "*So what* if women and men use language differently?" by linking those differences to important psychological ratings.

Theorem #4: The Gender-Linked Language Effect is similar to, but independent of, gender stereotypes – as demonstrated by factor analysis and multivariate analysis of variance

In support of the final theorem, we have shown that the Gender-Linked Language Effect is independent of gender stereotypes. That is, either one can be induced experimentally without the other, they can be joined to double their effect, and they can be pitted against each other to cancel out each other. However, in spite of their demonstrated independence, the results also show that the pattern of judgments emerging from the two effects is overwhelmingly similar – the two manifest an 86% degree of similarity.

This finding suggests that societally held norms may play a part in the learning of gender-appropriate language use and, at the same time, that stereotypes are reinforced by the everyday speech and writing of women and men. The mechanism that causes this similarity of effects will require substantial investigation in the future.

In summary, it is clear that women and men use language in subtly different ways, but that those differences lead to important differences in observer judgments regarding the communicators. Moreover, it is the language differences themselves that are implicated in the observer judgments favoring women on *Socio-Intellectual Status* and *Aesthetic Quality*, but favoring men on *Dynamism*. Finally, this pattern of the Gender-Linked Language Effect is overwhelmingly consistent with that of gender stereotypes. These established theorems go a long way toward providing an affirmative answer to the question: "Are there meaningful gender differences in language behavior?"

References

Canary, D.J./K.S.Hause (1993): Is there any reason to research sex differences in communication? In: *Communication Quarterly* 41. pp. 129-144.

Fitzpatrick, M.A./A. Mulac/K. Dindia (1995): Gender preferential language use in spouse and stranger interaction. In: *Journal of Language and Social Psychology* 14. pp. 18-39.

Giles, H./A. Mulac/J.J. Bradac/P. Johnson (1987): Speech accommodation theory: The first decade and beyond. In: *Communication Yearbook 10.* Ed. M.L. McLaughlin. Newbury Park, CA: Sage. pp. 13-48.

Giles, H./K.R. Scherer/D.M. Taylor (1979): Speech markers in social interaction. In: *Social markers in speech.* Eds. K.R. Scherer/H. Giles. Cambridge: Cambridge University Press.

Gray, J. (1991): *Men are from Mars, women are from Venus: A practical guide for improving communication and getting what you want in your relationship.* New York: Harper Collins.

Lachenbruch, P.A./M.R. Mickey (1968). Estimation of error rates in discriminant analysis. In: *Technometrics* 10. pp. 1-11.

Mulac, A. (1975): Evaluation of the speech dialect attitudinal scale. In: *Speech Monographs* 42. pp. 1982-1989.

Mulac, A. (1976): Assessment and application of the revised speech dialect attitudinal scale. In: *Communication Monographs* 43. pp. 238-245.

Mulac, A./J.J. Bradac (1995): Women's style in problem solving interactions: Powerless, or simply feminine? In: *Gender, power and communication.* Eds. P. J. Kalbfleish/M.J. Cody. Hillsdale, NJ: Erlbaum. pp. 83-104.

Mulac, A./J.J. Bradac/P. Gibbons (1998): *Empirical support for the gender-as-culture hypothesis: An intercultural analysis of male/female language differences.* Presented at the annual meeting of the International Communication Association, Jerusalem, July.

Mulac, A./C.R. Incontro/M.R. James (1985): Comparison of the gender-linked language effect and sex role stereotypes. In: *Journal of Personality and Social Psychology* 49. pp. 1099-1110.

Mulac, A./T.L. Lundell (1980): Differences in perceptions created by syntactic-semantic productions of male and female speakers. In: *Communication Monographs* 47. pp. 111-118.

Mulac, A./T.L. Lundell (1982): An empirical test of the gender-linked language effect in a public speaking setting. In: *Language and Speech* 25. pp. 243-256.

Mulac, A./T.L. Lundell (1986): Linguistic contributors to the gender-linked language effect. In: *Journal of Language and Social Psychology* 5. pp. 81-101.

Mulac, A./T.L. Lundell (1994): Effects of gender-linked language differences in adults' written discourse: Multivariate tests of language effects. In: *Language and Communication* 14. pp. 299-309.

Mulac, A./T.L. Lundell/J.J. Bradac (1986): Male/female language differences and attributional consequences in a public speaking situation: Toward an explanation of the gender-linked language effect. In: *Communication Monographs* 53. pp. 115-129.

Mulac, A./M.J. Rudd (1977): Effects of selected American regional dialects upon regional audience members. In: *Communication Monographs* 44. pp. 185-195.

Mulac, A./L.B. Studley/S. Blau (1990): The gender-linked language effect in primary and secondary students' impromptu essays. In: *Sex Roles* 23. pp. 439-469.

Mulac, A./J.M. Wiemann/S.J. Widenmann/T. Gibson (1988): Male/female language differences and effects in same-sex and mixed-sex dyads: The gender-linked language effect. In: *Communication Monographs* 55. pp. 315-335.

Smith, P.M. (1985): *Language, the sexes and society.* Oxford: Basil Blackwell.

Theil, H. (1971): *Principles of econometrics.* New York: John Wiley & Sons.

Performing gender through voice pitch: A cross-cultural analysis of Japanese and American English

Yumiko Ohara
East Asian Languages and Literatures, University of Hawai'i at Manoa

Introduction

The basic assumption of this paper is that people from different cultures have different resources for performing and highlighting their gendered identities. One of those resources which has been studied extensively is language with research on language and gender tending to concentrate on the ways that gender is expressed through the grammar, phonology, morphology, and pragmatic aspects of a language. However, in this paper I want to explore how gender can be expressed through prosodic characteristics, especially, voice pitch.[1]

Of course, it is a part of our common sense knowledge that the pitch of a man's voice is generally lower than that of a woman, but I will build on previous research of male-to-female transsexuals' voices which has found that voice pitch level plays a prominent role in the perception of gender. Measuring the close acoustic approximate of voice pitch, termed fundamental frequency, Spencer (1988) found that transsexuals' voices above 160 Hz were perceived as female voices and those below were seen as male voices.[2] Another study of the voices of male-to-female transsexuals found a 10 Hz range separating the average fundamental frequency of perceived males and females (e.g., Wolfe et al. 1990). Listener-subjects thought all voices above 156 Hz belonged to females and all voices below 145 Hz belonged to males. Yet, while these two studies, by drawing a link between perception of voice pitch and gender, seem to indicate that voice pitch can be critical to the perception as well as performing of genders, very few researchers have pursued this connection.

In this paper, I will further explore voice pitch as a resource for performing gender by adopting a cross-cultural approach that includes a detailed phonetic analysis of tape-recorded speech of heterosexual bilingual speakers of American English and Japanese.[3] More specifically, based on results which indicate that the female bilinguals and not the male bilinguals use a higher fundamental frequency when they speak in Japanese than when they speak in English, this paper will suggest that speaking in a higher pitched voice is an important way for females in the Japanese culture to perform a female gender. Before proceeding to the analysis in the third

---

1 I am not making a distinction between the objective notion of fundamental frequency and the subjective notion of pitch in this study.

2 Although fundamental frequency is one of the strongest correlates of voice pitch, there are various other factors which influence the subjective judgement of pitch, including the level of intensity, phonetic environment, and the length of the sound.

3 The term bilingual is not used in a technical sense, but is instead used to refer to a person who is capable of speaking two languages.

section, I will first offer further comments on the potential of using a phonetic analysis to investigate aspects of culture such as gender.

Phonetics and cultural analysis: Making the connection

As noted in the Introduction, research on the relationship of voice pitch to gender, as opposed to biologically determined sex, is rather sparse. It might seem that the area of speech sciences, with technology capable of sophisticated analyses of the voice, would carry considerable potential for furthering our understanding of how gendered identities are expressed through voice pitch. However, voice research has, instead of probing the influence of cultural aspects such as gender on voice pitch, tended to focus on voice pitch as a signal of a speaker's anatomical characteristics, physical well-being, psychological state, and/or the linguistic characteristics of the language being spoken. Yet, despite these tendencies, examination of some previous works point to the possibility that culture, in particular the expectations placed on the way gender is to be expressed in different cultures, may play an important role in the production of voice. In this section, I would like to, by demonstrating ways in which the previous literature suggests this possibility, pave the way for making a connection in my own work between a phonetic analysis and aspects of culture.

Probably the most common explanation in the literature for variations in voice pitch is the physical makeup of the speaker. The following passage, taken from Laver and Trudgill (1979), is representative of this view.

> A tall well-built man will tend to have a long vocal tract and large vocal folds. His voice quality will reflect the length of his vocal tract by having correspondingly low ranges of formant frequencies, and his voice dynamic features will indicate the dimensions and mass of vocal cords by a corresponding low range of fundamental frequency. (Laver/Trudgill 1979: 7-8)

This focus on the size of the vocal organ has made it easy to explain why the voices of women and men sound different. Compared to the low range of frequencies produced by men, women – generally smaller in size and thus possessing a shorter vocal tract and shorter and thinner vocal folds – produce higher frequencies. For speakers of some of the European languages and American English, phoneticians have approximated the average speaking fundamental frequency at about 220 Hz for women, 120 Hz for men (Copper/Sorensen 1981, Cruttenden 1986, Fitch/Holbrook 1970, Hollien/Jackson 1973, Nittrouer 1990, Snidecor 1943), and 265 Hz for children (Cruttenden 1986, Fry 1979).

Yet, despite the general agreement among researchers in the West concerning these values, there is one scholar who claims strikingly different values. Onishi (1981), a Japanese phonetician, offers as an average fundamental frequency for women 340 Hz and for men 150 Hz. Unfortunately, Onishi does not specify whether the average values are supposed to apply only to Japanese people or whether they are supposed to be read as universals. However, the drastic differences in the average he posits for women, 340 Hz, and the average posited for European and American women, 220 Hz, as well as the fact that the average posited by Onishi for women, 340 Hz, is considerably higher than the average given by the western phoneticians for children, 265 Hz, raises questions concerning what might account for these discrepancies. Of course, using the anatomically-based reasoning which was mentioned above, it might be posited that since Japanese females are generally smaller in size than their European counterparts, we would expect their voice pitch level to be somewhat higher. However, this study, through an analysis of bilingual English-Japanese speakers, finds that bilingual females use different fundamental frequency levels when speaking in Japanese and English. This result is then used to raise the possibility that culture exerts a prominent influence on the production of voice pitch.

Just as it is widely accepted in research on voice that physical makeup influences the production of voice pitch, it is also commonly asserted that both the emotional state and the health of the speaker have a great influence on pitch (cf. Abercrombie 1967, Baken 1987, Colton et al. 1990, Fry 1970, Laver/Trudgill 1979, Malmberg 1970, O'Shaughnessy 1987). It is very common that a stuffy nose or a sore throat can alter the projection of our voice, and likewise, it is experienced that our mood, i.e., whether we are excited, bored, angry, or happy, affects our pitch levels. Among Telugu speakers, for example, it was observed that the degree of emotion generated from sorrow, anger, and fear correlated with a rise in fundamental frequency measurements (Deva 1957 and 1960 in Fry 1970). One way of interpreting these findings is to reason that variations in voice pitch can be one way of signaling and/or indicating different emotional and health states. However, even though what constitutes sorrow, anger, and fear might vary across cultures, voice research has, as I mentioned above, not often embraced the potential of voice pitch being used to express and perform different cultural identities.

While studies claiming anatomical and emotional influences on voice pitch have found the source of variation to lie within the individual, there is a third set of research that finds the cause to be in the structure of the language being spoken. Reports that speakers of different languages use different pitch levels have informed us, for instance, that Spanish is spoken using typically lower pitch ranges than French (Brosnajan/Malmberg 1970 in Laver 1994) and that the average of Polish males' fundamental frequencies is somewhat higher than that of American males (Majewski et al. 1972). Yet, despite results that have indicated clear patterns in some cross-linguistic comparisons, studies comparing the effects of structural aspects of language on pitch production in Japanese and English have not yielded consistent results. Todaka (1993), by comparing the phonemic frequency counts in natural speech, especially how frequently low vowels occur in both languages, predicted that pitch would be lower in Japanese than in American English. However, an empirical study by Yamazawa and Hollien (1992) that focused on female speakers of English and Japanese produced the opposite result. They found that female native speakers of Japanese employed a higher fundamental frequency when speaking in Japanese than female native speakers of American English did when they were speaking in English. Yamazawa and Hollien explain this variation by referring to a structural difference between the two languages, Japanese being a pitch accent language and English being a stress accent language. However, the present work, by analyzing the pitch levels of females as well as males and by examining the speech of bilinguals when they speak in both languages, American English and Japanese, will propose a different cause for this variation across languages. Demonstrating that it is only the female bilinguals whose pitch is different across languages, it will be argued that it is cultural expectations about gender in Japanese society that cause this phenomenon. In other words, it will be maintained that speaking in a higher pitched voice in Japanese is one important way of performing female gender in Japanese society. I will now begin to introduce my analysis, starting with the source of the data and the analytic procedures in the section below.

Data and analytic procedures

Two types of speakers were used as subjects for this study: native speakers of Japanese who were competent speakers of American English and native speakers of American English who were also competent speakers of Japanese.[4] For practical purposes, I will for the rest of the paper refer to the native Japanese speakers competent in English as Japanese bilinguals and the native English speakers competent in Japanese as English bilinguals. Each group consisted of ten subjects, five females and five males. Their ages ranged from 26 to 42 for females and 26 to 36 for males. All twenty of the subjects were students at the University of Hawai'i at Manoa at the time of the study. None of the subjects had any history of speech or hearing disorders, nor did any of them exhibit symptoms of a cold or sore throat at the time of recording. Each of the twenty subjects was tape-recorded performing three different tasks, reading isolated sentences, engaging in a conversation with the researcher based on a written script, and leaving a telephone message on an actual answering machine. The recordings took place in the recording laboratory at the University of Hawai'i using a Sony TCM-AP5 cassette-corder and a Sony EMC-DS/OP microphone. For the purposes of the current paper, I will, due to space limitations, base my analysis on only one of the tasks, the telephone answering-machine message. The results of the other two tasks will appear in Ohara (in preparation).

For the telephone message task, which was designed to yield a more naturalistic speech sample than the other tasks, the following procedures were employed. The subjects were asked to leave a message in Japanese for a Japanese professor and a Japanese friend, and they were also asked to leave a message in English for an American professor and an American friend. For the four messages, each subject used the telephone in the lab to call a set telephone number, which led the subject to reach an answering machine with a prerecorded message. The subjects were not given prepared scripts to read for the message, but they were not completely free to make up

4 The phrase "a native speaker of Japanese who also is a competent speaker of American English" is used to refer to a person who is able to enter the University of Hawaii and attend regular graduate courses conducted in English. The phrase "a native speaker of American English who is a competent speaker of Japanese" is used to refer to a person who has at least completed four years of college level Japanese courses and has lived in Japan as an adult for more than one year.

their own messages either. The subjects were directed to include at least five things in their message. First they were asked to identify themselves by stating their name and course number, then state that they were looking for a particular linguistics book, next explain they had looked for it in the library but could not find it, then ask to borrow a copy of the book, and finally, remark that they will call again later. Even though the subjects were given directions, they still had to decide for themselves the kind of linguistic items to use when leaving the message. After giving the subjects the directions, the researcher allowed each subject time to prepare for the call. Only after the subjects indicated that they were ready did the researcher prompt them to pick up the phone and make the call. For each subject, the order of the language was alternated. Some of the subjects left the message in English first and then in Japanese, and for the other subjects, the order was reversed. Likewise, the order of the addressees, either professor or friend, was also alternated.

After all the subjects had completed the tasks, the fundamental frequency of each subjects voice was measured using the computer software Signalyze, version 3.0. Mean fundamental frequency measures were obtained by using the Temporal Structure Analysis which is based on a median-mean averaging algorithm. The threshold of the Temporal Structure Analysis uses a signal slope criterion which was set at 15%. In addition, the output filter was set at 16 extractions. A mean fundamental frequency was obtained for each of the five segments, 1) self-identification, 2) explanation that they were looking for a book, 3) statement that they could not find the book in the library, 4) request to borrow the book, and 5) remark about calling back later. Since the linguistic items used to accomplish these five segments were not controlled, the semantic equivalent of each segment was measured. For example, one subject's use of "My name is X, and I am in your Linguistics 650 class" to accomplish segment 1 was taken to be semantically equivalent to another subject's "I am X, and I am a student in your Linguistics 650 class". These mean fundamental frequencies of the five segments were then averaged to obtain one average mean fundamental frequency for each message.

Results

Table 1 shows the average mean fundamental frequency for the Japanese bilinguals. As the results indicate, for the female Japanese bilinguals (FJB1-5), there is a distinct variation in mean fundamental frequency level across languages. All of the female subjects show a higher mean fundamental frequency when speaking in Japanese than in English, both when talking to a professor and when talking to a friend. The difference across languages ranges from 9 to 38 Hz.

Another point to be made is that all of the female subjects, when speaking in Japanese, exhibit higher fundamental frequency in the message to a professor than in the message to a friend. On the other hand, the fundamental frequency of the male Japanese bilinguals (MJB1-5), did not differ much across languages. They showed little variation in mean fundamental frequency when speaking in Japanese and English and when leaving a message for a professor and for a friend. The differences across languages range from 0 to 8 Hz.

		Professor		Friend	
		Japanese	English	Japanese	English
FJB	1	272	234	262	248
	2	254	240	242	232
	3	253	235	245	231
	4	243	219	239	230
	5	286	250	278	252
MJB	1	115	113	113	121
	2	123	120	120	122
	3	139	137	136	139
	4	136	135	139	138
	5	127	126	130	130

Table 1: Japanese Bilinguals (Hz)

As Table 2 demonstrates, the results for the English bilinguals somewhat resemble those of the Japanese bilingual group. Much like the Japanese bilingual group, female English bilinguals employed a higher fundamental frequency in Japanese than in English while male bilinguals exhibited only minimal variation across languages and addressees. The difference across languages ranges from 5 to 29 Hz for females and 0 to 12 Hz for males. The one difference between the female Japanese bilinguals and the female English bilinguals is that while the female Japanese bilinguals' fundamental frequency is higher for each subject when leaving a message for a professor than for a friend in Japanese, the fundamental frequencies of the female English bilinguals exhibit no such consistencies.

		Professor		Friend	
		Japanese	English	Japanese	English
FEB	1	260	239	253	241
	2	238	215	242	220
	3	245	233	255	238
	4	264	237	259	231
	5	230	225	247	242
MEB	1	107	107	109	108
	2	128	137	127	135
	3	126	114	129	117
	4	134	132	132	140
	5	138	136	138	142

Table 2: English Bilinguals (Hz)

Discussion

The fact that it was the bilingual females and not the bilingual males who employed a higher fundamental frequency when speaking Japanese is very significant for a number of reasons. First, it makes it impossible to argue, as Yamazawa and Hollien (1992) did in their study, that the cause of the bilingual females' use of a higher pitch in Japanese can be found in structural differences between Japanese and English. If, as Yamazawa and Hollien state, the variation was caused by a difference in linguistic structure, then we would also have expected the bilingual males to use a higher fundamental frequency level when speaking in Japanese. Yet, as the results indicate, this was clearly not the case. Both groups of bilingual male subjects, English bilinguals as well as Japanese bilinguals, showed little variation in fundamental frequency levels across languages. Thus, it would seem that this sharp contrast between the performance of female and male bilinguals in the study renders it impossible to posit that it could have been a structural difference that caused the female speakers to use higher pitch levels in Japanese.

Second, the results also indicate that it is just as unlikely that an explanation in terms of the anatomical features or emotional states of the speakers can account for the variation found in the analysis. As the results indicate, even though the two groups of male bilinguals exhibited very little variation across languages, the fundamental frequency levels of the two bilingual female groups varied across the two languages. Put another way, it should be emphasized that even though each bilingual female is using the same vocal cords to project her voice in American English and Japanese, she is producing, on the same tasks, different fundamental frequency levels. Thus, it cannot be the case, since the variation occurs within the same individual, that it is being caused by the woman's physical attributions.

Similarly, given the controlled laboratory conditions under which the study was conducted, it is very unlikely that the female subjects, and only the female subjects, suddenly experienced a change in emotional or a health state that would cause them to vary their pitch across languages. Thus, based just on these few observations, it seems virtually impossible to explain the results in terms of anatomical differences, emotional or health states.

While it does not seem possible to account for the results of the study in terms of the structures of the languages, physiological differences, and variances in emotional or health states, it would seem, given the fact that it was only female speakers with knowledge of both languages who used a higher pitch when speaking Japanese, that exploring gender as a possible basis for the results of this study holds some potential. Indeed, examination of previous sociolinguistically and anthropologically based literature reveals different conceptualizations of the connection between voice pitch and gender in Japan and the United States. In Japan, for example, a high pitch voice is typically directly linked to the female role. Loveday (1986), in a study comparing voice pitch in Japanese and British English, found that a

> (...) high pitch level is employed for distinctly different socio-semiotic functions in the two language communities. In Japanese a high pitch level serves to express a stereotypically female role while in British English a high pitch level is a means of expressing politeness adopted by both sexes. (Loveday 1986:86)

In fact, in Japan, not only does a high pitch level serve to express a female role, but a female with a higher pitch voice also appears to have certain 'advantages' within Japanese society. In a study in which a variety of different female pitch levels were played via tape-recorder for both native female and male listener-subjects, Ohara (1993, 1997) found that the higher the pitch, the more likely the producer of the voice was to be perceived as being cute, soft, gentle, kind, polite, quiet, young, and beautiful. On the other hand, it was found that lower pitch voices were more likely to be perceived as belonging to females who were stubborn, selfish, straightforward, and strong. Furthermore, it was also found that a woman with a higher pitched voice was judged more likely to be able to marry someone 'desirable' while the lower the pitch, the more a woman was perceived as being likely to remain single for life. There were virtually no gender-linked differences in these perceptions on pitch: both female and male subjects perceived social meanings attached to different pitch levels in very similar ways. Based on the results of this previous study, it was asserted that Japanese society expects its female members to employ a higher pitch to sound cute, soft, gentle, kind, polite, quiet, young, and beautiful, with repercussions (i.e., being perceived as unlikely to find a husband) for those females who do not conform to such expectations. Especially in Japanese society, where being marriageable material is considered an ultimate sign of femininity (Edwards 1989), being thought of as not being able to get married can be, and often is, very serious.

In contrast to Japanese society, speakers of English in the United States are not under the same kinds of cultural constraints regarding the pitch of their voice. As McConnell-Ginet (1978:549) states about society in the United States: "Men lose by sounding woman-like, whereas women do not lose (perhaps they even gain in some contexts) by sounding manlike." Thus, it appears that the social meanings attached to voice pitch may vary across cultures. For females in Japanese society, certain social values are attached to a high pitched voice which serves as an incentive for females to speak in a higher pitched voice. Yet, in contrast, there seems to be no such incentive for speakers of American English.

This is not to say that females in mainstream American culture are not under any kind of social pressure to express their femininity. They most surely are. Not only are there certain non-verbal ways that women are expected to use to highlight their femininity, but linguists have also suggested that there exist linguistic resources for expressing a female gender in the English language (i.e., Freed 1996, Lakoff 1975), including the use of a deeper, breathy voice to exude sexuality (Graddol/Swann 1989, Henton/Bladon 1985). Instead, what the results of the analysis seem to suggest is that in Japanese society, the use of a high pitched voice is one way for a woman to make it known that she is female. It is, in other words, one important way of performing female gender in Japanese culture. I use the word important because, as I just suggested, social pressures are such in Japanese culture that a woman opting not to employ a high voice pitch level risks producing inferences that would hurt her chances of being thought of as a 'desirable' female.

Also, the fact that the female Japanese bilinguals used a consistently higher pitch when leaving a message for a professor than when leaving a message for a friend suggests the possibility that a higher pitched voice might be used by females also for the purpose of politeness. This suggestion, however, at the same time begs the question of why the female English bilinguals did not exhibit such a pattern in their messages. While it is difficult to say exactly why the results of the Japanese bilinguals and English bilinguals varied on this point, the fact that this pattern exists in the results of the Japanese native speakers indicates that the intersection of politeness, gender, and voice pitch should be examined in more detail in the future.

Furthermore, there are other results obtained by this study which need to be explored more extensively in the future. Concerning male speakers, both Japanese bilingual and English bilingual groups, the question concerning why they did not alter their pitch levels when speaking different languages and when speaking to different addressees remains. Although not conclusive, two possible explanations can be formulated at the present stage of research. Either they did not have any reason to alter their pitch level or they had a reason to confine themselves to that pitch level. If they were trying to confine themselves to the same pitch levels across languages and addressees, then it might be that they were trying to sound 'masculine' by not using higher fundamental frequency levels, especially since the pitch levels used by men in this study were consistent with the male pitch levels found in other studies. Concerning high pitched voice for males in American culture, Sachs et al. (1973:82) indicated that

> Typically, in our [American] culture, having an 'effeminate' voice is a problem for a man. With the amount of overlap in physical structure that exists between men and women, perhaps some men learn, among other things, to lower their formants in order sound more masculine. We expect that having a voice perceived as 'low-pitched' is not a severe handicap for a woman, although an aggressive, 'masculine' speech may be. (Sachs et al. 1973:82)

The findings in this paper seem to suggest that cultural meanings attached to the pitch of male voices are similar in Japan and in the United States. More specifically, a high pitched voice is stigmatized and a lower pitched voice is preferred. One of the stereotypical images of an 'effeminate' or 'female' voice is that it is produced in a high pitch (i.e. Kramer 1977), and as the results of this study seem to point to, an 'effeminate' voice is a problem for males in American culture as well as in Japanese culture.

Conclusion

Using a phonetic analysis of recorded speech, I have attempted to demonstrate that one of the resources for performing gender in Japanese society is voice pitch. The analysis offered in this paper has, I believe, at least three significant implications for the study of gender. First, it strongly indicates that of all the various resources – both linguistic and non-linguistic – available to human beings for the expression of the self, researchers should not forget the extent to which something as seemingly transparent as the pitch of one's voice can serve as a cultural tool for highlighting and emphasizing one's gender. Even though our stereotypical notions about the social world include the belief that men's voices are generally lower than those of women, this paper has indicated that the production of a high pitch level by women in Japan, and not necessarily in the United-States, is intricately tied to cultural expectations of femininity.

Second, the results also suggest specifically to phoneticians, speech and hearing scientists, and psychologists who have tended to confine themselves to linguistic, anatomical, and emotional domains that their skills and technical apparati can prove valuable in examining other aspects of human life, such as how gender is defined and expressed in certain cultures. It should be emphasized that interdisciplinary work by researchers from various fields is needed especially for the study of aspects of social identity such as gender.

Finally, this study also attests to the value of pursuing cross-linguistic and cross-cultural comparisons of the way gender is performed in different cultures. By using native speakers of Japanese who were also competent speakers of American English and native speakers of American English who were also competent speakers of Japanese as subjects and comparing the voice pitch levels when speaking in both English and Japanese, this study was able to discern that, for females, a high pitch voice has a significant social value in Japanese society. Just as this study was able, by employing a cross-cultural approach, to suggest that voice pitch is an important means for the expression of gender in Japanese society, it is hoped that similar approaches can continue to be adopted with other languages and cultures and in other domains besides phonetics that will help us further understand how people of the world express themselves as gendered beings.

References

Abercrombie, D. (1967): *Elements of general phonetics*. Edinburgh: Edinburgh University Press.

Baken, R. (1987): *Clinical measurement of speech and voice*. Massachusetts: Little, Brown and Company.

Brosnahan, L./B. Malmberg (1970): *Introduction to phonetics*. Cambridge: Cambridge University Press.

Colton, R./J. Casper/M. Hirano (1990): *Understanding voice problems: A physiological perspective for diagnosis and treatment*. Baltimore: Williams and Wilkins.

Cooper, W./J. Sorensen (1981): *Fundamental frequency in sentence production*. New York: Springer.

Cruttenden, A. (1986): *Intonation*. Cambridge: Cambridge University Press.

Deva, B. (1957): Phychophysics of speech melody, I. Z. In: *Phonetik* 10. pp. 337.

Deva, B. (1960): Phychophysics of speech melody, III. Z. In: *Phonetik* 13 (8). pp. 19.

Edwards, W. (1989): *Modern Japan through its weddings: Gender, person, and society in ritual portrayal*. California: Stanford University Press.

Fitch, J./A. Holbrook (1970): Modal fundamental frequency of young adults. In: *Otolaryngology* 92. pp. 379-82.

Freed, A. (1996): Language and gender research in an experimental setting. In: *Rethinking language and gender research: Theory and practice.* Eds. V. Bergvall/J. Bing/A. Freed. Essex, UK: Longman. pp. 54-76.

Fry, D. (1970): Prosodic phenomena. In: *Manual of phonetics*. Ed. B. Malmberg. Amsterdam: North-Holland Publishing Company. pp. 365-410.

Fry, D. (1979): *The physics of speech.* Cambridge: Cambridge University Press.

Graddol, D./J. Swann (1989): *Gendered voices*. Cambridge: Blackwell.

Henton, C./A. Bladon (1985): Breathiness in normal female speech: Inefficiency versus desirability. *Language and Communication* 5. pp. 221-227.

Hollien, H./B. Jackson (1973): Normative data on the speaking fundamental characteristics of young adult males. In: *Journal of Phonetics* 1. pp. 117-20.

Kramer, C. (1977): Perceptions of female and male speech. In: *Language and Speech* 20. pp. 151-161.

Lakoff, R. (1975): *Language and woman's place*. New York: Harper & Row.

Laver, J. (1994): *Principles of phonetics.* Cambridge: Cambridge University Press.

Laver, J./P. Trudgill. (1979): Phonetic and linguistic markers in speech. In: *Social markers in speech.* Eds. K.R. Scherer/H. Giles. Cambridge: Cambridge University Press. pp. 1-31.

Loveday, L. (1986): *Explorations in Japanese sociolinguistics*. Philadelphia: John Benjamin.

Majewski, W./H. Hollien/J. Zalewski (1972): Speaking fundamental frequencies of Polish adult males. In: *Phonetica* 25. pp. 119-25.

Malmberg, B. (1970): *Manual of phonetics*. Amsterdam: North-Holland Publishing Company.

McConell-Ginet, S. (1978): Intonation in a man's world. In: *Signs* 3. pp. 541-59.

Nittrouer, S./R. McGowan/P. Milenkovic/D. Beehler (1990): Acoustic measurements of men's and women's voices: A study of context effects and covariation. In: *Journal of Speech and Hearing Research* 33. pp. 761-75.

Ohara, Y. (1993): Koe no takasa kara ukeru inshoo ni tsuite [Images of voice pitch]. In: *Kotoba* 14. pp. 14-19.

Ohara, Y. (1997): Shakaigengogaku no kanten kara mita nihonjin no koeno takasa [Japanese pitch from a sociophonetic perspective]. In: *Joseigo no sekai.* [World of women's language]. Ed. S. Ide. Tokyo: Meiji Shoin. pp. 42-58.

Ohara, Y. (in preparation): Ph.D. dissertation. University of Hawai'i at Manoa.

Onishi, M. (1981): *A grand dictionary of phonetics*. Tokyo: Phonetic Society of Japan.

O'Shaughnessy, D. (1987): *Speech communication: Human and machine*. Massachusetts: Addison-Wesley Publishing Company.

Sachs, J./P. Lieberman/D. Erickson (1973): Anatomical and cultural determinants of male and female speech. In: *Language attitudes: Current trends and prospects.* Eds. R. Shuy/R. Fasold. Washington, D.C.: Georgetown University Press. pp. 74-84.

Snidecor, J. (1943): A comparative study of the pitch and duration characteristics of impromptu speaking and oral reading. In: *Speech Monographs* 10. pp. 50-57.

Sneppe, R./V. Wei (1984): F0 behavior in Mandarin and French: An instrumental comparison. In: *Proceedings of the Tenth International Congress of Phonetic Science*. Eds. M.P.R. Van den Broecke/A. Cohen. Amsterdam: North Holland Publishing Company. pp. 299-303.

Spencer, L. (1988): Speech characteristics of male-to-female transsexuals: A perceptual and acoustic study. In: *Folia phoniat* 40. pp. 31-42.

Todaka, Y. (1993): *A cross-language study of voice quality: Bilingual Japanese and American English Speakers*. Unpublished Ph.D. Dissertation. California: UCLA press.

Wolfe, V./D. Ratusnik/F. Smith/G. Northrop (1990): Intonation and fundamental frequency in male-to-female transsexuals. In: *Journal of Speech and Hearing Disorders* 55. pp. 43-50.

Yamazawa, H./H. Hollien (1992): Speaking fundamental frequency patterns of Japanese women. In: *Phonetica* 49. pp. 128-40.

"Something tattooed on my forehead": Gendered performances and perceptions of linguistic and national identity

Ingrid Piller
Seminar für Englische Sprache und Kultur, Universität Hamburg

Introduction

The title of this volume, *Perceiving and Performing Gender*, draws on postmodernist conceptualizations of gender such as Butler's (1990), who regards gender as a performance because it is "constituting the identity it is purported to be." Such a view is social constructionist, it eschews essentialist, dichotomous notions of masculinity and femininity, and regards them as socially constructed acts instead (e.g. Crawford 1995). If gender is not predetermined by sex as this view claims, the performance of gender is a local construction that occurs in particular communities of practice (Eckert/McConnell-Ginet 1992), that is, it is an act that differs from one society to the next, from one culture to the next, in short, with context. Gender becomes a heterogeneic act which is not the only social category that is being performed in a given context. Moreover, other aspects of personal identity such as professional status, nationality, ethnicity, or social class may also be part of the act. From this perspective, the meaning of being a woman or a man, and of studying their respective practices changes:

> [It] is less about inhabiting some abstract and unitary category of 'women' or 'men' than it is about living one's other social identities (such as racial, ethnic, regional, subcultural) in a particular and gendered way. (Cameron 1997b:3)

The construction and performance of gender is achieved through all kinds of symbolic systems, but mainly through discourse (Ochs 1992). Discourse itself is not only medium but also constraint: it draws on conventions which shape and are shaped by cultural conventions.

> [A] single instance of language use thereby minutely contributes to reinforcing [cultural] values, beliefs and practices, and opposing others: (Ivanič 1998:43)

Individuals do not only perform various aspects of their identity in a given context but they also participate in various communities of practice at a particular point in their lives and across the life-span. The communities of practice they move into and out of may be the family, the workplace, a friendship group, an athletic team or a church group (Eckert/McConnell-Ginet 1995). For most people, the marital dyad or any other form of couple relationship – marital or non-marital, heterosexual or homosexual – is a major community of practice they are engaged in. Although gender polarization, the salient distinction between male and female, is ubiquitous in social life (Bem 1993), it seems to me that gender is particularly salient in these communities of practice because sexuality is one of their constitutional characteristics. Furthermore, in couples from different linguistic backgrounds the interplay between language and gender is particularly salient. Participants are continuously performing a number of roles, in terms of gender, nationality, cultural background or native speaker status. These performances are differently constrained in different languages because

> (...) language is not a neutral medium that passes freely and easily into the private property of the speaker's intentions; it is populated, overpopulated – with the intentions of others. (Bakhtin 1981:73f)

If partners in a romantic dyad come together from two different language backgrounds, at least one of them – but very often both – is not living in her/his native country but find her/himself positioned as "migrant". I speak of the "positioning as migrants" because – just like the conventional labels "man", "woman", "homosexual", "heterosexual" etc. – "migrant" is not a label for a social reality but for a reification of a conventional map of social reality.

> These reifications structure perceptions and constrain (but do not completely determine) practice, and each is produced (often reproduced in much the same form) through the experience of those perceptions and constraints in day-to-day life. (Eckert/McConnell-Ginet 1995:470)

Another such reification that structures the perception and constrains the performance of one or both partners in a cross-cultural romantic relationship is that of "native" and "non-native speaker". Many linguists now agree that "the native speaker is dead" (Paikeday 1985), that s/he is

> (...) an imaginary construct – a canonically literate monolingual middle-class member of a largely fictional national community whose citizens share a belief in a common history and a common destiny. (Kramsch 1997:363)

Nevertheless, native or non-native speaker status continues to be a powerful indicator of the identity people construct for themselves and get co-constructed for them by others. As Cameron (1997a:49) points out, our understanding of the relationship between language and gender has become "subtler and more complex" over the last years due to the postmodernist approach which suggests that "people are who they are because of (among other things) the way they talk". Researchers have moved away from a simple mapping of language onto gender and have started to investigate how a gendered identity is performed through language. I am arguing that the prevalence of multilingual settings on this globe (see e.g. Romaine 1995) calls for investigations that are even subtler: we need to study how gendered *identities* are performed through *languages* (see also Burton et al. 1994, Pujolar i Cos 1997).

In the following I will look at the ways in which the performance of gender changes for persons who engage in a cross-cultural romantic dyad and how it is affected by and related to the performance of nationality and native speaker status. The issue of linguistic performance and power will also be addressed. Feminists have pointed out ever so often that, in social life, difference is rarely only difference. "Men and women are different" – it does not stop there: difference will end up as deficiency on the part of women. This transformation of difference into deficiency can be observed for other social categories as well. "Natives" and "migrants", "native speakers" and "non-native speakers" are not only reified as the different "other" but the value judgments that go with these reifications transform difference into the perceived deficiency of migrants and non-native speakers. While power and the exercise of control is an inevitable part of family life (e.g. Ervin-Tripp et al. 1984, Watts 1991), these multiple positionings along the lines of gender, nationality and native speaker status – plus the value judgments that go with them – make power and the exercise of control more of an issue in cross-cultural relationships. In some of these communities of practice one partner may be stuck with all the deficient labels, "female", "migrant", and "non-native speaker", while the other receives all the prestige labels, "male", "native", and "native speaker".

I will now briefly describe my data, and then look at three different aspects of the gendered performances and perceptions of linguistic and national identities: the ways that people are no longer accepted as natives if they choose to move to national communities other than their original ones; the ways they forge a new linguistic and cultural identity for themselves; and how deference is performed in cross-cultural encounters between men and women.

The data

This analysis is based on 13 socio-linguistic interviews I conducted with German and English-speaking couples. These interviews are part of a larger sample of data on the linguistic practices of cross-cultural couples. Some of these data were obtained experimentally: the couples were asked to discuss a written questionnaire and tape record themselves as they did so. My reasons for this design are that I needed to combine data that are normally collected through socio-linguistic interviews with actual couple talk as I am interested in the language choices cross-cultural couples make, in their reasons for these choices, in their attitudes towards cross-cultural communication, and also in certain features of their actual conversations such as conversational control and humor. I had expected to get, on the one hand, self-reported information on the couple's language practices as in a semi-structured interview, and on the other hand, also real samples of couple-talk without the presence of a researcher. The following analysis is based on 13 of these interviews, which have been supplemented by ethnographic data where appropriate.

Becoming the other

Christine[1] (32), a German woman who lives with Brendan (34), her husband of 14 years, on a large British army base in Lower Saxony, relates how she has been turned into an "English woman":

1 All the names are pseudonyms.

Excerpt 1

```
Christine I was always proud to be a German. and when I was abroad
        it's always nice to say, "yes! I am German. I am different."
        but- erm and always look forward to coming back to England. but
        I think over the years, over fourteen years, living with the
        British communities erm I can't consider myself German anymore.
        now, having German colleagues at work. and I can see a big
        difference. I'm not one of them anymore. they actually call me
        Chris. the English woman. {laughs}
```

Christine feels that her identity has changed because her communities of practice have changed. Although she continues to live in Germany, her context are "the British communities" now. Army bases are a striking example of the need "to look locally" and to refrain from sweeping categorizations. While they are a "home away from home" for some, they may be "foreign territory in one's own country" for others. Christine is quite clear that it is not only her individual performance that has changed her feelings of identity but also the way she is being positioned by others. "Fellow Germans" no longer accept her as one of them but place her in the category of the other, and turn her into "the English woman." One way of doing so is to deny her German first name and address her with an English version of it. Another way of "otherizing" her is to imply that something is wrong with her having a non-German-sounding surname by "giving her funny looks" as she describes in Excerpt 2.

Excerpt 2

```
Christine if ... erm anybody sees my main- erm name tag, on- on my
        apron, you know, they give me a funny look cos it's a foreign
        name ... erm but in England I have no problems at all. and
        that's me being a German in England.
```

While all of the women in my sample relate that – because of their marriage – they are in many cases no longer perceived as natives of their original national communities, none of the men does. Martina (37), who migrated from Germany to Britain about ten years ago, even claims that her own parents no longer find her German performance convincing:

Excerpt 3

```
Martina  my parents say I sound English when I speak German. {very
        short laugh}
```

"Otherization" has a gendered pattern: while women are perceived as having passed from their original national identity to that of their spouse, men are not denied their status as natives in the same way. While the participation in new communities of practice will inevitably affect the performance of both, people seem to be more ready to perceive change in women than in men. I hypothesize that the reason for this difference in perception is due to out-dated but maybe deep-rooted notions of ownership and marriage: if a woman marries a man from another country she becomes the "property" of another nation, and people expect this transformation to be tangible in one way or another. If, however, a man marries a woman from another country, the "gain" is on the part of his nation, he is bringing in an "asset" so to speak. Naturally, people do not expect an owner to change with his property.

Acquiring a new identity

The change from a native performance and the accompanying perception to a non-native one usually does not result in acquiring a new native persona. Those of my consultants who mainly engage in non-native communities of practice do not only report that they are being denied the status of native by their original community but they also hardly ever acquire such a status in their communities of choice. Helga (29), a German woman who lives in England with her Scottish husband describes her feelings of frustration at being identified as a non-native by strangers. It is not only her German accent that "gives her away" but also non-verbal forms of behavior as she describes in Excerpt 4. In the utterance preceding the one in Excerpt 4 she had related that a cashier had asked her where she came from although she had not uttered a single word in the store.

Excerpt 4

```
Helga ich sage- ich sag so: </G> <E>2 "why?" I said. "I even didn't
      say a word." and she said: "yeah. but you parked your left-hand-
      drive car right in the front of the shop window." and I thought:
      "oh, my god!" I thought it was something special on me.
Andrew   uhmhu.
Helga something tattooed on my forehead. "you are German."
```

Helga describes her non-native identity as a kind of stigma, "something tattooed on my forehead". The reduction to one's original national identity may be particularly painful because it does not have much psychological reality for my consultants themselves. Most of them feel that they have acquired a new identity, which incorporates both national cultures (see Excerpt 5 and Excerpt 6).

Excerpt 5

```
Corinna  uhmhu. I find knowing or being able to speak another language
      an- an enrichment of- of my ability to express myself.
```

Like Corinna (28), a German woman who lives in the US, all consultants talk about their new identity in very positive terms. Incorporating a second language and culture into one's repertoire is described as an "enrichment" just as in the old saying "A new language is a new life".

2 Angle brackets mark code-switches. Here, a German utterance ends (marked by "G" for "German" in an angle bracket with a slash), and an English one begins (marked by "E" for English in a plain angle bracket). The German part of the excerpt translates as: "I say- I say like:"

Excerpt 6

```
Jordan  and I think, for me anyway, you gain another culture, as well
      as reading literature and- and other things of German culture
      which is an in- to- to- in some way made me feel partly German
      maybe, even though I'm an African American of ethnic origin. I
      somehow feel now that I have, you know, th- somewhat control the
      language. that's the way you get access to a culture and the
      people. I've adapted it. or adopted it, maybe that's a better
      word, as my own to some degree.
```

The statement of Corinna's husband Jordan (28) further exemplifies the gap between performance and perception, between construction and co-construction that multilinguals experience in monolingual societies. While he has made German and German culture part of his performance, he acknowledges that "fellow Germans" will rarely perceive him as such because ethnic considerations ("being German and African American are mutually exclusive") will override other considerations.
While all consultants have in one way or another experienced changes in the way they perform their cultural identities, the experience itself is gendered. As I have mentioned above, all consultants celebrate their new identities but it is only women who also mention the costs of acquiring a new language and culture.

Excerpt 7

```
Susan but I mean, the things that we- we deal, almost on a daily basis
      with. always dealing with cultural differences. I mean there are
      so many things, that I always think, "oh, the Germans this, or,
      the Germans that." plus, we are dealing with the whole thing of,
      maybe, understanding, living in another country. the cultures
      being different. erm ... [oh, I=
Martin                         [wha-
Susan =wanted to say something, oh, now I forget what it was. the
      whole thing dealing with being far away from the family. it's a
      whole different- to me, when my family comes over, I mean, I
      think, we've learnt to be culturally erm sympathetic. dealing
      with other people. dealing with living in another country.
      trying- I think you become more ... [you know,=
Martin                                   [wha-
Susan =OPEN to people, and the way they are. and differences, a lot
      more.
Martin  in what way does this- have this- does this have some
      influence on OUR relationship?
Susan oh, don't you think it's a stress factor?
Martin  I don't [know?
Susan           [I think it's a STRESS FACTOR that you have to deal
      with.
Martin  I don't know. maybe- I don't-, maybe I haven't thought about
      it. so much. but I don't- /????/
```

In Excerpt 7, Susan (31) and Martin (34) discuss their experiences of living with two languages and cultures. Martin, who, in contributions preceding and following this excerpt, mentions repeatedly that he is proud of having an American wife and that having a non-German partner has made his life much more interesting, finds it very hard to acknowledge that life with two cultures may also be "a stress factor". Other women in my sample are as adamant as Susan about the potential cost of a bilingual and bicultural relationship. I suggest that the evaluation of these new identities is gendered because of the migration pattern in my sample. Of the 13 couples whose self-reports I am discussing here, it was the female partners who migrated to their husband's native country in twelve cases, and the male partner who migrated to his wife's native country in only one case. Having a second language, and particularly a prestigious one like English or German, in one's native country is an exceptional and coveted skill. Being a second-language speaker and migrant among natives is a deficiency. So, it happens that the "deficient" labels of "migrant" and "non-native speaker" cluster with the label "female" – making bilingualism and biculturalism a gendered experience. For women it is not only a boon.

Performing deference

Many of the conversations of my consultants reflect a dislike for Germany and "the Germans." Excerpt 8 is a case in point.

Excerpt 8

```
Helga [...] so, my thing is just, a lot German people seem to be
      /????/ people very like I said before. like very arrogant. very
      demanding.
Andrew   uhmhu.
Helga they've got no sense of humor. they have got no manners. [...]
```

The Germans' poor sense of humor, their arrogance, their smug sense of superiority, their exclusiveness, their exorbitant bureaucracy or the fact that they steal the sunbeds in Spain are recurrent topics in all the conversations. In a way this is not remarkable as these are commonly held stereotypes about "the Germans", held by Germans and non-Germans alike. Most of these stereotypes were produced in answer to the following set of questions on the "discussion sheet" (see above on the data collection method):

> Which cultural traits of each other do you really like or really hate? How do you feel about English, German, or other languages and cultures? What do you really hate or love about Britain, Germany, the US or any other country?

While it is not remarkable that national stereotypes are being produced in answer to questions like these, the pattern of who produces them is remarkable indeed because it is gendered: women produce negative national stereotypes about their country of origin (see Excerpt 8 above), while men produce negative national stereotypes about their partner's country of origin (Excerpt 9). Werner (39), a German, disparages his wife's country of origin, the USA, by using the negatively connotated nickname *Amis* "Yanks" of its inhabitants and by describing them as stupid.

Excerpt 9

```
Werner    &lt;G&gt; ja gut, man hat jetzt, die Kultur lernt man halt besser
          kennen von den- zum Beispiel von den Amis. und früher hab ich
          dacht, sie sind lauter, lauter &lt;/G&gt; &lt;E&gt; [air-heads, &lt;/E&gt; &lt;G&gt;
          lauter Hohlköpfe.3
Anita                                                 [{laughs}
```

Women who do produce negative national stereotypes about their partner's country always match it with a negative stereotype about their own one. In Excerpt 10, for instance, Susan modifies her complaint about the unfriendliness and rudeness she daily experiences in a major German city by implying that American friendliness – which she misses – is superficial: "I know the people don't care". Her criticism of German life furthermore follows an act of positive politeness (Brown/Levinson 1987) in the preceding description of a positive experience with Germany (Excerpt 11). Her criticism is thus doubly qualified: by a qualifying remark and by preceding praise.

Excerpt 10

```
Susan                                                  [...] I wanna ... be
          greeted with a smile, and asked how my day is, even though I
          know the people don't really care, it's better for me than- than
          the ... BITCHY, excuse me, the woman at the cash register,
          giving me a cold ... stare! I don't know, that- that's for me.
Martin    I see it exactly the other way [round. erm here=
Susan                                    [uhmhu
Martin    it's- we just talked about it a few days ago. it's the way
          where you grew up, or what you're used to. I definitely agree
          with your point, that the people could be friendlier [here. but=
Susan                                                          [uhmhu
Martin    =they are TOO friendly for me. in the STATES, it's ...
          sometimes going on my nerves. it's kind of like ... I don't know
          how to explain it. it's sometimes too much down- exactly what
          you just said, you don't care if the people care or NOT. but if
          I know that they don't care anyhow, why do they ask me, how I'm
          doing? I mean then they shouldn't do it. then they should ...
          only ask me when they really care. [...]
```

Excerpt 11

```
Susan     [...] and, and I mean, I find the Germans to be very
          embracable, and very erm very affectionate people. that. I
          really LIKE that, in people. when you get to know people then,
          they can- they WILL be very good friends, and they- very
          affectionate. and- and good-hearted people. [...]
```

The way in which criticism of one's country of origin is accepted also differs. Women accept criticism with minimal responses that seem to imply affirmation, such as laughter (Anita in Excerpt 9) or "uhmhu" (Susan in Excerpt 10). Most men, on the

3 Translation: "Okay, now you've got – you get to know the culture better, of those – of the Yanks. And in former times I thought all of them, all of them are *air-heads*, nothing but blockheads."

other hand, are less gracefully accepting. They tend to match a negative comment about their country of origin with a negative comment about their partner's (Martin in Excerpt 10).

In discussing their life with two cultures, my female consultants attend to the face of their partners, and use the face-saving strategies I have just described if they want to express criticism of their partner's country of origin. The performance of their male partners, however, exhibits no such face-saving strategies, and sometimes even goes boldly on record as face-threatening (Excerpt 9). The greater orientation of women towards the face of their interlocutors has been noted in many studies of language and gender (e.g. Tannen 1990) and is one of the few rather uncontested results of studies of the ways in which the language behavior of men and women "differs". Apart from orientation towards the face of one's partner, the examples I have discussed here also exhibit a tendency to put oneself down through putting one's nation of origin down. I suggest that this is part of a gendered performance that exhibits deference from women and dominance from men (see Goffman 1967, also West/Zimmerman 1987:146).

Conclusion

My paper reports on the gendered performance and perception of linguistic and national identities in 13 bilingual and bicultural couples. I have focused on the following three aspects: the gendered loss of one's original national identity in the perception of others; the gendered acquisition of a new dual identity in the performance and perception of the individuals themselves; and the gendered difference in the performance and perception of one's original national self-identity. I have tried to show that the gender arrangement in society at large also constrains the options of women in the performance of linguistic and national identities. Nevertheless, these constraints may be resisted just as all other constraints on the performance and perception of gendered identities are open to a certain amount of resistance. Deborah (27), an American who lives with her German husband in Hamburg, relates resistance to the length of time she has spent in her new country:

Excerpt 12

```
Deborah  because I arrived into HIS culture, and HIS life, and HIS
         society. and so I had to, basically, adapt myself to the way HE
         did things. of course that has changed around now, that the- the
         power relationship between us has changed. because now I'm here.
         and I'm- I'm more or less established, and I'm comfortable with
         who I am, and what I'm doing here. and so I'm more assertive
         about what I think is right. [...]
```

References

Bakhtin, M.M. (1981): *The dialogic imagination*. First published in 1929. Ed. M. Holquist. Trans. by C. Emerson/M. Holquist. Austin: University of Texas Press.

Bem, S.L. (1993): *The lenses of gender*. New Haven: Yale University Press.

Brown, P./S.C. Levinson (1987): *Politeness. Some universals in language usage*. Cambridge: CUP.

Burton, P./K.K. Dyson/S. Ardener (Eds.) (1994): *Bilingual women. Anthropological approaches to second language use*. Providence, RI: Berg.

Butler, J. (1990): *Gender trouble: Feminism and the subversion of identity*. New York: Routledge.

Cameron, D. (1997a): Performing gender identity: Young men's talk and the construction of heterosexual masculinity. In: *Language and masculinity*. Eds. S. Johnson/U.H. Meinhof. Oxford: Blackwell. pp. 47-64.

Cameron, D. (1997b): Theoretical debates in feminist linguistics: Questions of sex and gender. In: *Gender and discourse*. Ed. R. Wodak. London: Sage. pp. 21-36.

Crawford, M. (1995): *Talking difference. On gender and language*. London: Sage.

Eckert, P./S. McConnell-Ginet (1992): Communities of practice: Where language, gender, and power all live. In: *Locating power. Proceedings of the Second Berkeley Women and Language Conference*. Eds. K. Hall/M. Bucholtz/B. Moonwomon. Berkeley: University of California Press. pp. 89-99.

Eckert, P./S. McConnel-Ginet (1995): Constructing meaning, constructing selves. Snapshots of language, gender and class from Belten High. In: *Gender articulated. Language and the socially constructed self*. Eds. K. Hall/M. Bucholtz. New York: Routledge. pp. 469-507.

Ervin-Tripp, S./M.C. O'Connor/J. Rosenberg (1984): Language and power in the family. In: *Language and power*. Eds. C. Kramarae/M. Schulz/W.M. O'Barr. Beverly Hills: Sage. pp. 116-135.

Goffman, E. (1967): The nature of deference and demeanor. In: *Interaction ritual*. New York: Anchor, Doubleday. pp. 47-95.

Ivanič, R. (1998): *Writing and identity: The discoursal construction of identity in academic writing*. Amsterdam: Benjamins.

Kramsch, C. (1997): The privilege of the nonnative speaker. In: *PMLA* 112 (3). pp. 359-369.

Ochs, E. (1992): Indexing gender. In: *Rethinking context: Language as an interactive phenomenon*. Eds. A. Duranti/C. Goodwin. Cambridge: CUP. pp. 335-358.

Paikeday, T. (1985): *The native speaker is dead!* Toronto: Paikeday.

Pujolar i Cos, J. (1997): Masculinities in a multilingual setting. In: *Language and masculinity*. Eds. S. Johnson/U.H. Meinhof. Oxford: Blackwell. pp. 86-106.

Romaine, S. (1995): *Bilingualism*. Oxford: Blackwell.

Tannen, D. (1990): *You just don't understand*. New York: Morrow.

Watts, R.J. (1991): *Power in family discourse*. Berlin: Mouton de Gruyter.

West, C./D.H. Zimmerman (1987): Doing gender. In: *Gender and Society* 1 (2). pp. 125-151.

Gender perception influences speech processing[1]

Elizabeth A. Strand
Department of Linguistics, The Ohio State University

Introduction

This work addresses the way in which gender-coded expectations, based on cultural assumptions, affect one of the so-called very lowest levels of cognitive processing, the basic auditory processing of speech. Through a set of speech perception experiments, this work explores the effect of gender stereotypes on speech perception, as well as the relationship between gender stereotypes for faces and audiovisual integration in speech perception.

To this point, little work has been done to explore the impact of socially-mediated gender stereotypes on low-level speech processing. In fact, most current theories of speech perception, as well as modular theories of cognition, have by definition implied that the process of speech perception is necessarily insulated from the influence of such higher-level information as stereotypes. But recent results obtained in the linguistics laboratory at Ohio State University suggest that gender stereotypes most definitely affect speech perception. These results deserve consideration in the quest to develop more fully explanatory theories of speech perception and cognition, as well as a better understanding of how we perceive gender in our every-day interactions with others.

Background

As social psychologists remind us, sex and gender distinctions are very pervasive and quite central to any given culture. For example, social psychologist Florence Geis (1993:12) points out that:

> (...) both perceivers and actors bring gender-coded expectations for themselves and their partners into their interactions (...) [and] these unacknowledged gender stereotypes unconsciously influence our perceptions, inferences, and memory of women and men. In general, they enhance perceptions, interpretations, and memories that are consistent with stereotypical attributes and obscure, diffuse, or cause us to disregard or forget information that is inconsistent with them (...). Thus, even when women and men behave alike, we see them as different.

---

1 Major portions of this paper are modified from an article by the same author, titled "Uncovering the role of gender stereotypes in speech perception", which appears in *The Journal of Language & Social Psychology, Volume 18, Issue 1,* March 1999. The material in this paper is based on work supported by a Cognitive Science 1997 Summer Fellowship Grant awarded to the author jointly by the Center for Cognitive Science, the Department of Linguistics, and the Department of Spanish & Portuguese at The Ohio State University, as well as a 1998 Elizabeth D. Gee Grant for Research on Women, awarded by the Department of Women's Studies at OSU. Additionally, this material is based on work supported by the National Institute on Deafness and Other Communication Disorders under Grant No. 7R29DC016-45-04, awarded to Keith Johnson.

Geis adds that not only do gender expectations shape interpretations of every-day events, but they also cause selective perception. "We are more likely to see what we expect to see, sometimes even if it is not actually there, and not see or reinterpret what we do not expect, sometimes even if it is there" (13).
Additionally, social psychologists have repeatedly suggested that the recognition of others' gender is perhaps the primary cognition made in response to individuals, and further that such recognition occurs automatically (see Cross/Markus 1993:58-59, "Gender as a central category for understanding the world"). Therefore, it is reasonable to assume that this most salient categorization may have marked effects on other types of processing, such as low-level speech processing.
But interestingly, very little work has been done regarding the impact of stereotypes on low-level cognitive processing systems like speech processing. But as social psychologist William von Hippel and his colleagues point out:

> (...) any evidence that perceptual processes influence and are influenced by stereotypes and prejudice would have profound implications. People view their senses as documentary devices that faithfully translate the environment into understandable and manageable units (...) they *accept* what they see and hear. (von Hippel et al. 1995:181)

The results described here suggest that these "documentary devices" necessarily translate the environment through the filters of our stereotypes. And in the case of the present research, the process of translating the physical speech signal into a bit of perceived speech is filtered through stereotypes about gender.
This work specifically aims to explore the relationship between audiovisual integration in speech perception and gender stereotypes about faces. While it is widely understood that visual information has an influence on speech perception, as in the famous McGurk Effect (McGurk/MacDonald 1976), the scope of this influence has largely been limited to visual information about the place of articulation of the speech sound in question.
Strand/Johnson (1996), which is a study on audiovisual fricative perception, however, first suggested that beyond just visual information about the segments produced, information about the gender of the talker (which could be drawn from the talker's face) also influenced speech perception. It has since been speculated that socially-constructed beliefs, or "stereotypes", about how speakers "should" sound based on how they appear affect speech perception (Strand 1999). The following sections present a brief discussion of background information relevant for consideration of the effect of gender information on audiovisual speech processing.

The McGurk Effect

Since the development of hearing aids in the early- to mid-twentieth century, there has been a great deal of attention paid to the influence of visual information on the perception of speech, and the perception of audiovisual stimuli (see Summerfield et al. 1989). A good deal of this work has taken place in light of an interesting phenomenon known as the McGurk Effect, originally reported in 1976. This effect is a robust perceptual effect in which visual information about spoken segments is fused with auditory information to affect perception of the entire audiovisual signal. In the original McGurk Effect experiment, American participants were presented with audiovisual test tokens in which they saw a face saying "ga" while hearing a voice saying "ba". Instead of perceiving either "ga" or "ba", a majority of participants perceived "da", a fusion of the two modes of information. This fused percept was explained as the perceptual result of the discrepancy between the multi-modal information (MacDonald/McGurk 1978). That is, the acoustic signal was typical of "ba", but the visual signal gave no evidence of the "required" lip closure for a bilabial onset, so a non-labial alveolar place of articulation that would still be close to a front place as indicated by the acoustic signal was perceived. So in the McGurk Effect, facial information about the place of articulation affects perception of the auditory signal. The McGurk Effect has been replicated numerous times for consonants and vowels in American English. The effect has also been replicated to varying extents in other languages, including Japanese (e.g., Sekiyama/Tohkura 1991, Sekiyama 1994), Chinese (e.g., Sekiyama 1997), Spanish (e.g., Fuster-Duran 1996), and German (e.g., Tillmann et al. 1984).

The Face Gender Effect

Interestingly, researchers have begun to explore aspects of bimodal integration in speech perception that venture beyond the traditional scope of segmental mismatch effects. Preliminary work concerned with examining other sources of information which might influence integration of auditory and visual information has begun, e.g., examining the ways in which a gender mismatch between voice and face affects the final percept. And in fact, Green et al. (1991) were the first to show that matching a female voice with a male face and vice versa does not prevent a McGurk integration from occurring, even if the perceivers of the audiovisual test tokens are overtly aware of the face-voice gender mismatch. It seems natural to wonder whether other extra-acoustic facial information about a talker's appearance in general might affect speech perception in a similar way, which impacted the development of the research that yielded the Face Gender Effect, first uncovered in the Strand/Johnson 1996 audiovisual fricative study.

In this study, the role of visual information about talker identity in fricative perception was examined by pairing audio tokens of male and female voices producing a continuum of fricative-initial words from "shod" to "sod" with different faces, to make audiovisual tokens that were short movies of faces saying these words. The point that this experiment illuminated was whether perception of these fricatives was affected by visual information about the talker's gender identity. This research loosely addressed a McGurk-type effect, but here the information given visually was facial information about the speaker's gender, rather than visual information about the place of articulation of the segment in question. (See Strand/Johnson 1996 for a complete description of methods and results, which are only briefly described here.)

The methods employed in this experiment included first creating a synthesized fricative continuum between the natural speech sounds "sh" and "s". (The fricative sounds "sh" and "s" actually vary from each other acoustically in a continuous way; we simply broke the acoustic space between these two sounds into 9 equal steps.) We then used the acoustic signals at each continuum step as the initial fricatives in our audio tokens by concatenating them with the -VC portions from naturally-produced utterances of the words "shod" and "sod", from which we had stripped the original fricatives. Some of the voices that produced the natural portions of the tokens had been previously judged by listeners as sounding prototypically male or female, and some of the voices had been judged as sounding non-prototypically male or female. We next digitized movies of faces saying the words "sod" and "shod". The faces we used had previously been judged as appearing prototypically male or female by a group of Ohio State undergraduates. Auditory tokens from the "shod" to "sod" continua, as spoken by male and female voices, were then dubbed onto these movies, both crossing and matching faces and voices for gender. Participants were presented with these audio-visual tokens on a Macintosh computer and were asked to categorize the words that they perceived the talkers to be producing as either "shod" or "sod".

Results of the audiovisual experiment indicated that there was indeed integration of the visual information about the gender of the talker (extracted from the face) with the acoustic information in the speech signal. That is, the same fricative token was perceived differently depending on whether it was accompanied by a male or a female face producing the token. Strand (1997) first referred to this effect as the "Face Gender Effect", and it has since been replicated with a vowel continuum (Johnson et al. in review). Figure 1 gives a schematic representation of the Face Gender Effect for these audiovisual token results. The final percepts indicate the category boundary shift on the fricative continuum that occurs for a single voice when the gender of the face in the audio-visual token is changed.

Following Fig. 1 (next page), for example, if a perceiver hears the non-prototypical male voice at token 5 (which is an ambiguous fricative token midway between "sh" and "s"), and the voice is dubbed onto a male face, then the perceiver will judge the token as "s"-initial, since the perceiver will expect the category to have already changed from "sh" to "s" at a frequency that is lower than this value, for a male speaker. If, on the other hand, the perceiver is presented with the same non-prototypical male voice at token 5, but this time the voice is dubbed onto a female face, the perceiver will judge the token as "sh"-initial, since in this case the perceiver will expect the category to change at a higher frequency, consistent with his or her expectation for a female voice. In understanding these results, it is worth noting here that speech processing researchers have long accepted the notion of experience-based expectations having an effect on categorization of a speech signal. In other words, a physiologically-conditioned expectation for gendered speech variation, based on exposure to generalized vocal tract differences between women and men over time, leads researchers to posit that listeners in general expect men's voices to have acoustic characteristics of larger vocal tracts, and women's voices to have acoustic characteristics of smaller vocal tracts (e.g., May 1976). It is these expectations, which are essentially gender stereotypes about voices, that researchers believe perceivers draw upon in the perception of such speech samples as the audiovisual fricative-onset tokens in the results discussed here.

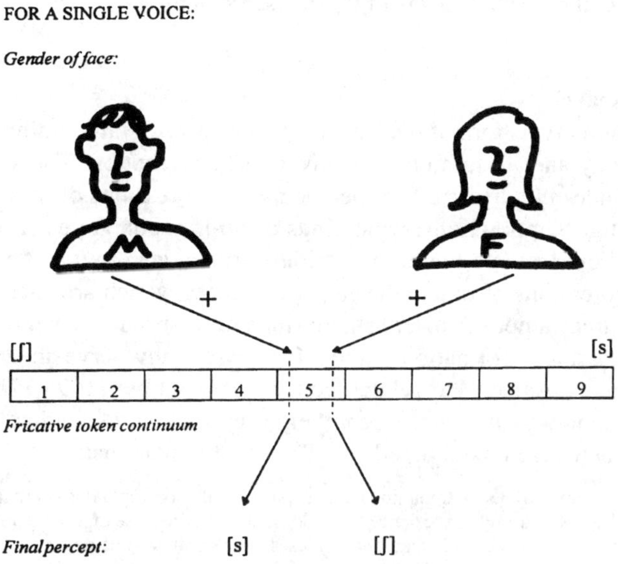

Figure 1: Schematic representation of the Face Gender Effect

Returning to the Face Gender Effect, subsequent analyses have indicated that the same fricative will be perceived differently even when the judged gender prototypicality of the face varies within-gender: for example, faces rated as prototypically female by experiment participants invoke a different percept than do non-prototypically-rated female faces. So, listeners' phonological categorization of the speech signal is directly affected by the perceived gender characteristics of the face they see producing the word. In other words, the formation of a speech percept involves not just processing the acoustic signal, but also accessing expectations (or stereotypes) that listeners have about how people should sound, based on how they look.

Accounting for the Face Gender Effect

The issues discussed in the previous sections of this paper indicate the necessity for a new theory on which to base and test hypotheses about the effect of gender information on speech processing. Current speech perception theories that do not allow for the influence of information such as that which the face of the talker may provide cannot offer a fully inclusive account of the perception process. Developing such a theory necessarily involves approaches and data from a multitude of research areas including knowledge about socially-constructed, culture-specific gender identity and resulting stereotypes; the way in which facial features have been shown to activate certain gender expectations; the cognitive processes involved in accessing and using stereotype information in information processing; and finally, the incorporation of gender stereotype information into speech recognition. The following sections briefly describe several relevant aspects of these research areas.

Stereotype research

Research on stereotype formation, encoding, and access falls within the realm of social psychology and its subfield of study, person perception. The study of person perception includes inquiry into how people make impressions of others, what information biases these impressions, what kinds of information are used in forming impressions, and how accurate these impressions actually are (Taylor et al. 1994:35).
From basic impressions of others develop stereotypes, which are used by perceivers to handle the great amounts of constantly-incoming stimuli to which they are exposed. In processing information, stereotypes essentially serve in the capacity of cognitive shortcuts. As von Hippel and colleagues point out (1995:178), stereotypes are theories "about how members of another group look, think, and act, and how and why these attributes are linked together". They further note that:

> (...) although some of the assumptions made [within] the perceptual system are inborn, others are learned through experience (...) Consequently, because our knowledge of the world guides what we see and hear, stereotypes have a great deal of potential to influence perception. (181)

The psychology of gender and gender stereotypes

Research in the psychology of gender and gender stereotypes that exist within specific cultures will also have bearing on building a theory about the influence of perceived gender on speech perception. As mentioned previously, the categorization of people according to their sex is one of the most primary judgments that human perceivers make of each other. Berscheid (1993:ix) describes the potency of gender information to structure human behavior by stating that "knowledge of another's gender identity is the master key that immediately unlocks a (...) vast array of beliefs and stereotypes about the person's nature". She continues that we react to people as we see fit, based on these expectations.
These notions, coupled with the assertion made by von Hippel et al. (1995:180) that stereotypes "change what is actually perceived in the world" give powerful support to the hypothesis that social expectations about gender have an effect on auditory processing of speech.

Face perception research

In terms of considering how speakers' faces might activate stereotypes in speech perception, it is valuable to consider the research of social psychologists who have examined the perception of faces within and across cultures.

As Zebrowitz and colleagues (1992:1143) state:

> (...) considerable evidence indicates that appearance has a significant impact on social perceptions and interactions (...) not only is appearance one of the initial qualities that children and adults mention in their descriptions of people, but it also influences the traits they ascribe to others.

In terms of activating stereotypes of various personality characteristics, social psychologists have investigated issues such as notions of what constitutes facial attractiveness within a culture, the effect of facial attractiveness on perceived typicality, and the effect of race, ethnicity, and age on activation of certain stereotypes.

One interesting account of how physical appearance variables influence stereotypic impressions of character attributes is termed "the babyface effect", which was first discussed by Zebrowitz McArthur and Berry in the mid-1980s (Berry/Zebrowitz McArthur 1985). These researchers made careful measurements of specific facial features and were able to correlate those features with perceptions of certain personality characteristics. They found that, within certain western cultures, certain factors such as overall low placement of facial features, large eyes, and a short nose increased the perceivers' perceptions of, e.g., physical weakness, social submissiveness, naivety, warmth, and honesty. These personality characteristics have long been considered infantile psychological attributes in these cultures, as well as stereotypically female. The researchers claim that people who exhibit "babyface-like" facial features such as these tend to thereby be assigned such psychological attributes.

Social psychologists have also spent a good deal of effort trying to determine how people tell the difference between male and female faces, in light of the fact that they are remarkably accurate in doing so (Burton et al. 1993). Several decades of work have identified a number of dimensions on which the faces of women and men tend to differ, as well as which constellations of facial features seem to carry gender information salient to perceivers. Methods such as the feature masking and mixing research done by Bruce et. al (1993) are commonly used in work attempting to determine exactly which facial features and in which combination are salient for judgments of gender.

Such research on the salience of facial features in gender differentiation, both across and within gender categories, will have an effect on the development of hypotheses regarding what gender information perceivers are extracting from faces, as well as how they incorporate this information into processes such as speech perception.

Work in Progress

While the Face Gender Effect provides evidence that gender stereotypes do indeed affect audiovisual speech perception, we need to consider exactly what kind of role such stereotypes play in processing, as well as the level of speech processing at which stereotypes may be integrated. While recent work done on implicit social cognition (see, e.g., Banaji/Hardin 1996, Blair/Banaji 1996, Greenwald/Banaji 1995, Greenwald et. al 1998) supports our hypothesis that social information does affect implicit (or, "unconscious") cognitive functions such as speech processing, we still know very little about how these functions operate.

Work that we are presently conducting is designed to give more detailed insight into the implicit function of social expectations in speech processing. Current studies include the application of a statistical technique called multidimensional scaling (Kruskal/Wish 1978) to reveal perceivers' sense of visual/auditory similarity between numbers of faces and voices, thereby identifying prototypical (as well as nonprototypical) faces and voices with minimal introduction of experimenter bias.

We are also constructing a response time study and a perceptual identification in noise study to examine the extent of a stereotype processing deficit in audiovisual speech processing. The first study employs an auditory naming task to measure response time in processing audiovisual stimuli. This study assesses a socially-constructed effect on processing by focusing on "expectation mismatch" situations, where participants are led to expect certain acoustic output based on the face of the speaker: when the acoustic output varies from the expectation generated by the gendered appearance of the face, are participants slower to process the multimodal input? The general assumption in such response time ("latency") studies is that increased processing complexity will be reflected in increased reaction time to stimuli. The second study employs a confusion matrix design with audiovisual stimuli in degraded listening conditions. In this study, participants are again presented with audiovisual stimuli constructed with varying correspondences of gender prototypicality for the face and voice of each specific token. Tokens are presented at a decreased amplitude and participants respond to stimuli in an open-set perceptual identification task, with perceptual accuracy (in accordance with the acoustic signal) noted to indicate either a lack or presence of a processing deficit. It is assumed that increased processing difficulty, induced with audiovisual tokens that do not match participants' expectations for face and voice gender, will be reflected in lower accuracy rates.

Conclusions

The ultimate goal of all linguistic research is to enlighten understanding of the human condition. It is hoped that the present work will converge on that goal through illumination of the human propensity to draw on socially-constructed knowledge, in this case knowledge about gender, in the ongoing process of understanding the world. And as social psychologists have repeatedly suggested that the recognition of others' gender identity is likely the primary cognition made in response to individuals, and further that such recognition occurs automatically, it is reasonable to assume that this most salient categorization will affect the processing of speech from those individuals. It is hoped that by incorporating a cognitive perspective on gender stereotype formation, maintenance, and access, into our research on audiovisual speech processing, we can learn more about not only human information processing systems in general, but also about the cognitive processes that contribute to the ongoing construction of gender stereotypes, as well as gender itself.

References

Banaji, M.R./C.D. Hardin (1996): Automatic stereotyping. In: *Psychological Science* 7 (3). pp. 136-141.

Beall, A.E./R.J. Sternberg (1993): *The psychology of gender*. New York: The Guilford Press.

Berry, D.S./L. Zebrowitz McArthur (1985): Some components and consequences of a babyface. In: *Journal of Personality and Social Psychology* 48 (2). pp. 312-323.

Berscheid, E. (1993): Foreward. In: *The psychology of ender*. Eds. A.E. Beall/R.J. Sternberg. New York: The Guilford Press. pp. vii-xvii.

Blair, I.V./M.R. Banaji (1996): Automatic and controlled processes in stereotype priming. In: *Journal of Personality and Social Psychology* 70 (60). pp. 1142-1163.

Burton, A.M./V. Bruce/N. Dench (1993): What's the difference between men and women? Evidence from facial measurement. In: *Perception* 22. pp. 153-176.

Bruce, V./A.M. Burton/E. Hanna/P. Healey/O. Mason/A. Coombes/R. Fright/A. Linney (1993): Sex discrimination: How do we tell the difference between male and female faces? In: *Perception* 22. pp. 131-152.

Cross, S.E./H.R. Markus (1993): Gender in thought, belief, and action: A cognitive approach. In: *The psychology of gender*. Eds. A.E. Beall/R.J. Sternberg. New York: The Guilford Press. pp. 55-98.

Fuster-Duran, A. (1996): Perception of conflicting audio-visual speech: An examination across Spanish and German. In: *Speechreading by humans and machines*. Eds. D.G. Stork/M.E. Hennecke. Berlin: Springer-Verlag. pp. 135-143.

Geis, F.L. (1993): Self-fulfilling prophecies: A social psychological view of gender. In: *The psychology of gender*. Eds. A.E. Beall/R.J. Sternberg. New York: Guilford Press. pp. 9-54.

Green, K.P./P.K. Kuhl/A.N. Meltzhoff/E.B. Stevens (1991): Integrating speech information across talkers, gender, and sensory modality: Female faces and male voices in the McGurk effect. In: *Perception & Psychophysics* 55. pp. 249-260.

Greenwald, A.G./M.R. Banaji (1995): Implicit social cognition: Attitudes, self-esteem, and stereotypes. In: *Psychological Review* 102 (1). pp. 4-27.

Greenwald, A.G./D.E. McGhee/J.L.K. Schwartz (1998): Measuring individual differences in implicit cognition: The implicit association test. In: *Journal of Personality and Social Psychology* 74 (6). pp. 1464-1480.

Hilton, J.L./W. von Hippel (1996): Stereotypes. In: *Annual Review of Psychology* 47. pp. 237-271.

Johnson, K./E.A. Strand/M. D'imperio (in review): Auditory/visual integration of talker gender in vowel perception. In: *Journal of Phonetics*.

Kruskal, J.B./M. Wish (1978): Multidimensional scaling. In: *Sage University Paper Series on Quantitative Applications in the Social Sciences, series no. 07-011*. London: Sage Publications.

May, J. (1976): Vocal tract normalization for /s/ and /sh/. In: *Haskins Laboratories: Status Report on Speech Research*, SR-48. pp. 67-73.

MacDonald, J./H. McGurk (1978): Visual influences on speech perception processes. In: *Perception & Psychophysics* 24. pp. 253-257.

McGurk, H./J. MacDonald (1976): Hearing lips and seeing voices. In: *Nature* 264. pp. 746-748.

Sekiyama, K. (1997): Cultural and linguistic factors in audiovisual speech processing: The McGurk effect in Chinese subjects. In: *Perception & Psychophysics* 59 (1). pp. 73-80.

Sekiyama, K. (1994): Differences in auditory-visual speech perception between Japanese and Americans: McGurk as a function of incompatibility. In: *Journal of the Acoustical Society of Japan (English Version)* 15 (3). pp. 143-158.

Sekiyama, K./Y. Tohkura (1991): McGurk effect in non-English listeners: Few visual effects for Japanese subjects hearing Japanese syllables of high auditory intelligibility. In: *Journal of the Acoustical Society of America* 90. pp. 1797-1805.

Strand, E.A. (1997): The role of gender stereotypes in speech perception. Presentation at NWAVE (New Ways of Analyzing Variation) 27 meeting, Québec City, Canada, 24 October.

Strand, E.A. (1999): Uncovering the role of gender stereotypes in speech perception. In: *The Journal of Language & Social Psychology* 18 (1). (in press).

Strand, E.A./K. Johnson (1996): The effect of visual information on fricative perception. In: *Natural Language Processing and Speech Technology: Results of the 3rd KONVENS Conference, Bielefeld, October 1996*. Ed. D. Gibbon. Berlin: Mouton de Gruyter. pp. 14-26.

Summerfield, A.Q./P. MacLeod/M. McGrath/N.M. Brooke (1989): Lips, teeth, and the benefits of lipreading. In: *Handbook of research on face processing*. Eds. A.W. Young/H.D. Ellis. Amsterdam: Elsevier. pp. 223-233.

Taylor, S.E./L.A. Peplau/D.O. Sears (1994): *Social psychology*. Englewood Cliffs, New Jersey: Prentice Hall.

Tillmann, H.G./B. Pompino-Marshall/H. Porzig (1984): Zum Einfluss visuell dargebotener Sprachbewegungen auf die Wahrnehmung der akustisch kodierten Artikulation. In: *Forschungsberichte des Instituts für Phonetik und Sprachliche Kommunikation der Universität München* 19. pp. 318-338.

von Hippel, W./D. Sekaquaptewa/P. Vargas (1995): On the role of encoding processes in stereotype maintenance. In: *Advances in Experimental Social Psychology* 27. pp. 177-254.

Zebrowitz, L./J. Montepare (1992): Impressions of babyfaced individuals across the life span. In: *Developmental Psychology* 28 (6). pp. 1143-1152.

Die Sprache der Hysterie als Reartikulation des humanistischen Projekts im Zeichen der Geschlechterdifferenz

Elisabeth Bronfen
Englisches Seminar, Universität Zürich

> Revolutions are made in the name not of 'you or me', but of 'humanity'. Only later, when the job is done, do they disclose their hidden purposes.
> Tony Davies (1996:124)

Der ethische Effekt der Unlesbarkeit der Allegorie

Wenn man sich auf die Frage nach dem Bezug von Geschlechterdifferenz zu dem humanistischen Projekt, wie wir es seit der Europäischen Renaissance kennen, einläßt, stellt sich unweigerlich sofort eine weitere Frage. Soll mit dem Begriff 'Weiblichkeit' auf eine konkrete historische Wirklichkeit weiblicher Erfahrung und Lebenswelt verwiesen werden? Oder soll mit diesem Begriff eher eine *als weiblich* kodierte Position innerhalb unserer kulturellen symbolischen Ordnung beleuchtet werden, die eben von dem *Gegensatz zum Männlichen* her gedacht wird und, als dessen Anderes gesetzt, dazu dient, über diese Geschlechtsopposition humanistische Normen, Werte und Gesetze zu verhandeln? Denn, wenn wir über ein kulturelles Projekt sprechen, das als sein Zentrum den Menschen setzt und nur von dieser Grundannahme aus eine ganze Palette an Werten entwerfen und festlegen kann, stellt sich unweigerlich die Frage, inwieweit dieser Mensch, um den sich alles dreht, nicht immer schon auch als diskursive Figurierung gedacht wurde. Hinzu kommt, dass die Selbstgewissheit, die das Ziel des humanistischen Projcktes ist, sich immer nur über eine Differenz zum Selbst definieren kann, wenngleich auch jede kritische Auseinandersetzung damit gleichzeitig als Ausgangspunkt diese Zentralität des Menschen – des männlichen Selbst – auch anerkennen muß. Somit kommen bei einer Diskussion des humanistischen Projekts zwei Varianten der Differenz ins Spiel, die sich nicht nur gegenseitig repräsentieren, sondern die beide über eine weibliche Semantisierung durchgespielt werden: Einerseits haben wir es zu tun mit einer Differenz zwischen dem, was *als Menschlich* anerkannt wird, was in dem vom Humanismus abgedeckten Bereich mit einbegriffen wird und dem, was *als Antihumanistisch* postuliert und von diesem Bereich ausgeschlossen wird. Andererseits haben wir es aber auch mit der Differenz zwischen *wirklichen menschlichen Wesen* und ihrem Einsatz *als Positionen* innerhalb eines diskursiven Entwurfs zu tun, d.h. zwischen dem realen, in einer historischen Wirklichkeit verankerten Körper und seiner rhetorischen Figurierung, seiner Umsetzung in eine bildliche Darstellung oder ein sprachliches Gebilde, seiner Funktion als Allegorie.

Um ein Beispiel für das diskurstheoretische Problem zu geben, um das es mir geht, möchte ich auf das in der feministischen Theorie oft diskutierte Verhältnis von

Weiblichkeit und Allegorie eingehen (Warner 1995), jedoch nur auf jenen Aspekt, den die amerikanische Literaturwissenschaftlerin Barbara Johnson (1994) in ihren Gedanken über ein Bild von Sir Joshua Reynolds aus dem Jahre 1779, das den Titel *Theorie* trägt, hervorhebt. In diesem Bild sehen wir bezeichnenderweise eine auf einer Wolke sitzende Frau dargestellt, die mit ihrem auf den nackten linken Arm gestützten Kopf nach oben blickt, während ihr anderer, ebenfalls nackter rechter Arm eine leicht geöffnete Schriftrolle hält. Die von einem wallenden Gewand bedeckten Beine sind dennoch andeutungsreich über den Wolkensitz gespreizt, und unter dem Kleidersaum stechen zwei zierliche nackte Füße hervor. Der brisante und in der Tat heikle Punkt an diesem Bild besteht laut Johnson eben nicht nur darin, dass hier ein konkreter, sinnlicher weiblicher Körper eingesetzt wird, um einen abstrakten Begriff zu repräsentieren, sondern auch darin, dass bis ins 20. Jahrhundert der weibliche Körper meist nur *als Allegorie* im öffentlichen Raum erscheinen durfte. Mit anderen Worten: Über genau den Körper – nämlich den sinnlich weiblichen – der nicht in das darzustellende konzeptionelle Gebiet – nämlich die abstrakte, von Männern gelernte und dozierte Theorie – einbezogen werden kann, wird genau jenes Gebiet dargestellt, das sich gerade über den Ausschluss des sinnlich Weiblichen definiert. Dies jedoch nur, indem dieser das Andersartige repräsentierende Körper in eine rhetorische Figur, in eine Allegorie, umgewandelt wurde. Noch einmal anders formuliert: Die Weiblichkeit spricht im Namen der humanistischen Theorie, stellt diese dar, steht sozusagen für sie ein, hat jedoch selber keinen eigenen Ort in diesem diskursiven Raum außer dem der allegorischen Refigurierung. Als Allegorie ist diese weibliche Figur keine direkte Darstellung real gelebter Weiblichkeit, sondern eine Ermächtigungsinstanz für ein menschliches *qua* männliches Kulturprojekt – die *science de l'homme*. Diese weibliche Figur ist sowohl das, was an der humanistischen Kulturtheorie nicht teil hat, und gleichzeitig das, ohne welches es diese Theorie nicht geben könnte.

Nun fügt Johnson dieser Problematik noch eine weitere Komponente hinzu, denn obgleich ein allegorisches Lesen jede real gelebte Geschichtlichkeit teilweise ausblendet, weist sie auf eine andere Wahrheit hin, nämlich auf die Struktur der Repräsentation und die Differenz zwischen Selbst und Nicht-Selbst. Indem die Allegorie sich der Verführung unmittelbarer Lesbarkeit widersetzt, besteht sie auf einer Anerkennung der Differenz zwischen Bezeichnetem und Bezeichnendem, auf der Differenz zwischen Sache/Idee und Wortgebilde; d.h. sie beharrt auf dem Bezug zwischen dem Einsatz von Sprache und dessen kultureller Vergangenheit sowie Kontextualisierung. Apodiktisch gesagt, die Allegorie inszeniert geradezu jene Geste der Differenz, auf der ein Projekt wie das der humanistischen Theorie beruht, die es aber gleichzeitig zu negieren oder zu verschleiern sucht. Die Unmöglichkeit der immanenten Repräsentanz, die somit angesprochen wird, verweist auf eine semiotische Wahrheit, nämlich dass Sprache nicht referentiell verlässlich sein kann. Das Dargestellte ist nie deckungsgleich mit der Sache, auf die es verweist. Gleichzeitig aber kann Sprache eine Referentialität auch nie vermeiden. Ein jeder gegebener Diskurs braucht geradezu die Autorität der Referentialität, um seine moralischen Imperative zu autorisieren. Allegorien sind immer ethisch, meint Paul de Man (1979:206), und dem fügt Johnson hinzu,

> The aporia consists in the fact that, although it is impossible to formulate an ethical or moral imperative without concepts like 'man', 'love,' or 'self', the concepts themselves already raise all the issues that they are being used to formulate and to resolve. (1994:68)

Der ethische Effekt der Unlesbarkeit der Allegorie – dieses Spiels zwischen Formulierung und Infragestellen – besteht nun aber laut de Man darin, dass eine allegorische Bezeichnung nicht etwa dahin führt zu fragen, 'was bedeutet dieser Text', und auch nicht 'wie bedeutet er'; das erste wäre eine humanistisch-hermeneutische, das zweite eine humanistisch-psychoanalytische Fragestellung. Sondern dieser ethische Effekt der Unlesbarkeit führt zu der Frage 'was soll ich tun?' Denn in der Differenz zwischen dargestellter Figur und deren rhetorischer Figurierung entstehen zwei nicht kompatible Bezugssysteme: Einerseits Referenz und andererseits Urteilskraft und Handlungsbefähigung.

Sowie nun zweiteres mit ins Spiel kommt, stellt sich aber unwillkürlich die zusätzliche Frage, in wessen Namen man urteilt und handelt, vor allem wenn, wie dies im Fall weiblicher Subjekte zutrifft, das humanistische Projekt, auf das man sich bezieht und für das man einsteht, einen ausschließt. Deshalb wirft die Frage nach dem Verhältnis von Weiblichkeit und Humanismus auch die Frage nach dem auf, was in den letzten Jahren als *identity politics* bezeichnet wurde, d.h. sie erforscht ein Nachdenken über die Position, aus der man spricht, z.B. über das Sprechen '*als*' *Frau.* Dabei darf nicht außer Acht gelassen werden, dass diese performativen Identitäten symbolisch sind, in einem kulturellen Vertrag verankert, und somit nie als essentielle Identitäten verstanden werden dürfen. Wenn wir also in der Literatur- und Kulturtheorie in den letzten Jahren dazu übergegangen sind, ein Sprechen 'als eine...' zu privilegieren, so entspricht dies dem ethischen Sprung, von dem de Man in Bezug auf die Unlesbarkeit der Allegorie spricht, denn hier wird das Unvermeidbare der Referentialität (ich spreche *aus* meiner spezifischen Geschichte *als* Frau) verknüpft mit der ebenso unvermeidlichen Frage nach Urteilskraft und Handlungsfähigkeit (ich spreche *im* Namen einer humanistisch geprägten Gesellschaftskritik und *zugunsten* einer Verbesserung, wenn nicht gar Revolutionierung der Gesellschaft). Dem fügt Johnson jedoch zurecht hinzu:

> But such a politics of location and subject position does not dismiss as mere mystification the question of the readability of human beings as signs. Human beings are constantly being read – and misread. Just because identities are fictions does not mean that they have not had, and could not have, real historical effects (...) It is just that the 'cause' of the cultural images cannot easily be tied to 'intentions'. (73)

Das ethische Subjekt laviert demzufolge zwischen einer Anerkennung seiner Positionalität ('ich spreche als... und im Namen von...') einerseits und einem gesunden Widerstand gegenüber solch einer reduktiven Figurierung andererseits.

Was demzufolge eine Frage nach dem diskursiven Platz der Weiblichkeit im humanistischen Projekt an brauchbaren Reformulierungen bewirken könnte, läuft darauf hinaus, dass wir, am Ende des Modernismus angelangt, erkennen müssen, wie sehr wir auf Begriffe wie Mensch, Selbst, Universalismus, allgemein verbindliche kulturelle Werte nicht verzichten können, gleichzeitig aber auch darauf achten sollten, dass diese Begriffe nicht zu essentiellen und ewig gültigen Kategorien festgeschrieben werden. Dadurch würden die Ausschließungsmechanismen, die diesen Kategorien inhärent sind, wieder ausgeblendet. Stattdessen sollten diese Begriffe nur als Diskussionspunkte inmitten einer steten Neuverhandlung zwischen dem betroffenen Subjekt und seinem symbolisch-kulturellen Feld dienen. Wie Butler (1997) dies formuliert, muss unter der Schirmherrschaft humanistischer Theorie eine Frage nach dem weiblichen Subjekt mit einer stets erneuten Wiederaufnahme (Reiteration) vorgegebener diskursiver Positionen einhergehen. Auf Luce Irigarays Schrift über *Die Ethik der Geschlechterdifferenz* eingehend, erklärt sie, dass die Frage nach Weiblichkeit und somit nach Geschlechterdifferenz als Frage ungelöst und unbeantwortet geblieben ist, also eine permanente Frage darstellt, weil sie noch nicht und in der Tat niemals als Aussage formulierbar ist. Die Ethik, um die es Butler also geht, wenn laut Irigaray die Geschlechterdifferenz das ausmacht, was den humanistischen Theoretiker in Staunen versetzt, weil es nicht gänzlich erklärt werden kann, ist eine Ethik, die nicht etwa aus der Geschlechterdifferenz folgt, sondern die sich genau durch die Begriffe dieser Geschlechterdifferenz als Frage stellt:

> Wie kann man diese Andersheit durchqueren? Wie kann man sie durchqueren, ohne sie durchzustreichen, ohne ihre Begriffe zu zähmen? Wie kann man dem auf der Spur bleiben, was an dieser Frage ständig ungelöst bleibt? (Butler 1997:26)

Demzufolge ist Geschlechterdifferenz weder eine Sache, eine Tatsache oder eine Vorannahme (*presupposition*), sondern laut Butler "vielmehr ein Verlangen nach erneuter Artikulation, das niemals zur Gänze verschwindet – aber das sich ebenso wenig jemals zur Gänze zeigen wird" (15). Mit anderen Worten: Wenn wir uns heute mit der Frage von Weiblichkeit und Humanismus auseinandersetzen, scheint eine kritische Befragung der verschiedenen, oft verschwiegenen Prämissen sowie der Grenzziehungen und Ausschlüsse, auf denen dieses kulturelle Projekt beruht, unabdingbar. Nicht aber deshalb, um damit die Inkongruenzen und Kontingenzen, auf denen diese Theorie des wahrlich Menschlichen basiert, zu entlarven. Vielmehr geht es darum, das Ausgeschlossene gerade im Namen und im Sinne eines kulturellen Systems, das es ausschließt, in unsere Frage nach einem humanistisch verbindlichen Gesetz, nach brauchbaren und tragfähigen Bildern, nach der Handlungsfähigkeit, nach der Vernunft, nach kulturellen Werten wieder miteinzubeziehen.

Das humanistische Projekt der Aufklärung

Bevor ich darauf eingehe, wie solch eine Reiteration des Humanistischen mit besonderer Berücksichtigung der Geschlechterdifferenz aussehen könnte, ist zu klären, was wir unter dem humanistischen Projekt verstehen. In seinem kritischen Überblick über den Humanismus bietet Davies (1996) folgende Etymologie des Begriffes an: Wurzel ist der lateinische Begriff *humus* (Erde) und davon abgeleitet das Bescheidensein (*humilis*), *homo* (Erdwesen), *humanus* (erdlich). Von Anfang an wurde mit dem Gegensatz zwischen Menschen und anderen Erdbewohnern (Tieren, Pflanzen) einerseits und mit den Bewohnern des Himmels (*deus/divus*, *divinus*) andererseits operiert. Dies führte zu der Aufspaltung der Wissenschaften in *divinitas* (dem Wissensgebiet, das sich mit der heiligen Schrift befasste) und *humanitas* (der Wissenschaft, die sich mit dem Wissen des säkularen Lebens beschäftigte, mit den weltlichen Sprachen und Künsten, der Logik, der Mathematik, der Rhetorik). Jedoch betont Davies mit Nachdruck, dass es keine saubere Definition des humanistischen Projekts geben kann, da es immer auch darum geht, warum und für wen eine bestimmte Auffassung dessen, was 'wahrhaft menschlich' sei, gilt. Um diesen Konflikt auf den Punkt zu bringen, führt er zwei besonders eklatante Gegensätze dafür an, wie das humanistische Projekt von Kulturtheoretikern eingeschätzt wurde:

> On one side, humanism is saluted as the philosophical champion of human freedom and dignity, standing alone and often outnumbered against the battalions of ignorance, tyranny and superstition (...) On the other, it has been denounced as an ideological smokescreen for the oppressive mystifications of modern society and culture, the marginalisation and oppression of the multitudes of human beings in whose name it pretends to speak, even, through an inexorable 'dialectic of enlightenment', for the nightmare of fascism and the atrocity of total war. (1996:5)

Natürlich ist jeder Ausprägung des humanistischen Projekts die Zentralität des Menschen gemein, denn wenn es um 'wahrlich humane, zentrale Kernwerte' geht, so steht dies immer implizit im Gegensatz zu dem, was exzentrisch, marginal oder nicht authentisch wäre. Als weitere grundlegende Implikation führt Davies die Frage der Ethik ein, denn das humanistische Projekt geht immer auch von der Spaltung des einzelnen Subjekt in ein spezifisches und ein allgemeines aus.

> Each of us lives our human-ness as a uniquely individual experience; but that experience, we are asked to feel, is part of a larger, all-embracing humanity, a 'human condition', to which the great poets of the European tradition (can) give us the key. (21)

Aus dieser Überzeugung, dass die diversen einzelnen Individuen in eine Gemeinde von Gleichgesinnten vereinigt werden könnten, entstand das, was Lyotard in seiner Diskussion des Zustands der Postmoderne die stärkste Metanarration der Moderne genannt und was Barthes bis in die Mythen unseres Alltags hinein verfolgt hat, nämlich der Glaube an einen essentiellen und universellen Menschen (*l'homme*):

> (...) essential, because humanity – human-ness – is the inseparable and central essence, the defining quality, of human beings; universal, because that essential humanity is shared by all human beings, of whatever time or place. (Davies 1996:24)

Dass dies einen historischen und ideologischen Mythos darstellt, der nicht nur auf die Vergangenheit zurückgreift, diese ihrer Geschichtlichkeit entleert, um sie allgemein und ewig gültig erscheinen zu lassen, sondern noch immer fest in unserem zeitgenössischen Kulturverständnis verankert ist, zeigt nicht zuletzt die kontroverse, aber durchaus wirkungskräftige Werbeaktion der United Colors of Benetton. Dieser auf Universalismus und Essentialismus gerichtete Humanismus, so führt Davies aus, versammelt unter seiner Schirmherrschaft eigentlich eine Vielzahl an widersprüchlichen Bedeutungen und Implikationen, die miteinander an sich gar nicht zu vereinbaren sind; von Gobineaus' Glauben an die Überlegenheit der teutonischen Rasse und an eine unerklärbare Herrschaft des individuellen Genius, über Marx' Glaube an die Notwendigkeit der Revolution und seinem Traum von einer Menschheit, die sich aus den Zwängen der Ungleichheit und der Ausbeutung emanzipieren wird, bis hin zu Matthew Arnolds Heraufbeschwören der humanistischen Kultur, um den Streit zwischen den Klassen- und politischen Kämpfen des späten 19. Jahrhunderts zu schlichten und die entzweite bürgerlich-kapitalistische Gesellschaft unter diesem allgemein gültigen kulturellen Wertsystem zu vereinen. Davies folgert:

> There will not after all be, nor indeed could there be, any tidey definitions. The several humanisms (...) are not reducible to one, or even to a single line or pattern. Each has its distinctive historical curve, its particular discursive poetics, its own problematic scansion of the human. Each seeks, as all discourses must, to impose its own answer to the question of 'which is to be master'. (1996:131)

Lassen Sie mich nun zu meinen anfänglichen Gedanken über das Verhältnis von Weiblichkeit und Allegorie zurückkommen, um eine ähnliche ethische Geste der Unlesbarkeit für das Verhältnis von Weiblichkeit und Humanismus aufzuzeigen. Dafür möchte ich nochmals auf den historischen Moment eingehen, für den auch Reynolds Bild der Kunsttheorie einsteht, nämlich die Aufklärung als Ausgangspunkt dessen, was wir als Modernität bezeichnen. Das Beispiel, das ich ausgewählt habe, um vom Humanismus als einer Auseinandersetzung mit der für jede kulturelle Periode so zentralen Frage, 'Wer wird der Herrscher sein?' zu erläutern, ist das Libretto von Schickaneder zu Mozarts 1791 uraufgeführten *Zauberflöte*. Hier lassen sich die klassen-, rassen- und geschlechtsspezifischen Ausschlüsse, die dem humanistischen Projekt der Emanzipation und der Aufklärung innewohnen, veranschaulichen. So imitiert die Welt Sarastros doch jene athenische Demokratie, die, wie Davies aufzeigt, auf Bausteinen der Sklaverei errichtet und durch eine xenophobe Verachtung für alle nicht Griechisch sprechenden 'Barbaren' zementiert wurde, die aber zudem auch von dem Verstoß der Frauen aus der Polis zehrte. Gleichzeitig findet man in diesem Text jedoch auch jene rhetorische Strategie der Unlesbarkeit mit eingebaut, jene nicht aufzulösende Differenz, die es erlaubt, im Namen der Ansprüche des humanistischen Projekts eben nicht von einem auf Ausschluss ausgerichteten kulturellen Wertsystem zu sprechen, sondern von einem Spiel der Humanismen, das den Streit, die Hinterfragung, das stete Neuaushandeln ertragen, sogar zelebrieren könnte.

Betrachtet man den Verlauf des Librettos – so stellt Clément (1992) aus feministisch kritischer Sicht fest –, ergibt sich eine politisierte Familiengeschichte, in der, typisch für die Errichtung der bürgerlichen Familie um 1800, jene Frauen zum Schweigen gebracht werden, die sich der ihnen zugewiesenen Rolle der Unterwerfung unter ein paternales Gesetz widersetzen. Die Königin der Nacht, deren Kolloraturen eine Sprache des reinen Affekts bezeichnen, der sowohl brilliant wie auch schrecklich ist, wird vom Tor der Weisheit ausgeschlossen. Ihre Tochter Pamina, die anfangs die Autorität der paternalen Macht Sarastros mutig hinterfragt, hört schlussendlich auf, ihr Unbehagen zum Ausdruck zu bringen. Sie fügt sich schweigend den rätselhaften Weisungen Sarastros, während ihre eigenständige, individuelle Stimme im allgemeinen harmonischen Gleichklang, mit dem der zweite Akt schließt, gänzlich aufgeht.

Meine kritische Lektüre dieses Opernplots läuft jedoch darauf hinaus, dass nichts jener humanistischen Ideologie entkommen kann. Denn diese definiert gewisse Subjektpositionen als anti-humanistisch, damit die als andersartig, von der humanistischen Norm abweichenden Subjekte all jenes repräsentieren können, das, weil dem humanistischen Projekt unwürdig, an ihm auch nicht teilhaben darf. Ohne den Ausschluss dieser als abweichend definierten Subjekte, und somit aber auch ohne deren Existenz, könnte dieses Projekt jedoch auch nicht begründet werden. Die zwei dramatischen Brüche, um die dieser Opernplot kreist, inszenieren jene Ritze, die von Anfang an jedem, wenn auch unterschiedlich semantisierten, humanistischen Entwurf innewohnen. Obgleich zum Schluss eine scheinbare Harmonie, unter der Schirmherrschaft des Tempels der Sonne erreicht wird – so meine These – bringt dieses Libretto ganz bewusst die gewaltsame Opferung des Andersartigen zum Ausdruck, die als Voraussetzung eines Gründungsmythos postuliert wird. Ebenso zeichnet es bewusst jene Narben auf, die nach dem Schnitt einer jeden rituell inszenierten symbolischen Neugeburt zurückbleiben.
Die zwei narrativen Brüche, um die es mir geht, sind zum einen jener rätselhafte Bruch zwischen dem ersten und dem zweiten Akt, in dem die Königin der Nacht, die anfangs als fürsorgliche Mutter eingeführt wird und so zurecht Tamino den Auftrag erteilt, ihre Tochter vor der Gewalt Sarastros zu retten, sich als Vertreterin des Bösen entpuppt; eine Wendung, die vom Text her nie wirklich erklärt wird und somit als Disjunktion weiter klingt, auch nachdem ihre mütterliche Stimme verloschen ist. In der Tat ist auch das Insignium, das sie Tamino verleiht – die Zauberflöte – ein Instrument, das Liebe und Freude an die Stelle von Hass und Traurigkeit treten lässt ("Hiermit kannst du allmächtig handeln,/ Der Menschen Leidenschaft verwandeln:/ Der Traurige wird freudig sein,/ Den Hagestolz nimmt Liebe ein"). In der Tat erfahren wir aus dem Monolog der Königin der Nacht auch, dass Sarastro alles andere als nur ein benevolenter Herrscher ist. In seinem Reich gibt es Sklaven, Gefangene werden gefoltert und hingerichtet (obgleich diese Szenarien der Gewalt nur hinter der Bühne stattfinden). Auch ist sein Hauptwächter Monostratos durchaus zum sexuellen Missbrauch der geraubten Tochter wie auch zum Mord an seinem Herrscher bereit. Selbst dem Initiationsritus, dessen Ziel es ist, den Machtbereich der Königin, als Raum des Aberglaubens und der Irrationalität semantisiert, zu überwinden, wohnt Gewalt inne, denn, wie Tamino erfährt, sind einige an dieser ihm von Sarastro auferlegten Probe gestorben ("Dich allen unseren Gesetzen zu unterwerfen/ und selbst den Tod nicht zu scheuen"). Schließlich sind auch Sarastros Absichten gegenüber Pamina alles andere als redlich, deutet der Text doch auch sein inzestuöses Begehren nach ihr an. Nach ihrer Flucht gesteht er, "Zur Liebe will ich dich nicht zwingen,/ Doch geb' ich dir die Freiheit nicht".
Daraus könnte man schließen, dass Sarastros humanistisches Projekt ebenso befleckt ist wie der Aberglaube der Königin und sein Gesetz dementsprechend in seiner Härte und Unflexibilität nur eine Spiegelverkehrung ihrer gnadenlosen Forderung nach Rache im zweiten Akt ist. Denn nur diejenigen, die sich bedingungslos seinen Anweisungen unterwerfen, werden würdig genug eingeschätzt, in den Tempel der

Weisheit aufgenommen zu werden; "Wen solche Lehren nicht erfreun,/ Verdient es nicht, ein Mensch zu sein". Aufgrund dieses totalitären Gesetzes der Universalität werden zum Schluss auch die Königin der Nacht, ihre drei Hofdamen wie auch der Schwarze, Monostratos, als Repräsentanten des Nichtmenschlichen, des Bösen, aus dem Bereich der aufgeklärten Vernunft in die Hölle ewiger Dunkelheit verbannt.
Demgegenüber beinhaltet der zweite Bruch im Opernplot jene Einfügung Paminas in den Bund der bürgerlichen Ehe, die zwar als Verhinderung ihres Selbstmordwunsches inszeniert wird, gleichzeitig aber auch deutlich macht, wie sehr die Alternative zur Tragödie eine totalitäre Harmonie ist, die alle Differenz auszuschließen sucht. Nur weil sie bereit ist, sich dem Ritual und seinen Verboten gänzlich zu unterwerfen – was gleichbedeutend mit der Aufgabe ihrer individuellen Stimme ist – wird sie als würdig genug eingeschätzt, nach dessen Gang durch Feuer und Wasser mit Tamino zusammen eingeweiht zu werden. Diese Aufgabe der individuellen Stimme Paminas, um die es mir geht, wird zudem musikalisch unterstützt. Am Anfang dieser letzten Probe wird ein letztes dialogisches Duett aufgeführt, in dem Tamino und Pamina nie einstimmig zusammen singen, sondern als zwei komplementäre, jedoch kontrapunktische, sich gegenseitig ergänzende Stimmen, die einander widerhallen und die Pamina zudem mit Aufschlägen als Gesang der Freude verziert. Nachdem die beiden Liebenden jedoch in den Bereich Sarastros eingetreten sind, singen sie nur mehr im Gleichklang miteinander wie auch mit den geharnischten Männern, so dass die anfänglich dialogischen Stimmen vollkommen mit einander wie auch mit der Orchestrierung verschmelzen.
Dennoch bleibt ein Unbehagen bis zum Schluss zurück, und zwar nicht nur deshalb, weil ein universalistisches Projekt, das auf der gewaltsamen Ausschließung des ethnisch und des geschlechtlich Anderen beruht, insofern deren Stimmen nicht in den dominanten Einklang verschmolzen werden können, weniger heilsam erscheint als es vorgibt zu sein. Eine Spur der Differenz im Sinne von Streit bleibt auch deshalb dieser vermeintlich humanistischen Harmonie eingeschrieben, weil das gegründete symbolische System gegenüber den eigenen Ausschließungsmechanismen fehlbar ist. Denn nach dem symbolischen Schnitt, den der Gang durch Feuer und Wasser rituell darzustellen sucht, und der als allegorische Wiederholung der Durchtrennung der Nabelschnur zwischen Pamina und deren Mutter gelesen werden kann, stößt man auf die Zauberflöte. Doch auf der anderen Seite des Muttermordes dient dieses Instrument nicht nur der Zähmung wilder Naturelemente. Es verweist auch auf jene anderen Elemente, die dieser paternalen humanistischen Ordnung verschlossen sind. Mit anderen Worten, als deren Repräsentant verleiht der Klang der Zauberflöte diesem ausgesparten Anderen auch eine Stimme, erinnert er doch auf so unheimliche Weise an die racheerfüllten Kolloraturen der Königin der Nacht. Diese Flöte bleibt ein ambivalentes Instrument, denn es wird verzaubern, unabhängig davon, wer sein Herr ist; und nur weil es in diesem einen Fall von Tamino dafür eingesetzt wurde, sich erfolgreich gegen die Königin der Nacht zur Wehr zu setzen, so gibt es doch keine Garantie dafür, dass es zu einem späteren Moment nicht auch einem Spieler der Gegenseite dienen könnte.

Neuaneignung des humanistischen Projekts

Eine solche Dekonstruktion der verschwiegenen Prämissen des humanistischen Projektes wäre der Punkt, an dem ich vor zehn Jahren aufgehört hätte. In der letzten Dekade hat es jedoch einen bedeutsamen Wandel in der Literatur- und Kulturtheorie gegeben. Während Literatur- und Kulturwissenschaften in den 70er und 80er Jahren die Anwendbarkeit poststrukturalistischer Terminologie erforschten und das Subjekt begriffen wurde als eines, das einem komplexen Netzwerk von semiotischen Differenzen, Aufschüben und Entstellungen aufgepfropft ist, erschienen in der angloamerikanischen Theoriediskussion der 90er auf einmal Begriffe wie 'emplacement' (Verortung), 'value' (Bedeutungswert), 'responsibility' (Verantwortung), 'agency' (Handlungsfähigkeit) und 'ethics' (Ethik). Am Höhepunkt poststrukturalistischer Kulturtheorie zelebrierten ihre VertreterInnen einen Subjektbegriff, der das Subjekt als ein von einem ursprünglichen Mangel gezeichnetes zu begreifen suchte. Dieses im Widerstreit zum Humanismus postulierte Subjekt verfehlt sich laut dieser Theorie immer in seiner Selbsterkenntnis wie auch der des Anderen, aber dies auf äußerst produktive Weise. Es entsteht erst durch seine Repräsentation, jedoch bleibt das, was sich somit dem Erkenntniszugang entzieht, in einer multiplen, widersprüchlichen Artikulation dennoch dem Subjekt und seiner Repräsentanz eingeschrieben. Die intellektuelle Begeisterung, die anfänglich von der poststrukturalistischen Theorie ausging, lag in der Befreiung von universellen, eindeutigen und stabilen Bedeutungen, in der Absage von festgefahrenen sogenannten zentralen Wahrheiten. Nietzsches Diktum wurde zum Programm:

> Was ist also Wahrheit? Ein bewegliches Heer von Metaphern, Metonymien, Anthropomorphismen, kurz eine Summe von menschlichen Relationen, die, poetisch und rhetorisch gesteigert, übertragen, geschmückt wurden, und die nach langem Gebrauche einem Volke fest, canonisch und verbindlich dünken: die Wahrheiten sind Illusionen, von denen man vergessen hat, daß sie welche sind, Metaphern, die abgenutzt und sinnlich kraftlos geworden sind, Münzen, die ihr Bild verloren haben und nun als Metall, nicht mehr als Münzen in Betracht kommen. (1980:881)

So verkündete der Poststrukturalismus den sogenannten 'Tod des Autors' (Barthes) und das Ende metaphysischer Meistererzählungen (Lyotard, Derrida) und zusammen mit diesen illustren Leichen sollten auch alle Diskussionen um allgemein gültige und verbindliche Wertsysteme begraben werden. Apodiktisch formuliert, die anfänglich befreiende Geste des Poststrukturalismus bestand darin, jegliche Bedeutungsfestlegung gleich wieder zu hinterfragen, um das Spiel der Zeichen unbekümmert jeglicher Referenz immer weiter treiben zu können.

Im Verlauf der 80er und 90er Jahre jedoch hat sich bezeichnenderweise gerade innerhalb der *gender studies* ein Streit um Differenz entfacht, der in der amerikanischen Philosophin Judith Butler eine seiner brilliantesten Vertreterinnen gefunden hat. Einerseits hält sie an der von der Dekonstruktion inspirierten Vorstellung eines *subjectivating process* fest, was heißt, dass sich

> (...) die vom Subjekt artikulierte Position stets in bestimmter Form durch das konstituiert, was verschoben werden muß, damit diese Position standhält (...) durch eine Reihe von Ausschließungs- und Auswahlverfahren. (Benhabib et al. 1993:39)

Somit ist das 'Ich' nicht einfach in einer Identität situiert, weder autonom noch sein eigener Ausgangspunkt, sondern es ist konstituiert durch die diskursive Position, die es auswählt, um sich zu definieren, und durch die gegebenen sozialen Beziehungen, die dessen Bildung bedingen: Kurzum, es ist performativ konstituiert. Andererseits insistiert Butler, vor allem in ihren neueren Schriften, darauf wie sehr sich die Bedeutung des humanistisch Universellen als eine kulturelle Variable erweist, so dass "die spezifischen kulturellen Ausprägungen des 'Universellen' seinen Ansprüchen auf einen transkulturellen Status zuwider laufen" (Butler 1997:46). Gerade in diesem Zuwiderlaufen der eigenen Ansprüche setzt die Geschlechterdifferenz mit ihrer Reartikulation des Humanismus an. Demzufolge bedeutet für eine explizit als weibliches, jüdisches, homosexuelles Subjekt sprechende Philosophin "aus dem Universellen ausgeschlossen zu sein und dennoch unter Berufung darauf, Forderungen zu machen" zwar einen gewissen Widerspruch, denn ihre Position wäre die traditionell 'anti-humanistische' bzw. ihre Forderungen würden (und werden) von den Vertretern bestimmter Ausprägungen humanistischer Projekte wie der Römisch-Katholischen Kirche des Vatikans als 'anti-menschlich' bezeichnet. Dennoch besteht Butler auf diesem Einzug in das humanistische Feld, wenngleich auch in der Geste eines 'Eintritts auf Widerruf'.

> Ich beharre darauf, so schließt sie, die Vorstellung von Universalität ist hier keine Grundlegung und auch keine Vorannahme; sie ist das, was gegen die Grundlagen angeht, die üblicherweise als Grundlagen akzeptiert wurden, und sie zerstört. Für gewisse Rechte Universalität zu fordern, gerade wenn bestehende Konventionen zur Regelung des Umfangs der Universalität genau solch eine Forderung ausschließen, bedeutet sowohl ein Konzept des Universellen zu zerstören wie auch das zuzulassen, was sein 'konstitutives Außen' war, und dadurch das Gegenteil jedes Aktes der Anpassung an eine bestehende Norm zu vollziehen. Ich beharre darauf, daß solch eine Forderung das produktive Risiko eingeht, eine radikale Neuartikulation der Universalität selbst zu provozieren und zu verlangen, dabei das Universelle sozusagen in Klammern zu setzen und ein starkes Bewußtsein der Unwissenheit darüber zu erzwingen, worin es besteht und was es umfassen könnte. (22)

Brisant an diesem Shift in der Kulturtheorie ist demnach die Tatsache, dass die Frage nach Handlungsfähigkeit in den Vordergrund getreten ist, und somit die Einsicht, dass wir einen gemeinsamen, verbindenden und verbindlichen Standpunkt entwikkeln müssen, im Zuge dessen das Subjekt als integriertes und einheitliches fungiert. Mit anderen Worten, es handelt sich um die Anerkennung, dass das Subjekt sich gerade durch Handlungsfähigkeit, Verantwortung und eine Kreativität auszeichnet, die es befähigt, Vorstellungen der Zukunft zu entwerfen. Bei dieser Rückkehr zur Ethik geht es jedoch gerade um die Toleranz und Akzeptanz von Differenz, sowohl in dem Sinn, dass verschiedene, unterschiedliche, in der Tat auch sich widersprechende Bedeutungsinstanzen nebeneinander operieren können, als auch in dem Sinne eines ausgehaltenen und stets neu belebten Streits um die Gültigkeit kultureller Gesetze, um die Frage 'wer ist Herr.' Nicht mehr so sehr ein kritisches Herausarbeiten dessen, was im Namen des Humanismus ausgesperrt und ausgespart wird, scheint unser dringliches Anliegen am Ende des 20. Jahrhunderts, sondern ein Ausloten dessen, was das humanistische Projekt alles noch mit beinhalten könnte.

Es geht also heute darum, den Universalitätsanspruch des humanistischen Projekts im Namen seiner eigenen Prämissen zu hinterfragen und neu zu reflektieren. In diesem Sinne plädiert auch der amerikanische Kulturtheoretiker Edward Said, der vor allem für seine Arbeit über den der westlichen Kultur des 19. Jahrhunderts innewohnenden Orientalismus bekannt wurde:

> One of the great pleasures for those who read and study literature is the discovery of long-standing norms in which all cultures known to me concur (...) After all the great antiauthoritarian uprisings made their earliest advances, not by denying the humanitarian and universalist claims of the general dominant culture, but by attacking the adherents of that culture for failing to uphold their own declared standards, for failing to extend them to all, as opposed to a small fraction, of humanity. (1991:31)

Die tragfähigste Vorstellung von Humanismus ist demzufolge eine, in der es zwar einerseits um eine diskursive Performanz des Subjekts im Bezug auf kulturelle Bemächtigung geht, in der andererseits die Referentialität dieser Positionierung mit in Betracht gezogen werden muss, damit das menschliche Subjekt nicht ausschließlich zu einem Effekt von Sprachstrukturen und sozialen Bedeutungen bzw. kulturellen Diskursen reduziert wird, d.h. damit seine Handlungen zählen. Wie Davies festhält:

> Humanity is neither an essence nor an end, but a continuous and precarious process of becoming human, a process that entails the inescapable recognition that our humanity is on loan from others, to precisely the extent that we acknowledge it in them. For those 'westerners' whose humanness is mortgaged to the suffering and labour of an innumerable 'Other', the recognition cannot be comfortable or merely reflective. (1996:132)

Unter Berufung auf ein humanistisches Projekt Forderungen zu erheben, bedeutet demzufolge auch ein stetes in Erinnerung rufen der Tatsache, dass es keine klaren und eindeutigen Lösungen gibt für die Frage, was menschliches Handeln und Urteilen ausmacht, so dass unsere Aufgabe eher ein stetes Wiederverhandeln von Macht- und Autoritätsansprüchen wäre. Der Universalismus, die allgemein gültigen und verbindlichen Werte stehen in Klammern, gerade weil jede Handlungsfähigkeit eine Bemächtigung auf Widerruf darstellen muss, damit sie der Verführung des Totalitären widerstehen kann.

Die Sprache der Hysterie als produktives Vergreifen am Diskurs des Herrn

Lassen Sie mich abschließend noch einmal zur Weiblichkeit zurückkehren, in deren Namen ich diese Reartikulation des humanistischen Projekts vorschlage bzw. zurückkehren zur Geschlechterdifferenz als Zeichen eines Verlangens nach erneuter Artikulation, d.h. nach einem Selbstausdruck, der weder gänzlich verschwindet noch sich je gänzlich zeigt. In den letzten Jahren habe ich mich mit der kulturellen Konstruktion dessen beschäftigt, was in medizinischen Diskursen aber auch in künstlerischen Arbeiten als Hysterie bezeichnet wird. Diese psycho-somatische Erkrankung, für die keine realen organischen Störungen festgemacht werden können, und die deshalb auch von dem Psychiater Charcot als 'viel Lärm um Nichts' bezeichnet wurde, bietet gerade deshalb ein so fruchtbares Feld für nosologische Spekulationen an, weil sie keiner Kategorie zugerechnet werden kann. Als jenes 'X', das nirgends hinein passt, als Müllkorb der Medizin, in dem man laut Lasègne alles hineinwirft, das man sonst nirgends ablegen kann, stellt die Sprache der Hysterie genau jene Position dar, die am universellen Anspruch der medizinischen Nosologie nicht teil hat, ohne dessen Postulierung jedoch auch das ganze nosologische System nicht entworfen werden könnte.

Obgleich ich mir völlig bewusst darüber bin, dass viele an Hysterie erkrankte Subjekte an dieser psycho-somatischen Störung zutiefst leiden und manchmal sogar den Suizid als letzten Ausweg wählen, möchte ich dennoch vorschlagen, dass gerade in dieser sich einer festen Deutung stets entziehenden Selbstdarstellung jener Gestus vorgeführt wird, um den es mir in meiner Reartikulation des humanistischen Projekts geht. Denn das hysterische Subjekt stellt nicht nur stets die Frage nach seiner Position zur Macht neu, sondern es zwingt auch seinen von ihm ausgewählten Meister, auf den seine Inszenierung gerichtet ist – den Analytiker, den Familienvater, die Mitmenschen – sich zudem zu fragen, was es bedeutet, sich in einer Machtposition zu befinden. Im Namen der Wissenschaften vom Menschen soll das hysterische Subjekt kuriert werden, doch gerade diese Heilung verbietet die Hysterie. Denn unumgänglich ausgeschlossen aus den Kategorien der medizinischen Nosologie sind ihre enigmatischen Symptome auch äußerst wandelbar. Jeder, der es je mit einer Hysterikerin zu tun hatte, kennt die Widerstandsfähigkeit, die es der Betroffenen erlaubt, stets ein Symptom durch ein neues zu ersetzen, sowie eine Deutung scheinbar zur Heilung führen könnte. Will man dies nun produktiv lesen, so bietet die Hysterie uns eine Lektion im ethischen Effekt der Unlesbarkeit. Denn das hysterische Subjekt konfrontiert seinen Meister mit der eigenen Fehlbarkeit. Das Nichts, um das es so viel Lärm macht, spricht jene Ritzen an, die jedem Sinnsystem eingeschrieben sind, verweist auf die Inkonsistenzen, die jeder symbolischen Institution inhärent sind, und inszeniert somit die Untilgbarkeit der Differenz.

Gleichzeitig aber steht die Sprache der Hysterie nicht jenseits kultureller Gesetze. Zeigt die Hysterikerin ihrem Meister seine Fehlbarkeit auf, so tut sie dies durchaus im Glauben an seine Macht und in Berufung auf seine Bemächtigung. Einerseits vertraut sie auf das paternale Gesetz, denn ihre raffinierten Symptome gehen aus von der Phantasie, dass es die Situation des Glücks geben müsste – die intakten Familienbande, die allwissende Autoritätsfigur, die allgemein gültigen kulturellen Gesetze. Doch gerade die Unzulänglichkeit der Wirklichkeit lässt sie andererseits dieses paternale Gesetz stets hinterfragen und mit ebenso heftiger Insistenz verkünden, dass die gegebene Situation nicht die des Glückes ist. Somit befindet sich ihre Anklage nicht jenseits kultureller Kodes, sondern sie formuliert ihre Kritik gerade unter Berufung auf die Gesetze, die sie auch zu hinterfragen sucht. Anstatt die gewaltsamen Ausschließungen und Tilgungen, die einem jeden humanistischen Projekt inhärent sind, zu verdecken, setzt sie ihre ganze kreative Phantasie wie auch die Wandelbarkeit ihres Körper ein, um ihrer Klage über die Inkonsistenzen jener symbolischen Institutionen, die ihre Selbstdefinition bestimmen, Ausdruck zu verleihen. Jedoch äußert sie diese Kritik im Glauben daran, dass dieses Gesetzessystem durchaus erhalten bleiben soll. Sie vertraut darauf, dass es eine glückliche Menschlichkeit geben muss, dass eine grundsätzliche Versehrtheit überwunden werden kann. Sie beharrt im gleichen Atemzug darauf, dass jede existente, bereits vorgegebene Situation es nicht sei, was sie im Namen des menschlichen Glücks und der Unversehrtheit sich erhofft hat, was sie anstrebt, was sie fordert. Sie verweigert sozusagen die Verweigerung eines Wissens ob der diskursiven Sackgassen und der Dilemma, die mit symbolischen Macht- und Autoritätsinstanzen einhergehen, und fordert stattdessen eine Aufmerksamkeit für diese Unzulänglichkeiten, diese Inkommensurabilitäten unter Berufung auf die humanistischen Prämissen des realisierbaren menschlichen Glücks. In dem Sinne, dass das hysterische Subjekt darauf beharrt, seine Differenz mit jenen symbolischen Gesetzen, die es konstituieren, auszutragen, führt es uns eine Strategie vor, die darauf gerichtet ist, die Brüche, die für jegliche symbolischen Bande konstitutiv sind, nicht nur zu tolerieren, sondern konstruktiv als Mangel zum Ausdruck zu bringen und statt einer endgültigen Lösung den Prozess der Änderung in den Vordergrund zu stellen. Gerade hier schließt sich auch der Kreis, den ich versucht habe nachzuzeichnen, denn wenn Weiblichkeit als Differenz den unterschiedlichsten humanistischen Projekten innewohnt, so bietet die Sprache der Hysterie – als berühmteste aller Artikulationen des weiblichen Unbehagens an unserer humanistischen Kultur – auch eine Lösung für die Ausschließungsmechanismen, auf denen diese Kultur begründet ist. Indem die Sprache der Hysterie hartnäckig darauf besteht, dass der Weg zum menschlichen Glück in der immer wieder neu aufzugreifenden Verhandlung über die Prämissen dessen, wer Herr ist, wie auch in der Reflexion darüber, warum diese Macht zählt, mahnt sie uns auch unablässig, dass der wahre Kern des Humanismus nicht in der Tilgung dieses Streits liegen darf.

Literatur

Barthes, R. (1994): *Oeuvres complètes. Tome II. 1966-1973*. Paris: Editions du Seuil.

Benhabib, S./J. Butler/D. Cornell/N. Fraser (1993): *Der Streit um Differenz. Feminismus und Postmoderne in der Gegenwart*. Frankfurt: S. Fischer.

Butler, J. (1997): The end of sexual difference. In: *Konturen des Unentschiedenen*. Hg. J. Huber/M. Heler. Basel/Frankfurt a. Main: S. 25-43.

Clément, C. (1992): *Die Frau in der Oper. Besiegt, Verraten und Verkauft*. Stuttgart: Metzler.

Davies, T. (1996): *Humanism*. London/New York: Routledge.

de Man, P. (1979): *Allegories of reading*. New Haven, Conn.: Yale University Press.

Derrida, J. (1974): *Grammatologie*. Frankfurt: Suhrkamp.

Johnson, B. (1994): *The wake of deconstruction*. Oxford: Blackwell.

Lyotard, J.-F. (1987): *Der Widerstreit*. München: Wilhelm Fink Verlag.

Nietzsche, F. (1980): Über Wahrheit und Lüge im außermoralischen Sinne. In: *Sämtliche Werke*. (Kritische Studienausgabe, Band 1). Hg. G. Colli/M. Montinari. München: DTV.

Said, E. (1991): The politics of knowledge. In: *Raritan* XI (1). S. 18-30.

Warner, M. (1985): *Monuments and maidens*. London: Weidenfeld & Nicols.

Disturbing sight: Women staging women in European theatre

Sarah Colvin
School of European Languages and Cultures, University of Edinburgh

Introduction

The "stage" provided by a collection of essays such as this, and by the conference that preceded it, is simultaneously a *space* for investigating the notion of constructing and performing identity. In contributing I am of course staging myself: this performance is part of an ongoing construction of academic or intellectual identity – not unimportant, that, especially as female and academic identities have rarely been allowed to co-exist, certainly not harmoniously, in intellectual history.

But a stage is always also a space, in more than the simply physical sense. Even if it exists only in the imagination of the writer or performer, it is a space which can be controlled, for a limited period and with all kinds of strings attached. Drama *can* be a means of taking control; but, like Bakhtin's carnival, in which an upside-down world is perfectly recognizable because we all share knowledge of how we expect things to look the "right way up", theatre offers a space within a frame. Any subversion that happens within that frame will be understood by an audience in contradistinction to the presupposed, extra-theatrical norm. This might seem to leave writers or writer-performers in a double bind: either they reproduce the norm on stage, or they reinforce audience awareness of its existence through "carnivalesque" subversion. Fortunately there is more to theatre than that. In taking control of dramatic space, as a surrogate for real social space, playwrights and performers can at least express critical knowledge of *how* society has normed them. If performance is (as dictionaries suggest) the fulfilment of a contract to deliver, they can at least determine the terms of the contract.

What this essay delivers (to dictate the terms of our contract!) is a perception of gender in performance. It examines how female identity is re-constructed out of the masculinist category "woman" by four contemporary European women writers: Liz Lochhead in Scotland, Hélène Cixous in France, Gerlind Reinshagen in Germany, and Elfriede Jelinek in Austria. Prominent in the plays to be considered are women characters taken from the context of Western culture and knowledge: Mary Queen of Scots, Marilyn Monroe, Freud's Dora, Ibsen's Nora, and Emily Brontë. Within the frame of the modern stage, these characters can be seen to stand for a "normed" patriarchal vision of femaleness, but also for women's potential to *disturb* that vision: to re-appropriate and stage themselves.

Lochhead: Mary Queen of Scots

Liz Lochhead's *Mary Queen of Scots got her head chopped off* (Lochhead 1989) was written and first performed 500 years after Mary Stuart's death, at the Edinburgh Festival Fringe in 1987.[1] The play won a Fringe First, a prize awarded annually for outstanding productions premièred at the Festival.

Mary Queen of Scots' dramatic success story is rivaled by few other historical figures. Perhaps the most famous reconstruction of her life (and, importantly, death) is Friedrich Schiller's, in his *Maria Stuart* of 1800. But the material was also dramatized by Joost van den Vondel in 1646, by August Adolph von Haugwitz in 1684, and by Marie von Ebner-Eschenbach in 1860, to name a few. Even the most recent English-language treatment of her story, Reay Tannahill's narrative *Fatal majesty* (1998) has the subtitle: *The drama of Mary Queen of Scots*. Staging Mary Stuart promises much for a number of reasons, most of which are exploited by Antonia Fraser in her well-known biographical narrative (Fraser 1969).[2] The Queen of Scots makes a powerful character for a drama, in the old style of the woman-martyr: a paradox of superhuman suffering in a subhuman, because female body. It is no coincidence that Schiller has Maria make her first appearance in his play (at the beginning of Act II) wearing a veil, carrying a crucifix: this is the garb of a bride of Christ. Mary Stuart also fascinates as a powerful woman who we know is doomed to defeat. Elizabeth, traditionally cast as her counter-player, may send out sparks of power and sensuality, but in the context of patriarchal (hi)storytelling these cannot be allowed to ignite our imaginations, for Elizabeth's historical success as a woman ruler might render her unnerving. Only in Mary, whose failure is predicated right from the story's start, can the titillating combination of woman, power, and sex be properly enjoyed. For Lochhead, Mary Stuart functions, among other things, as an emblem of Scottish oppression by English forces, who are as brutal and devious as their "virgin" Queen. A standard element in retellings of the Mary-Elizabeth story that reappears in Lochhead's play is the exposure of Elizabeth in paradoxical terms as both sexually frustrated – because she is less beautiful than Mary – and sexually impure: simultaneously dry spinster and sly whore. But the title of Lochhead's drama, *Mary Queen of Scots got her head chopped off*, debunks any expectations we as audience might have of traditional, authoritative history, and spells out the grim conclusion of a pseudo-romantic tale. "Mary Queen of Scots got her head chopped off" is a line from a children's rhyme that will be chanted at the play's end. It is also a reminder that Mary Stuart and her brutal execution are inseparable, because they are the two parts of the notion "Mary Queen of Scots" as a whole: "beautiful woman" and "death (while still beautiful)" are necessary ingredients for the kind of cult status in Western culture that is shared by Mary Stuart and more modern icons such as Marilyn Monroe and Diana, Princess of Wales.

---

1 First performed at the Lyceum Studio Theatre, Edinburgh, on 10 August 1987. On this play, and on Reinshagen's *Leben und Tod der Marily Monroe*, see also my forthcoming article "Disturbing Bodies: Mary Stuart and Marilyn Monroe in plays by Liz Lochhead, Marie von Ebner-Eschenbach and Gerlind Reinshagen". In: *Forum for Modern Language Studies* 35 (3). 1999. (in press).

2 Liz Lochhead seems to have used Fraser's book as her main historical source.

The cultural cult status of these figures relies not so much on the sexualization as the *fetishization* of the female body.[3] If we accept the thesis of Engels, Irigaray, and others, that 'woman' is the symbol of economic exchange and bonding in patriarchal society, then, like any piece of goods, her desirability is of paramount importance. Exemplified by Mary Stuart, Monroe, Diana, and the so-called supermodels of our time, the fetishized female body is the object of potential exchange that is declared *most desirable* (like the princess in the fairy tale whose hand is offered in exchange for services to the king and his kingdom). It therefore draws society's fascinated gaze. Men and women both are caught in the masculinist perception of market value. These bodies represent *most valuable* goods, and therefore exert a fascination similar to that of crown jewels, or the like. Their visual representation (in pictures, photographs, or detailed physical descriptions) is highly satisfying.

They are therefore promising characters for visual media, including drama. But to stage cult bodies is also to risk reproducing the conventional fetishizing gaze. Just as Elfriede Jelinek's anti-pornographic porn novel, *Lust*, was received in some quarters with voyeuristic glee as erotic writing for women (and that is an astonishing conclusion for anyone who has read the work to reach), theatrical representations of such characters automatically expose them to a culturally pre-programmed gaze.

Reinshagen: Marilyn Monroe

It is the readiness and fixity of precisely this gaze that the German dramatist Gerlind Reinshagen seems to be trying to disturb when she prefaces her play *Leben und Tod der Marilyn Monroe* (1971, Reinshagen 1986:77-140)[4] – and death is again flagged in the title as an essential aspect of the image – with a warning:

> Dies ist eine Illustriertengeschichte.
> Dies ist *keine* Geschichte über Marilyn.
> (...)
> Dies ist eine Geschichte, die Leute über Marilyn machen;
> oder über ein Bild von ihr.
> Dies ist eine Geschichte über Geschichten, die sich seit Jahrtausenden Leute über ihre Bilder machen. (Reinshagen 1986:77)

Her specification that the character of Marilyn is to be played by at least three different actresses ought to undermine the unique, superlative value placed on the fetishized figure of Marilyn Monroe. The problem of voyeurism is countered, particularly in the first section of the play, by means of hyperbole, so that viewing expectations are flipped over into parody. In this section, called "Zusammensetzung des Bildes", Reinshagen designs theatre that is almost exclusively visual: the few words uttered by the Marilyn figure towards the end are relayed via audio-tape, rather than spoken live. The section begins:

---

3 In Freud's sense of 'sexual overvaluation (...) connected with an abandonment of the sexual aim' (Freud 1991:297).

4 First performed in the Landestheater Darmstadt, 21 January 1971.

1
Filmmusik aus den fünfziger Jahren, Twentieth Century Fox.

2
Es werden nacheinander ein roter, ein silbervioletter, dann ein goldener Vorhang hochgezogen. Stille

3
Es regnet Rosen. Stille

4
Ein überdimensionaler Plastikmund erscheint, bleibt eine halbe Minute lang auf der Bühne, Scheinwerfer über den Mund. Dunkel. Mund ab

5
Gelächter einer Frau hinter der Bühne. Nicht allzu lang. Dunkel

6
Der Gang einer Frau. Sie wird so beleuchtet, daß man nur Hüften und Beine sieht. Dunkel.

The onstage creation of the Monroe image involves the reduction of a woman to an enormous mouth, a hip-wiggling gait, and blonde hair. These physical ingredients are then combined with familiar signs of wealth and prestige: the colors red, silver, violet, and gold; roses in abundance; a Cadillac, and a selection of expensive furs, mink, chinchilla, and ermine. The resulting concoction, Marilyn Monroe, is an object of remarkable status and market value. In case we should have missed the point, Reinshagen puts a figure on this value when, later in the play, Marilyn is married to Arthur Miller. We hear the voice of the priest as he *bestows* her on her husband:

> ... und so will ich dir, Arthur Miller, deine Frau Marilyn geben aus Gottes Hand (...). Ihr Lächeln ist schöner als das von Mae West, ihr Haar ist blonder als das von Jean Harlow, ihre Haut ist weißer als die Betti Grables. Sie ist 100 Millionen Dollar wert. (1986:112)

Marilyn is passed from man to man, and it is clear that her superlative value springs from her comparative desirability: she is seen to be better than the best available on the current market. To state this openly is of course grotesque – it is the linguistic equivalent of the peroxide-blonde wig that Reinshagen specifies for all the Marilyns in her play – and therefore disturbs the fetishistic response to familiar signals.

Lochhead's Mary Stuart figure is related to Reinshagen's Marilyn Monroe in that it, too, is designed to disconcert the voyeuristic gaze. Schiller and much more recently Antonia Fraser pandered to that gaze, delivering a body whose clothing and ornament, as well as sexual desirability, are of the utmost importance. The death of that body is contrived to provide the highest possible level of audience satisfaction: Fraser opts for feminine pathos, drawing our attention to a tiny dog escaping from under the Queen of Scots' skirts at the moment she is beheaded (1969); Schiller the playwright chooses something altogether more titillating but also perhaps more to the point, when he offstages Mary's execution and instead displays *male* experience of the utterly desirable destruction of the utterly desired object.

In a variation on the 'Botenbericht', Lord Leicester, cast by Schiller as Mary's secret lover and trapped in the room next to the execution chamber, suffers out loud as he vicariously experiences the spectacle. As audience, our imaginary gaze is entirely Leicester's, entirely fetishistic.

Unlike her predecessors Schiller, Haugwitz, and Vondel, Liz Lochhead focuses her Mary Stuart play on events that foreshadow, but do not include the death of the heroine. Her Queen of Scots, like 'her' Scotland, as introduced in the opening scene – "It depends. It depends (...) Ah dinna ken whit like *your* Scotland is. Here's mines" – resists colonizing categorization (1989:11). She divides our gaze on both queens of her tale, Mary and Elizabeth: at a drumbeat Mary "*becomes, in that instant, modest MARIAN, ELIZABETH'S gentlewoman*" (Lochhead 1989:17, italics and capitals in original), while Elizabeth can just as quickly turn into Mary's maid, Bessie; they are also MAIRN and LEEZIE, "*a wee poor Scottish beggar lass*" and "*her tarty wee companion*" (Lochhead 1989:32), and finally MARIE and WEE BETTY, twentieth-century children on the confessionally divided streets of Glasgow. The intertwining and domestic interaction of the queens and their maids: Mary and Bessie, Elizabeth and Marian, is a move towards deconstructing the binary opposition of rival queens that more traditionally structures their staging. Signals and connotations that would normally feed an audience imagination are upset: tantalizing, utterly desirable Mary Queen of Scots is simultaneously also modest Marian *and* vulgar, all-too-available Mairn. There is a moment in the sixth scene of Lochhead's play when the stage seems set to shimmer before the viewing gaze: John Knox, Scotland's famous Protestant reformer, has stepped forward to scold the saucy girls, Mairn and Leezie, on Edinburgh's Canongate; but as his eyes fix on Mairn she shapeshifts, "*suddenly straight and tall, totally MARY in our eyes, and in KNOX's*" (Lochhead 1989:33). Knox's hand is "*raised in anger but stayed in awe*": just the hint of a suggestion that Mary, at this moment when Knox is chiding her/Mairn a whore, is visually evoking another fetishized Mary, Virgin Mother, and thus instigating a further confusion of categories and signals to perplex our expectant gaze.

Cixous: Dora

The Madonna, virgin mother, is one of the most powerful and popular signals for an idealizing view of "woman" in Christian-dominated cultures. It is just one of the many cultural signifiers lighted on by Sigmund Freud in his interpretative characterization of the eighteen-year-old "Dora" in the *Fragment of an analysis of a case of hysteria*; a fascinating feature of Freud's writing is the way he both consciously uses and unconsciously reproduces cultural stereotypes. Freud's Dora (as she is known) has become one of the most frequently discussed figures not only in psychoanalytical history and theory, but also in a literary and philosophical context.

It is therefore worthy of note that a character called Dora stars alongside Emily Brontë (to whom I shall return later, in a different context) in Gerlind Reinshagen's play *Die Clownin* of 1986: Reinshagen makes of Dora a disillusioned actress, who once suffered a collapse during her performance of Kleist's *Penthesilea*. Ten years earlier, in 1976, Hélène Cixous – who has not only claimed to identify herself with

Kleist's Amazon queen, but also to be "what Dora would have been if woman's history had begun" (Cixous/Clément 1986:99) – responded to Freud's narrative "staging" of the Dora analysis by re-casting both characters in a drama that puts a literary frame around Freud's patient: the *Portrait de Dora* (Cixous 1986).[5]

The title of the piece promises the immobility of the *Guckkasten*: the square stage that contains a fixed image at which our audience's gaze is directed. This, indeed, in largely what we get: Cixous's "portrait" of Dora corresponds, often word-for-word, to her *portrayal* in Freud's own narrative. In Cixous's characterization Dora seems to be motivated by the same impulses as were assigned her by Freud: she frequently speaks in the very words given her in the *Fragment of an analysis*. This is not *overtly* problematized until, about half-way through the play, Cixous starts to focus on the patient's lack of voice: her difficulty in speaking. We are at a stage in the play when Dora is relating a dream that does not feature in Freud's report; in her dream, she is trying to cut a man's throat, but it is she who seems most affected: "*J'avais très mal à la gorge. Il m'est difficile de parler*" (Cixous 1986:27, italics in original). One of the symptoms described by Freud in his patient is, of course, aphonia: loss of voice, a "classic" symptom of hysteria. Loss of voice is equally, although less famously, a standard ingredient of the visually-based fetishization of women in our time: Norma Jean Mortenson *alias* Marilyn Monroe was forced to allow hers to degenerate into a babyish lisp; and aside from the infamous *Panorama* interview, Princess Diana's was scarcely ever a part of her publicity. Her public image was just that: a visual image, not a voice. In the *Portrait*, Cixous shows us Freud speaking *for* Dora (the context here is Dora's description of getting dressed as quickly as possible, to avoid the danger of being caught in the process by Herr K.):

> FREUD. Vous vous habillez vite: pour garder le secret.
> DORA. Mais je n'ai jamais rien dit de semblable.
> FREUD. Celui dont les lèvres se taisent ... (Cixous 1986:61)

When Dora tries to retaliate, by applying Freud's theory of "speaking hands" to the doctor himself (who is constantly fiddling as she talks), or by remarking on the fixity of his gaze, Freud pulls authority: "Il faut respecter les règles!" (Cixous 1986:62).

A remarkable feature of the "talking cure", as it was named and developed by a patient of Freud's associate Josef Breuer, Anna O. (Bertha Pappenheim), is that women patients are granted a space to speak that would not have been theirs outside of the therapist's room. Part of the therapy for the aphasic (in the case of Anna O.) or aphonic hysteric is the license to speak: to stage herself in the presence of the therapist *qua* listening audience of one (Hunter 1997:262). Freud in fact writes of Dora "enacting" vengeance (Freud 1990:283, "agierte" is used in the German original), when she breaks off her course of therapy with him. But the catch with the talking cure is that although the patient is licensed to speak, only the doctor is licensed to assign meaning to what is said, or what is not said. The authority to interpret the female self therefore remains with the controlling male, through whom that self will

5 First performed 26 February 1976 in the Théâtre d'Orsay, Paris.

emerge into (patriarchal) language. No wonder Cixous's Dora wants to cut a man's throat and finds difficulty speaking.

The question of the authority or right to assign meanings may bring us closer to understanding the link, sensed by both Cixous and her German contemporary Reinshagen, between Freud's Dora and Kleist's Amazon queen, Penthesilea.[6] In modern feminist readings, hysteria has been re-interpreted as a positive, liberating phenomenon, in its origins at least: as a protest or assertion of the self in rebellion against the fixity of the category "woman" in nineteenth-century discourse; even as carnivalesque (Russo 1997:338). Aphonia, its symptom, is a means of opting out of the language of a culture that denies women the right to interpret themselves (Hunter 1997: 266). It is presumably no coincidence that Penthesilea *eats* her lover Achilles towards the end of Kleist's play: language, speech, the mouth and the interpretation of events that it voices have been so important in the development of her tragedy. The Amazon queen literally *ingests* the power of signification that is embodied in the male, in a last-ditch attempt to escape from the trap to which she, the signified object, has been confined. Reinshagen's Dora of *Die Clownin* will implicitly suggest that Kleist's hands are not entirely clean in this matter, either.

Because Cixous's portrait of Dora leaves the protagonist within the interpretative "frame" created for her by Freud, it looks at first glance as if the hegemonic gaze directed by the authoritative doctor at 'woman' is left more or less undisturbed. But we have yet to consider what Cixous's drama is *about*. Freud's *Fragment* clearly intends to be about Dora; but I would contend that Cixous's *Portrait* – despite its title – is *not* primarily about Dora, but rather about Freud. The audience's gaze is directed not so much at the female hysteric as at her analyst, whose notions and methods, however brilliant, have done so much to reinforce the right of interpretation that is gifted as if by inheritance to men. Freud "staged" his analysis of Dora, focusing his own and his readers' interpreting gaze on her; Cixous retaliates by staging Freud, and encouraging her audience to analyze the analyst. It is worth reminding ourselves of Reinshagen's cautionary introduction to *Leben und Tod der Marilyn Monroe*: that her play is not "about" Marilyn, but about an image created of Marilyn; about how images are constructed; and *what that says about the people who construct them.*

Jelinek: Nora, Emily Brontë

Exposing the crass assumptions behind cultural constructions of gender is a speciality of Austria's *enfant terrible* of theatre, Elfriede Jelinek. Her first stage play, *Was geschah, nachdem Nora ihren Mann verlassen hatte oder Stützen der Gesellschaft* (1979, Jelinek 1992:7-78),[7] relies blatantly on audience foreknowledge of Ibsen, especially his *Doll's house*. Jelinek's protagonist introduces herself in her first speech

---

6 The figure of Penthesilea seems to have haunted women writers: Ilse Langner's nickname, when she emerged as a dramatist in Weimar Germany, was 'Penthesilea', and she responded to the appellation with a play, *Amazonen*; while more recently Christa Wolf's essay on Kleist's Penthesilea (Wolf 1985) explains her fascination with the figure.

7 First performed 6 October 1979 at the Vereinigte Bühnen Graz, Steirischer Herbst.

as "Nora aus dem gleichnamigen Stück von Ibsen" (1992:9). The dramatist's method is to expose, deconstruct, and undermine, from the perspective of the late nineteen-seventies, the proto-emancipatory impulse for which Ibsen's piece is famous.
Ibsen's Nora is without doubt one of the most striking and talked-about figures from theatre at the turn of the nineteenth century. It is worth remembering that the effect of the character, as well as the dramatic dénouement of *A doll's house*, relies to a great extent on the assumption that leaving her husband and, more importantly, her children, is the most unnatural act a woman could perform. The audience is implicitly urged to weigh carefully the motives that might provoke such a notable breach of nature. It is not so much the Nora character that is fetishized, as the underlying notion that women are properly, *naturally*, caring or maternal. A disturbance in this impulse is therefore the most convincing signal of a psychic irregularity.
In her "sequel" to Ibsen's Nora story, Jelinek takes that notion head-on. "Ich will weg von meinem Pfleger-Image" (1992:9) says her Nora in the first scene, voicing and simultaneously parodying what is implied by Ibsen's text. Having her characters spell out what is normally implicit, speak the unspoken, is one of Jelinek's favorite ruses. As dramatist, she refuses to play by the rules. Her Nora repeatedly describes herself and her feminine responses explicitly, in the crassest terms of the masculinist discourse on "woman": she claims to be "ein geheimnisvolles Wesen" (1992:25) and to respond emotionally to events, "weil Gefühle mehr weiblich sind" (1992:25).[8] Her dialogue with her boss and lover Weygang buckles under the weight of collected gender clichés:

> WEYGANG. Ich werde dich hier herausholen. Der Unternehmer ist nicht der böse Wolf, als den ihn die Öffentlichkeit sieht. Als Gewinne gelten schließlich noch nicht einmal alle Zinsen, die mein Eigenkapital trägt.
> NORA. Ich beobachte, wie auf deinem Gesicht unerbittliche Härte in raschem Wechsel mit unvorstellbarer Zärtlichkeit kommen und gehen. Dieser Wechsel fasziniert mich.
> WEYGANG. Als ich dich während der Tarantella jagen und locken sah, da kochte mein Blut.
> NORA. Wie deine Blicke auf meiner Haut brennen! Sie ziehen mir förmlich die Kleider vom Leibe. Ich wehre mich nur noch schwach. Ein unglaublich starker Sog geht von dir aus. (Jelinek 1992:25-26)

Jelinek's use of language is comparable with Reinshagen's visual collation of the Marilyn Monroe image: it gathers what is current, pre-existing, clichéd – aspects of the dominant discourse – in such a way that the effect is hyperbolic, and language is forced to parody itself.
Nearly ten years after *Nora*, Jelinek developed a more radical visual as well as linguistic collage technique in her play *Krankheit oder moderne Frauen* (1992:191-265).[9] Like *Nora*, *Krankheit oder moderne Frauen* refers back to Western literary history: it features, in leading roles, both Emily Brontë (cast as a dental nurse) and Sheridan Le Fanu's female vampire from the story *Carmilla* (first published in 1872). In Le Fanu's version, Carmilla is the seducer of a young woman called Laura

8 This cliché had already featured in Jelinek's novel *Die Liebhaberinnen* (Jelinek 1975:23).
9 First performed 12 February 1987, Schauspiel Bonn.

into whose home she has ingratiated herself. In Jelinek's play it is the writer, Emily Brontë, who vampirically seduces an Austrian housewife and mother – called Carmilla. Emily explains her own reappearance as a vampire – archetypal outsider – with reference to her writing career and her sexual independence: the other two Brontë sisters rest in peace:

> Diese Unbösen. Sie haben sich längst aufgelöst, einfache Rätsel, die sie waren. Sie haben nicht so sehr mit der Welt und deren Publikationsmöglichkeiten spekuliert. Außer vielleicht meine Charlotte. Sie hat einen durchschnittlichen Menschen geheiratet. (Jelinek 1992:211)

Where Le Fanu's vampiric victim is a blossoming girl who gradually turns wan as she loses her blood to the vampire, Jelinek's housewife Carmilla is, in a complete reversal of vampiric tradition, already dead before the vampire attacks, having died in childbirth in the second scene. She recovers herself visibly as Emily seduces her.

The vampire fascinates in the predictable guise of the Other, as a perfect inversion of the self.[10] It is neither living nor dead but un-dead; it sleeps by day and walks by night; it takes possession of another being by means of the mouth, not the genitals, and in the act of possession it ingests rather than expelling bodily fluid. The growing predilection for female vampires in the second half of the nineteenth century, when Le Fanu wrote his tale, extends the inversion: woman becomes the penetrator, primarily of other women; vampires are lesbians (Case 1997). Jelinek's Emily is visually phallic: the "caring image" encoded in her nurse's uniform is grotesquely contradicted by the stakes that protrude from her chest (precisely specified by Jelinek in the stage directions) and by the vampire's fangs that she can extend or withdraw at will. Both Emily and Carmilla suck blood from Carmilla's six children until the children are dead: the notion of the life-giving, nurturing impulses of the mother, on which Ibsen's *Doll's house* was predicated, is thoroughly upset. And bloodsucking inverts the "natural" order in more than one respect: it strikes at the heart (so to speak!) of patrilinearity, the cult of "pure blood" off which racial and gender oppression feed (Case 1997:385). As we watch it in Jelinek's play we may remember that Benno, Carmilla's husband, had responded to the sight of his newborn child (at whose birth his wife dies) with the loaded words: "mein herrliches Blut!"

As in her novel *Lust*, Jelinek in her dramas takes the willing blindness to oppression that is a prerequisite for fetishistic titillation in a violent patriarchy, and opens its eyes with a grotesque, hyperbolic parody of the real. The female body, traditionally fair game for the voyeuristic audience's gaze in all the visual arts, is first overtly displayed – Carmilla's legs are parted and put in stirrups for the childbirth scene – and then symbolically destroyed by the relaxed, medically-curious men who first extract the child and then, one by one, Carmilla's inner organs.

Carmilla and Emily finish the play as one, sewn together into a double creature or "Doppelgeschöpf"; an expression, perhaps, of the kind of non-unitary female identity we have already met in the plays of Lochhead and Reinshagen. In utopian vein,

---

10 This is not a new phenomenon in western culture (compare e.g., Béhar 1993).

Luce Irigaray has written of *This sex which is not one* (1985), but this is certainly not a utopian finale: Jelinek's creature is shot dead by the two marauding, vengeful men.

Conclusion

Susanne Greenhalgh has written of the "liminality of theatrical activity, its role in creating an area of experience that is both within and beyond the norms of structured social life, where possibilities of change and transformation (...) can be rehearsed and enacted" (1989:171). Change and transformation with concrete social consequences – a feminist utopian vision of a "new" female identity – is not a feature of the plays I have referred to. We come closest to it, perhaps, in Reinshagen's *Die Clownin*, in which the actress Dora gradually transforms herself into a clown, thus moving towards a fluid, un-fixed identity that slips along gender borders into the (not unproblematic) realms of the camp, the androgynous, the transvestite.

But a different kind of change or transformation *is* a feature of all of these stagings, and that is the disruption or disturbance of the fetishizing gaze that theatre has traditionally directed at "woman". Such a gaze is often murderous: Catherine Clément has noticed opera's tendency to stage women for the sake of watching them die (Clément 1989); and drama has shared the proclivity, gratifying its audience with the cathartic effects of seeing that which is (from a masculinist perspective) both utterly precious and utterly other exposed to the desirous gaze, then killed. When Lochhead divides her two characters into an array of Elizabeths and Marys, from queens to gutter urchins, she is cheating that gaze of its unitary object (worth noting, too, that Lochhead's play never takes us as far as the execution of Mary); and when Jelinek stiches her pair, Emily and Carmilla, into a "Doppelgeschöpf", she is both parodying the generic "woman" that the men of the play are intent on hunting down, and constituting a creature of divided identity, Janus-headed and unpredictable.[11] Like Jelinek, Reinshagen in *Marilyn Monroe* and Cixous in *Dora* expose not so much the female object as the processes of its creation as object, whether for sexual titillation or scientific investigation. In the *Portrait de Dora*, it is Freud who is exposed as the would-be exposer, a colonizer of female identity.

Whether or not these dramatists entirely escape the assumptions and presuppositions inherent in Western culture is open to question; but their disturbance of the too-familiar sight of "woman" staged *is* a countering of the established perception of the female self as – *selbstverständlich* – other.

11 The common notion of woman as unpredictable springs from the *Herr und Knecht* situation created by the gender hierarchy – once men have attempted to fix female identity, the fear of her becoming unfixed, unpredictable, is bound to become a part of the masculinist notion of woman as a whole.

References

Béhar, P. (1993): La Répresentation du Turc dans l'Europe des XVIe et XVIIe siècles et l'oeuvre de Callot. In: *Jaques Callot (1592-1635): Actes du colloque de musée du Louvre et de la ville de Nancy des 25, 26, et 27 Juin 1992*. Ed. D. Ternois. Paris: Klincksieck. pp. 305-30.

Case, S.-E. (1997): Tracking the vampire. In: *Writing on the body: Female embodiment and feminist theory.* Eds. K. Conboy/N. Medina/S. Stanbury. New York: Columbia University Press. pp. 380-400.

Cixous, H. (1986): *Théâtre*. Paris: des femmes.

Cixous, H./C. Clément (1986): *The newly born woman.* Manchester: Manchester University Press.

Clément, C. (1989): *Opera or the undoing of women.* London: Virago.

Fraser, A. (1969): *Mary, Queen of Scots*. London: Weidenfeld and Nicholson.

Freud, S. (1991, 1905): *Three essays on the theory of sexuality.* In: *The essentials of psychoanalysis.* London: Penguin. pp. 277-375.

Freud, S. (1990): Fragment of an analysis of a case of hysteria. In: *Case Histories 1.* Ed. A. Richards. London: Penguin. pp. 31-164.

Greenhalgh, S. (1989): Occupying the empty space: Feminism and drama. In: *Teaching women: Feminism and English studies.* Eds. A. Thompson/H. Wilcox. Manchester: Manchester University Press. pp. 170-179.

Hunter, D. (1997): Hysteria, psychoanalysis, and feminism: The case of Anna O. In: *Writing on the body: Female embodiment and feminist theory.* Eds. K. Conboy/N. Medina/S. Stanbury. New York: Columbia University Press. pp. 257-276.

Irigaray, L. (1985): *This sex which is not one.* New York: Cornell University Press.

Jelinek, E. (1975): *Die Liebhaberinnen*. Reinbek bei Hamburg: Rowohlt.

Jelinek, E. (1992): *Theaterstücke*. Reinbek bei Hamburg: Rowohlt.

Le Fanu, J.S. (1993, 1872): *Carmilla.* In: *In a glass darkly.* Oxford, New York: Oxford University Press.

Lochhead, L. (1989): *Mary Queen of Scots got her head chopped off - Dracula.* London: Penguin.

Reinshagen, G. (1986): *Leben und Tod der Marilyn Monroe*. In: *Gesammelte Stücke*. Frankfurt a.M.: Suhrkamp.

Russo, M. (1997): Female grotesques: Carnival and theory. In: *Writing on the body: Female embodiment and feminist theory.* Eds. K. Conboy/N. Medina/S. Stanbury. New York: Columbia University Press. pp. 318-336.

Tannahill, R. (1998): *Fatal majesty: The drama of Mary Queen of Scots*. London: Orion.

Wolf, C. (1985): Kleists Penthesilea. In: *Text und Kritik* 46. pp. 1-11.

Real and hyperreal: A politics of the other

Annette Comte
School of Literary and Communication Studies, Deakin University, Australia

> The cities of the interior are vast, and do not lie on any map. (Winterson *The Passion* 1987:150)

Introduction

The English writer Jeanette Winterson opens a way for a politics of gender not constrained by the stereotyping binary oppositions of sexual difference. In her novel, *The Passion* she disrupts the discourses of sexual difference that determine how gender is constructed in our society today. Winterson's bisexual protagonist the Venetian girl, Villanelle uses disguise in her pursuit of passion, a disguise that puts her in the in-between position of a bisexual, neither one nor the other. "I took to working double shifts at the Casino, dressing as a woman in the afternoon and a young man in the evenings"(1987:62). "It was part of the game, trying to decide which sex was hidden behind tight breeches and extravagant face-paste" (1987:54). Villanelle when speaking of her passion, her *jouissance*, her desire as an expression or as a construction of her gender says that, "What you are on one day will not constrain you on the next. You may explore yourself freely and, if you have wit or wealth no one will stand in your way" (Winterson 1987:150). Here, Winterson demonstrates that gender is performative because the body takes over in a discursive situation. Gender is performative because there is no definitive relationship between the surface of the body, 'the map' and its inner fantasies, "the cities of the interior"(Winterson 1987:150).

This paper explores alternative ways of perceiving and performing gender that are not constrained by the limits imposed by a fixed system of binaries, signification and representation, and by the need for an autonomous subject. It will focus on: feminist concepts of performative gender to disrupt the categories of the body, gender, sex and sexuality; Jacques Derrida's deconstruction of the binary oppositions governing sexual difference to allow free play of the signifier between the inside and the outside of the body; and Jean Baudrillard's ideas on the simulacrum and seduction to place performative gender in a current cultural context. An analysis of Winterson's novel, *The Passion* will provide explication of and support for the theoretical ideas developed.

Map and territory

Jean Baudrillard's ideas on the relationship between the map and the territory, the real and the hyperreal, demonstrate strong parallels with performative thinking on sex and gender. As he says, "the territory no longer precedes the map, nor survives it. Henceforth, it is the map that precedes the territory – Precession of Simulacra –"

(1994:1). The representational imaginary that existed between the map and the territory disappears with the simulacra and with it goes the real to be replaced by what Baudrillard terms the hyperreal – he goes on to say "that it is no longer a question of imitation, nor of reduplication, nor even of parody. It is rather a question of substituting signs of the real for the real itself" (1994:2). The real gains meaning through systems of signs organized as discourses in the world, and if these systems of signs are thrown into question, the very foundations of the discourses that are claiming to explain the reality in which we live are undermined. Performative gender as demonstrated by Jeanette Winterson's protagonist, Villanelle does subvert the system of signs that we use to interpret sexual difference. As Baudrillard explains:

> To dissimulate is to feign not to have what one has. To simulate is to feign to have what one hasn't. One implies a presence, the other an absence. Someone who feigns an illness can simply go to bed and make believe he is ill, but someone who simulates an illness actually produces in himself some of the symptoms. Thus feigning or dissimulating leaves the reality principle intact: the difference is always clear, it is only masked; whereas simulation threatens the difference between 'true' and 'false', between 'real' and 'imaginary'. (1994:4)

If, as Baudrillard suggests, simulation produces the simulacrum of the real, the destruction of meaning and of all relation to reality, then gender construction as demonstrated in *The Passion*, must put into question not only systems of the representation of sexual difference, but also ideology as a production of these representations.

Inside/Outside

Feminist writers, Butler and Grosz argue that the materialization of sexual difference links the corporeal body (outside) and the psychic element of subjectivity (inside). They suggest that movement between the inside and the outside of the body offers multiple subject positions for the gendered body. However, the body's permeable boundary or surface can never provide a true map of its inner secrets, anymore than Baudrillard's map is a reliable indicator of the territory. Links between the sexually marked contours of the body and the inner desires or libido of the individual are controlled by structures which maintain a heterosexual, phallogocentric economy. Boundaries established by the movements between the inside and the outside are subject to politicization and power is always in contention at the intersection of the two surfaces. Simone de Beauvoir in *The Second Sex* was the first person to articulate a problematic difference between sex and gender. She introduced the idea of the body as socially constructed, so that sex and gender were no longer considered synonymous, in saying that, "one is not born a woman, but, rather, becomes one" (1974: 301). Butler and Grosz have subverted this idea of a simple social construction of the body's gender. Butler's concept of performative gender as a repetitive, multiple process is an example of the play of *différance* based on Derrida's critique of binary logic that suggests meaning (signification) is produced through the free play of the signifier. Performative gender, manifested as masquerade, mimesis, carnivalesque and drag, is able to exploit the infinite deferral of meaning, to expose the ambiguities between the inner and the outer body space. As Butler says in *Gender Trouble*:

> If the anatomy of the performer is already distinct from the gender of the performer, and both of those are distinct from the gender of the performance, then the performance suggests a dissonance not only between sex and performance, but sex and gender, and gender and performance. (Butler 1990:137)

Butler expresses the view that gender does not simply result from the social construction of sex, but that a reciprocal process is occurring where gender is in turn constructing sex. Gender is not a fact or an essence that can be attributed to identities (Man or Woman), nor can it be considered as solely the result of an ultimately illusory performance. The idea of gender is created by acts of gender. It is a repetitive performance of stylized acts over time involving bodily gestures, movements, dress and styles of various kinds. If we also take into account the fluid and shifting boundaries between the inside and the outside of the body, gender as a surface signification is a dynamic ever-changing performance that can never be fully internalized, neither can it ever truly reflect interior psychic sexuality. If gender reality is created through repetitive social performances, it means that the notion of an essential pre-determined sexual identity is constituted as part of the strategy to conceal gender's performative character and the possibility for gender configurations to be produced performatively outside the heterosexual frame.

In her book *Bodies that Matter* Judith Butler asks: "Is there a way to link the materiality of the body to the performativity of gender? And how does the category of sex figure within such a relationship?" (Butler 1993:1). Butler, and Grosz in her book *Volatile Bodies: Toward a Corporeal Feminism* look at the relationship between the psychic interiority and the cultural exteriority of the body in the process of gendering. They have suggested a contradictory notion of gender that incorporates a mixture of the outside truth, appearance, performance or presentation and the inside truth, the ego-core or psychic disposition. As Butler says,

> Gender is neither a purely psychic truth, conceived as "internal" and "hidden", nor is it reducible to a surface appearance; on the contrary, its undecidability is to be traced to the play between psyche and appearance (where the latter domain includes what appears in words. (Butler 1993:234)

Butler and Grosz see social relations (not persons) as gendered and stress the importance of the relationship between the psychic interior and the cultural exterior of the body in gendering.

The Möbius Strip

In *Volatile Bodies* Grosz continues the discussion of the sexed body, firstly from the Inside Out (from the psychical interior of the body to the socially inscribed corporeal manifestation), and then from the Outside In (describing how the social inscription of the surface of the body relates to the psychic interior). Grosz's concept of a Möbius Strip is used as a metaphor for the interface of surfaces, the permeability of boundaries, the viscosity of bodily fluids and as a circular and constantly interchanging flux of traces of sexual difference. The inside face of the strip contains the psychical codes of sensations, pleasures and experiences and the outside face, social discourses, customs and habits. If the outside of the strip is traced one ends up on the inside of the strip without being able to establish the point at which the crossover took place. As Baudrillard would say one has "substituted signs of the real for the real itself (...) a precession of the simulacra" (Baudrillard 1994:3). Grosz expands these ideas when she says:

> (...) instead of seeking sexual identities, the notion of two absolutely separate types of entity, men and women, I have attempted to seek out traces and residues of sexual difference, a difference impossible to unify, impossible to separate from its various others and impossible to seal off in clear-cut terms. Once the subject is no longer seen as an entity – whether psychical or corporeal – but fundamentally an effect of the pure difference that constitutes all modes of materiality, new terms need to be sought by which to think this alterity within and outside the subject. (Grosz 1994:208)

Grosz and Butler are providing ideas that have strong affinities with the present paradigms of cultural thinking which open up exciting new ways to investigate constructions of sexual difference.

Baudrillard's theories on culture have also been likened to a Möbius strip. In his view of a simulated social order all dichotomies disappear, choices are no longer binary, the internal has become external and vice versa, everything is self reproductive and as Baudrillard says, "there is always a question of proving the real through the imaginary" (Baudrillard 1994:19). For Baudrillard, postmodernity defines a culture that exists as a simulacrum of signs where true identity, the subjective position and reality have dissolved into the fate of electronic reproduction and representation, masquerade and appearance. His views gain support from Deleuze who critiques binarism by suggesting that a double world is unnecessary and so the focus is on practices that link rather than separate the opposed terms defining sexual difference.

Seduction and desire

One of these practices is seduction, defined by Baudrillard as a concept that links sex, desire and the hyperreal. He sees seduction representing "mastery over the symbolic universe, while power represents only mastery of the real universe" (1990:8). Seduction defined by Baudrillard as the "pure play of appearances" is able to reverse the sign, and expose the vulnerability of systems and ideologies that deal with the Freudian structures that support the phallus with its one sexuality and one libido. Villanelle in *The Passion*, uses seduction, to respond to a situation, signs are reversible, involvement is symbolic. "She thought I was a young man. I was not. Should I go to see her as myself and joke about the mistake and leave gracefully?" (Winterson 1987:65).

Baudrillard also sees seduction as utilizing the breakdown of sexual dichotomies, as the gap between the real and the imaginary closes. He sees seduction as a reversible form that can take advantage of Derrida's "space of free play" that results from the deconstruction of the binary oppositions of sexual difference. Derrida's deconstruction and deferral of difference results in a dynamic third or in-between term, *différance,* that Baudrillard maintains can be appropriated by seduction for the negotiation of gender construction. Jeanette Winterson's protagonist, Villanelle uses "passion" as somewhere between "fear and sex" to subvert the culturally produced category of "woman", to negotiate a perfomative gender through movement both inside and outside gender as ideological representation. Derrida and Baudrillard put the uncertainty of sexual differentiation into a political and cultural context.

Baudrillard sees seduction as fitting into the gap between the object and its simulation, between the original and the duplicate, between authenticity and artifice. He points out that with postmodern fragmentation and collapse of the sureties of a phallogocentric system, the power of "the other", especially the "feminine elsewhere" can come into its own. He criticizes feminism for blinkered vision in striving for a female subjectivity within the patriarchal structure as this very structure is only made real by "the other" and suggests that the feminine should exploit the element of "appearance" that they have for so long been constrained to as "the other".

Seduction as defined by Baudrillard opposes the basis of Freud's psychoanalysis that anatomy is destiny. Baudrillard maintains that it is the "feminine as appearance that thwarts masculine depth" (Baudrillard 1990:10). He sees an "alternative universe that can no longer be interpreted in terms of psychic or psychological relations, nor those of repression and the unconscious, but [one] that must be interpreted in terms of play, challenges, duels, the strategy of appearances, the terms of seduction" (Baudrillard 1990:7). If seduction is defined as "the strategy of appearances" that link authenticity and artifice, and if the feminine has never been a subject, but always the object of the phallic gaze, then seduction may inhabit and also overcome the space of simulation that allows no distinction between reality and its models. Winterson uses seduction on these terms for her female protagonist Villanelle who talks about her passion as a game at the level of the sign. "But what was myself? Was this breeches and boots self any less real than my garters? What was it about me that interested her?" (Winterson 1987:65/66).

A politics of desire

An erotic bisexuality in *The Passion* suggests opportunities for sexual pleasure that begin at the level of *jouissance*, not sexual difference, and the continual movement within Derridian signifiers of *différance* opens the way for a politics of gender not constrained by the old binary oppositions. Winterson places sexual difference in the realm of the unknowable by producing protagonists who demonstrate masculinity and femininity simultaneously. Like Hélène Cixous, Winterson tries to locate:

> (...) sexual difference at the level of sexual pleasure, of *jouissance*. To some extent, this is clearly a strategic move. It removes any possibility of identifying femininity and masculinity with the certainties of anatomical difference. It also places sexual difference in the realm of the unknowable. (...) The insistence on libido as the location of sexual difference thus offers to Cixous [and Winterson] the possibility of theorizing an alternative economy. (Cixous in Shiach 1991:18)

For Villanelle, passion is a surface signification that lies continuously in the Derridean space between:

> Explorers are prepared. But for us, who travel along the blood vessels, who come to the cities of the interior by chance, there is no preparation. We who were fluent find life is a foreign language. Somewhere between the swamp and the mountains. Somewhere between fear and sex. Some where between God and the Devil passion is. (Winterson 1987:68)

Winterson uses a metaphor of the bridge to show how things are done differently in Venice. The bridge is a living metaphor for the multiple, shifting and changing faces of gender. It is evidence of the union of opposites and of Derrida's concept of *différance* as the infinite play of difference:

> We didn't build our bridges simply to avoid walking on water. Nothing so obvious. A bridge is a meeting place. A neutral place. A casual place. Enemies will choose to meet on a bridge and choose to end their quarrel in that void. One will cross to the other side. The other will not return. For lovers, a bridge is a possibility, a metaphor of their chances. And for the traffic in whispered goods, where else but a bridge in the night?
>
> (...) We are a philosophical people, conversant with the nature of greed and desire, holding hands with the Devil and God. We would not wish to let go of either. This living bridge is tempting to all and you may lose your soul or find it here. (Winterson 1987:57)

"Passion. Obsession (...) [Fantasy/Reality] the dividing line is as thin and cruel as a Venetian knife" (Winterson 1987:153). Winterson sustains a metonymy of edges, of the coming together of oppositions: love and hate, God and the devil, sex and violence, the ultimate example being the coming together of masculinity and femininity in the form of bisexuality. These unions of opposites or in-between terms expose the binary oppositions of liberal humanism and the power structure of hierarchies sustained by patriarchy through the master narratives, as limited and controlling for both men and women.

Winterson offers a deconstruction and redefinition of gender that provides alternative resolutions to traditional images of romantic love and gender stereotypes. She is able to show that desire need not be constrained within a range of signifying practices that tend to privilege a view of desire as based purely on erotic masculine fantasy taking no account of (real) feminine or masculine experience. "This is the city of disguises. What you are one day will not constrain you on the next. You may explore yourself freely" (Winterson 1987:150). Villanelle sees "a tapestry of myself when I was younger and walked like an arrogant boy" (1987:143) and wonders whether we have invisible lives, parallel lives "that spread out around us like a fan and we can only know one life, but by mistake sense others" (Winterson 1987:144). "The cities of the interior are vast, and do not lie on any map" (1987:150). Winterson is able to politicize "desire" in relation to gender.

A Deleuzian framework

A Deleuzian framework supports Baudrillard in a refusal to identify a double world where representation mirrors the real and it also supports Derridean theory by positing mutual relationship rather than the choice imposed by binarisms. Deleuze, Guattari, Derrida, Baudrillard and Grosz all identify an effect outside the body, outside the psychological and psychic interiority that provides connections and flows between other bodies, objects and processes. An effect that resists subjectification and signification and displaces the privileges of interiority with exterior process; pleasures, passions, behaviors linked, often unpredictably, to other bodies, elements and realities. They emphasize the importance of permeable boundaries that are dynamic, not static in allowing constant movement between the inside and outside, the "map" and the "territory" and vice versa. Deleuze and Guattari support Baudrillard's version of the simulacra as a dynamic map that always takes precedence over the immutable or fixed territory. They use the metaphor of a cartographer or mapmaker.

> The map is open, connectable in all its dimensions; it is detachable, reversible, susceptible to constant modification. It can be torn, reversed, adapted to any kind of mounting, reworked by an individual, group or social formation. It can be drawn on the wall, conceived as a work of art, constructed as a political action or as a mediation. (...) The map has to do with performance, whereas the tracing always involves an alleged "competence. (Deleuze/Guattari 1983:25-26)

They turn the relationships between boundaries and movement upside down, suggesting that it is movement, not the boundaries that is the determining factor in connecting the inside and the outside of the body. Like Baudrillard, they see the outside as a virtual condition of the inside, as the hyperreal. Deleuze and Guattari develop theoretical perspectives that offer an understanding of sexual difference outside the constraints of the subject, signification, dualisms and representation. They support ideas of multiplicity and perfomativity that incorporate notions of the body as a series of ever changing flows, surfaces and energies.

The body is defined in terms of its agency; what it can do, how it makes connections, how it intervenes in the discourses of society. Deleuze and Guattari also introduce a different notion of desire, one that matches with Baudrillard's concept of seduction and the French feminists' notion of *jouissance.* Desire is not perceived as a 'lack' or absence, as something to be yearned for and sought after as in Freud's definition, but as active, self proliferating, celebratory, turbulent, visceral and affective. The agency of the body, what it can do, how it makes connections, how it is involved in discourses is more important than a biological or psychological focus on the body. A Deleuzian framework offers the possibility of new ways of using knowledge in day to day life, of intervening politically in cultural discourses and interrogating the limits of what is possible in terms of sexual difference in the Twenty-First Century.

References

Baudrillard, J. (1990): *Seduction.* Macmillan: Basingstoke.

Baudrillard, J. (1994): *Simulacra and simulation.* Ann Arbor, Mi.: The University of Michigan Press.

Butler, J. (1990): *Gender trouble: Feminism and the subversion of identity.* New York: Routledge.

Butler, J. (1993): *Bodies that matter: On the discursive limits of sex.* New York: Routledge.

de Beauvoir, S. (1973): *The second sex.* New York: Vintage.

Deleuze, G./F. Guattari (1983): Rhizome. In: *On the line Semiotext(e).* New York: Columbia University. pp. 1-65.

Grosz, E. (1994): *Volatile bodies: Toward a corporeal feminism.* St. Leonards: Allen & Unwin.

Grosz, E. (1995): *Space, time and perversion: The politics of bodies.* St. Leonards: Allen & Unwin.

Shiach, M. (1991): *Hélène Cixous: A politics of writing.* London: Routledge.

Winterson, J. (1987): *The passion.* Ringwood: Penguin.

Thus spake the Medusa: Problems with gendered writing in Nietzsche and Cixous

Kelly Meyer
Department of German and Russian Languages and Literatures at the University of Notre Dame

Introduction

At the very least, I suppose, the conjunction will strike some readers as odd: Hélène Cixous and Friedrich Nietzsche. And indeed, it would seem difficult to conceive of two more disparate thinkers. For, whereas one associates Cixous with the theory and practice of a triumphant, feminine writing – of "écriture féminine" – Nietzsche's name is often seen as synonymous with the worst sort of misogyny – a kind of unapologetically aggressive "écriture masculine".[1] What could the two possibly have in common? Surprisingly, as it turns out, a very great deal.

For example, both Cixous and Nietzsche engage in thorough-going linguistic critiques of metaphysics, emphatically rejecting such traditional notions as the self-identical subject, logical consistency, and objective truth, valorizing instead the constitutive role of the unconscious, sexuality, and the body in our intellectual lives. Similarly, their attention to linguistic concerns often results in a self-consciously metaphorical, "poetic" prose – in a blurring of conventional distinctions between philosophical and "artistic" discourses. Their philosophies, finally, can be seen as culminating in remarkably similar visions. In both Cixous's celebration of "the gift" and Nietzsche's notion of a "gift-giving virtue", we encounter the ideal of a healthy humanity – of a kind of *Übermenschheit* capable of both giving and receiving without fear of loss or need of recompense.

Despite such similarities, however, one fundamental difference remains. For Cixous, the dominant metaphysical tradition is phallogocentric; her revolutionary alternative, by contrast, is clearly feminine – "écriture féminine". For Nietzsche, on the other hand, the Tradition largely embodies a resentment-filled, "effeminate" flight from life; in an important sense, his alternative is truly over*man*. What, then, are we to conclude? Is the critique in which these authors engage feminine or masculine? What does it mean if the same subversive voice can be valorized by both a committed feminist and an unrepentant chauvinist? This question is all the more intriguing in as far as the few earlier studies devoted to these two authors completely fail to address it (see Schrift 1994, Plotnitsky 1994).

I shall begin this paper, therefore, by describing key features of "écriture féminine" as they appear in Cixous's important essay, *The laugh of the Medusa*. I will then go on to show how many of the feminist theoretician's central insights and stylistic

1 On Nietzsche's misogyny see, among others Derrida (1979), Kofman (1979), Allen (1979), Berg (1982), Irigaray (1991), Farrell-Krell (1986) Bergoffen (1989).

devices find themselves prefigured in Nietzsche's writings, especially *Thus spake Zarathustra* (and this despite the fact that Cixous explicitly rejects Nietzsche's conception of woman, stating flatly: "Woman is obviously not that woman Nietzsche dreamed of (...)" (Cixous 1993:344). Reading each of these authors through the lens of the other, I shall conclude, we are forced to rethink the exclusive association of their anti-metaphysical musings with either femininity *or* masculinity. In the end, such radical perceptions and performances of gender merely serve to deconstruct the very dichotomy from which they proceed.

The laugh of the Medusa

In *The laugh of the Medusa*, Hélène Cixous sets out to explore "women's writing" or "écriture féminine". "I shall speak about women's writing, about *what it will do*", she asserts, continuing: "Woman must write her self: must write about women and bring women to writing, from which they have been driven away (...) I write this as a woman, toward women" (Cixous 1993:334, emphasis in original). What traits characterize this kind of writing? What sets it apart from masculine discourse?

For Cixous, "écriture féminine" begins with a double gesture; it negates at the same time that it affirms. Lacking a tradition of its own, such writing must both work against the history of masculine hegemony *and* envision a feminine future as yet unrealized. Cixous contends: "[A]s there are no grounds for establishing a discourse, but rather an arid millennial ground to break, what I say has at least two sides and two aims: to break up, to destroy, and to foresee the unforeseeable, to project" (Cixous 1993:334). She begins her project, therefore, by critiquing traditional writing: "Nearly the entire history of writing is confounded with the history of reason, of which it is at once the effect, the support, and one of the privileged alibis. It has been one", she concludes, "with the phallogocentric tradition" (Cixous 1993:337).

Drawing on Lacanian and post-structural linguistic theory, Cixous goes on to locate the sources of this tradition not in its oft-invoked, disinterested search for Truth, but in unconscious masculine anxieties about, and attempts to control, the body.[2] "[N]o woman stockpiles as many defenses for countering the drives as does a man", she proclaims. "You don't build walls around yourself, you don't forego pleasures as 'wisely' as he" (1993:339). Similarly, while "masculine anxiety gravitates around the penis, engendering that centralized body (in political anatomy) (...) woman does not bring about the same regionalization which serves the couple head/genitals and

2 For a brief but enlightening description of the role played by Lacan in particular, and post-structuralist linguistic theory in general in Cixous's work, see Moi (1985:99-126). The vexed question of biological or anatomical essentialism in Cixous is too large to consider in detail here. Suffice it to say that, on the one hand, many of her statements clearly reveal non-essentialist notions of gender. In *The laugh of the Medusa,* for example, she observes: "Bear in mind to begin with (...) that sexual opposition, which has always worked for man's profit to the point of reducing writing, too, to his laws, is only a historico-cultural construct" (340). Indeed, she maintains in this same essay that some men have written "femininely" and some women "masculinely" (337). On the other hand, many statements in this same text do indeed seem to ground masculine writing in male *bodies* – in a "fear of castration" and in the "couple head/genitals" (see in this connection Gallop 1982, Jardine 1985, Stanton 1986).

which is inscribed only within boundaries" (345). Men's castration anxiety results in a binary opposition between head and body, mind and matter. Within this system, the superiority of "reason" is scrupulously maintained and woman becomes figured as inferior Other.

In order to unseat the masculine discourse that interprets her in this way, therefore, woman must reclaim the very libidinal locations feared by men and outlawed by phallogocentrism (Cixous 1993:343-44). Cixous praises the unconscious, for example, as a "limitless country", a place of power where women – "the repressed of culture" – manage to survive (Cixous 1993:336, 337). Similarly, she celebrates female drives as sources of sovereignty: "Oral drive, anal drive, vocal drive – all these drives are our strengths" (1993:346). Women, in short, must return to their bodies and the limitless potential they represent, for they enjoy a privileged relationship to this location and, thus, to writing: "Write your self. Your body must be heard. Only then will the immense resources of the unconscious spring forth" (1993:338).

Drawing on these heretofore demonized sides of themselves, women attain a position from which to negate the masculine ideology promulgated by traditional discourse. Their insights transcend the bounds of conventional logic by which, indeed, they cannot be comprehended. Their "écriture féminine" endlessly escapes the masculine grasp; it cannot be confined to a stable place within the phallogocentric system: "It is impossible to *define* a feminine practice of writing and this is an impossibility that will remain, for this practice can never be theorized, enclosed, coded – which doesn't mean that it doesn't exist. But it will always surpass the discourse that regulates the phallogocentric system (...)" (1993:340, emphasis in original).

Insights such as these reflect and demand a fundamentally different relationship to language than that characterizing phallogocentric discourse. On the one hand, they disallow the demands of a strictly systematic, linear, non-contradictory reason. Woman, Cixous affirms, will no longer operate within the confines of such a framework: "If woman has always functioned 'within' the discourse of man, a signifier that has always referred back to the opposite signifier which annihilates its specific energy and diminshes or stifles its very different sounds, it is time for her to dislocate this 'within,' to explode it, turn it around, and seize it" (343). Woman takes leave of a sign system that relegates her to the role of corporeal Other, "a signifier that has always referred back to opposite signifier". For this system has only ever diminished and stifled her "very different sounds". On the other hand, these same insights into the unconscious and corporeal lead to a productive intermingling of head and body, mind and matter, philosophy and poetry. She abandons the cool rhetoric of philosophical objectivity and speaks passionately and directly to her reader: "Write!" she implores, "and your self-seeking text will know itself better than flesh and blood" (345). Again and again she exhorts: "And why don't you write? Write! Writing is for you, you are for you (...)" (Cixous 1993:335). In the same way, she refuses to restrict herself to carefully defined concepts, instead making use of richly ambiguous, evocative, metaphorical language: "It is time for us to liberate the New Woman from the Old (...) as an arrow quits the bow with a movement that gathers and separates the vibrations musically" (336); "Text: my body – shot through with streams of song" (Cixous 1993:339). In so doing, "écriture féminine" seeks both to do justice to the multiple, uncertain, and open possibilities inherent in existence, and to return to concrete experience.

In the end, Cixous simply laughs at the masculine tradition. This emphasis on laughter brings us back to the opening "double gesture" with which her essay began. For Cixous's laughter both negates *and* affirms. On the one hand, it demolishes that at which it is directed: she laughs "in order to smash everything, to shatter the framework of institutions, to blow up the law, to break up the 'truth' with laughter" (344). On the other, however, it bespeaks a confident self-assurance on the part of she who laughs. Not plagued by the same libidinal anxieties and needs to control as men, women overflow with such strength (Cixous 1993:342). Thus, the result is not merely destruction ("A feminine text cannot fail to be subersive"), it is also a laughing "gift" flowing from feminine over-abundance (Cixous 1993:339, 340). Of women's "gift" Cixous observes: "Because the economy of her [woman's] drives is prodigious, she cannot fail, in seizing the occasion to speak, to transform directly and indirectly all systems of exchange based on masculine thrift. Her libido will produce far more radical effects of political and social change than some might like to think" (1993:339). Similarly, Verena Andermatt Conley writes: "For Cixous (...) the gift as excess, as spending and abundance, becomes, because of her cultural position in (Western) society, woman's essential attribute"; this is a "possibility of spending (...) that would undo all rationality and would inscribe itself in a general – not limited – economy underpinned by laughter" (1984:17, 18). This strength represents an economy fundamentally opposed to the masculine economy of accumulation, an economy based on fear and lack. And finally, in the words of Alan Schrift: "The desire to possess, to receive a return on one's investments, animates an economy that Cixous suggests we call 'masculine,' in part because it is 'erected from a fear that, in fact, is typically masculine' – the fear of castration – the fear of expropriation (...) of losing the attribute" (1994:218).[3] In place of masculine "thrift", then, "écriture féminine" proceeds from, embodies, and leads to a radically differing sexual, textual, and political economy – that of the gift.

Thus spake Zarathustra

For Cixous, as we have seen, the history of writing has too long been conflated with that of reason. This has formed a fundamentally phallogocentric, "arid millennial ground". In response to this situation, she seeks to theorize and enact an alternative, "feminine" form of writing – a counter-voice that at once rejects traditional binary oppositions *and* affirms the intellect's connection to, and dependence upon, the unconscious, sexuality, and the body. Nietzsche, too, sees the history of writing as infected by that of reason. For him, however, this reflects an "effeminate" relationship to reality; his response is to theorize and enact a counter-voice remarkably similar to

3 In developing her notion of "the gift", Cixous draws on the work of Mauss (1990) and Bataille (1988).

that later developed by Cixous. But for him, this same voice is thoroughly masculine. In *Thus spake Zarathustra,* for example, Nietzsche vehemently criticizes the traditional mind/body split.[4] In this regard, many of his comments could virtually have been penned by Cixous: "The body is a great reason, a plurality with one sense, a war and a peace, a herd and a shepherd", Zarathustra asserts in his sermon, "On the Despisers of the Body", continuing: "An instrument of your body is your little reason, my brother, which you call 'spirit' – a little instrument and toy of your great reason" (1954:146). Cixous echoes Nietzsche when she observes: "When it is ambiguously uttered – the wonder of being several – she [woman] doesn't defend herself against these unknown women whom she's surprised at becoming, but derives pleasure from alterability. I am spacious, singing flesh, on which is grafted no one knows which I" (1993:345).

In their texts, both Nietzsche and Cixous emphasize the primacy of the body and the merely secondary role of consciousness; similarly, both negate the unitary subject who lords it over the body, emphasizing plurality within. But for Nietzsche, recognizing the centrality of the body in our intellectual endeavors and the manifold, contradictory nature of consciousness is not part of any putative "écriture féminine"; it is a masculine insight *par excellence.* Indeed, those who assert the contrary – to seek to develop and maintain "objective", metaphysical systems based on the distinction between mind and body – amount to inadequate men. True knowledge always grows out of and expresses virile desire. Assertions to the contrary are made only by "sentimental hypocrites" striving to conceal the driving force of desire from themselves and others. Zarathustra harshly upbraids these "pure perceivers":

> [Y]ou, sentimental hypocrites, you who are 'pure perceivers'. *I* call you – lechers. You too love the earth and the earthly: I have seen through you; but there is shame in your love (...) Your spirit has been persuaded to despise the earthly; but your entrails have not been persuaded, and they are what is strongest in you. And now your spirit is ashamed (...) and to hide from its shame, it sneaks on furtive, lying paths. (1954:234)

For him, as opposed to Cixous, then, rationalistic "pure perceivers" are anything but masculine tyrants; they are ridiculously impotent thinkers unable to come to terms with or admit their own desires. "Piously and silently he passes over carpet and stairs", Zarathustra continues, "but I do not like softly treading men's feet, on which no spur jingles" (1954:234). Indeed, as Nietzsche observes in his later *On the genealogy of morals,* to negate the constitutive influence of desire amounts to an *emasculation* of all true inquiry:

> Henceforth, my dear philosophers, let us be on our guard against the dangerous old conceptual fiction that posited a 'pure, will-less, pain-less, timeless knowing subject' (...) [For] to eliminate the will altogether, to suspend each and every affect, supposing we were capable of this – what would that mean but to *castrate* the intellect? (1967:119)

4 On the defining role of the body in Nietzsche, see especially Deleuze (1985:80): "Nietzsche knows that the hour has arrived: 'We are in the phase of the modesty of consciousness'. To re-call consciousness to its necessary modesty is to take it for what it is: a symptom, and nothing but a symptom (...)".

For Nietzsche, the true thinker admits and whole-heartedly embraces the way in which knowledge "masculinely" imposes itself upon that which it knows; the true philosopher "wears spurs on his feet". Zarathustra's curse for all pure perceivers, therefore, follows in terms of the same, masculinist rhetoric. Their inquiries shall remain fruitless, they themselves intellectually impotent: "But this shall be your curse, you who are immaculate, you pure perceivers, that you shall never give birth" (1954:235). For, the Nietzschean thinker must be "man enough" to take the wisdom he seeks: "Brave, unconcerned, mocking, violent – thus wisdom wants us: she is a woman and always loves only a warrior" (1954:153).[5]

These anti-metaphysical insights have the same formal ramifications for Nietzsche's works as for Cixous's. Like *The laugh of the Medusa*, *Thus spake Zarathustra* is not "simple or linear or objectified" (Cixous 1993:338). It rejects the distinction between spirit and body, mind and matter, philosophy and poetry. As with Cixous, therefore, Nietzsche's use of "poetic" devices is more than mere decoration. It inaugurates, in fact, the kind of philosophy with which she continues, a philosophy, "that deliberately makes use of metaphors, even if it risks being confused with poetry" (Kofman 1985:209). Indeed, Nietzsche's thought not only blurs the distinction between philosophical and "poetic" language, in many ways it valorizes artistic discourse over the philosophical. For artists, as opposed to philosophers, are well-aware of the fictional status of their meaning-making frameworks.[6]

Accordingly, Nietzsche too abandons systematic reflection, embracing instead aphoristic observations and emotive appeals to his audience. Just as Cixous exhorts her readers to realize the New Woman, he passionately implores them to embrace the overman: "*I teach you the overman.* Man is something that shall be overcome. What have you done to overcome him? (...) Behold, I teach you the overman. The overman is the meaning of the earth. Let your will say: the overman *shall be* the meaning of the earth! I beseech you, my brothers (...)" (1954:124-25, emphasis in original). Like hers, his arguments do not progress logically, but associatively; they do not depend so much on logical integrity as on variation and repetition. Finally, Nietzsche's valorization of laughter fulfills the same function as Cixous's. On the one hand, it is a privileged mode of destroying metaphysics; the transvaluation of values is impossible without preliminary, destructive laughter (see Kunnas 1982). At the same time, the Nietzschean laugher attains an elevated status; he stands strong above all others. As Zarathustra informs his listeners:

---

5 See also Nietzsche's preface to *Beyond Good and Evil:* "Supposing truth is a woman – what then? Are there not grounds for the suspicion that all philosophers (...) have been very inexpert about women? That the gruesome seriousness, the clumsy obtrusiveness with which they have usually approached truth so far have been awkward and very improper attempts at winning a woman's heart?" (1).

6 "*Art* (...) in which precisely the *lie* is sanctified and the *will to deception* has a good conscience, is much more fundamentally opposed to the ascetic ideal than science: this was instinctively sensed by Plato, the greatest enemy of art Europe has yet produced. Plato versus Homer: that is the complete, the genuine antagonism" (Nietzsche 1967:153-54, italicized in original).

> I no longer feel as you do: this cloud which I see beneath me, this blackness and gravity at which I laugh – this is your thundercloud. You look up because you feel the need for elevation. And I look down because I am elevated. Who among you can laugh and be elevated at the same time? Whoever climbs the highest mountains laughs at all tragic plays and tragic seriousness. (1954:152-53)

Having attained the mountainous, Zarathustrian heights, one looks down upon all gravity, one scorns the scrupulous, metaphysical distinctions between frivolity and seriousness, "tragic plays and tragic seriousness" ("Trauer-Spiele und Trauer-Ernste"). From Zarathustra's mountaintop, both appear ridiculous.

To be sure, the end result of Nietzsche's reflections is not to liberate the New Woman from the Old. Nevertheless, the overman he envisions remains remarkably similar to Cixous's ideal. His is a gift-giving virtue; he is not a hoarder, but bequeaths from a position of strength:

> Insatiably your soul strives for treasures and gems, because your virtue is insatiable in wanting to give. You force all things to and into your-self that they may flow back out of your well as the gifts of love. Verily, such a gift-giving love must approach all values as a robber; but whole and holy I call this selfishness. (1954:187)

As for Cixous, this positive "selfishness" stands in stark contrast to the more common selfishness of accumulation: "There is also another selfishness, an all-too-poor and hungry one that always wants to steal – the selfishness of the sick: sick selfishness" (1954:187). In Nietzsche's thought, then, we find the same affirmation of the gift over thrift. Here, however, gift-giving is a masculine virtue, an activity that attests not to feminine fullness, but manly self-overcoming. It is to this state that Zarathustra and his "*brothers*" aspire.

Conclusion

In his recent essay, "On the Gynecology of Morals: Nietzsche and Cixous on the Logic of the Gift", Alan Schrift takes it for granted that Cixous's writing reveals a previously neglected, "feminine" dimension of Nietzsche's work: "Cixous's comments bring to the fore a 'feminine' side of Nietzsche's economic reflections" (1994: 217f). But is this so obvious? Could we not as easily contend that Nietzsche's writing bring to the fore a "masculine" side of Cixous? Read in conjunction, the gender-specificity of their texts evaporates. Who is to say whether the feminine or the masculine is primary here? And on the basis of what normative framework? Though each asserts, neither can defend the proposition that "marked writing" exists (Cixous 1993:337). However, this difficulty may in fact serve to break up the "arid millennial ground" against which both so emphatically react. For, it is their very *inability* to neatly or definitively divide feminine from masculine discourse that opens the endless promises of transformation sought by each.

References

Allen, C. (1979): Nietzsche's ambivalence about women. In: *The sexism of social and political theory: Women and reproduction from Plato to Nietzsche*. Eds. L.M.G. Clark/L. Lange. Toronto: University of Toronto Press. pp. 117-133.

Bataille, G. (1988): *The accursed share: An essay on general economy*. New York: Zone Books.

Berg, E. (1982): The third woman. In: *Diacritics* 12. pp. 11-20.

Bergoffen, D.B. (1989): On the advantage and disadvantage of Nietzsche for women. In: *The question of the other: Essays in contemporary continental philosophy*. Eds. A.B. Dallery/C.E. Scott. Albany: Suny Press. pp. 77-88.

Cixous, H. (1993): The laugh of the Medusa. In: *Feminisms: An anthology of literary theory and criticism*. Eds. R.R. Warhol/D. Price Herndl. New Brunswick: Rutgers. pp. 334-349.

Conley, V. (1984): *Hélène Cixous: Writing the feminine*. Lincoln: University of Nebraska Press.

Deleuze, G. (1985): Active and reactive. In: *The new Nietzsche: Contemporary styles of interpretation*. Ed. D. Allison. Cambridge: MIT University Press. pp. 80-106.

Derrida, J. (1979): *Spurs: Nietzsche's styles/eperons: Les styles de Nietzsche*. Chicago: University of Chicago Press.

Farrell-Krell, D. (1986): *Postponements: Woman, sensuality, and death in Nietzsche*. Bloomington: Indiana University Press.

Gallop, J. (1982): 'Writing and sexual difference': The difference within. In: *Writing and sexual difference*. Ed. E. Abel. Brighton: Harvester. pp. 283-290.

Irigaray, I. (1991): *Marine lover of Friedrich Nietzsche*. New York: Columbia University Press.

Jardine, A. (1985): *Gynesis: Configurations of women and modernity*. London: Cornell Press.

Kofman, S. (1979): *Nietzsche et le scène philosophique*. Paris: Union générale d'éditions.

Kofman, S. (1985): Metaphor, symbol, metamorphosis. In: *The new Nietzsche: Contemporary styles of interpretation*. Ed. D. Allison. Cambridge: MIT University Press. pp. 201-214.

Kunnas, T. (1982): *Nietzsches Lachen: Eine Studie über das Komische in seinem Werke*. München: Edition Wissenschaft und Literatur.

Mauss, M. (1990): *The gift: The form and reason for exchange in archaic societies*. London: Routledge.

Moi, T. (1985): *Sexual/textual politics*. London: Routledge.

Nietzsche, F. (1954): Thus spoke Zarathustra. In: *The portable Nietzsche*. Ed. W. Kaufmann. New York: Penguin. pp. 103-439.

Nietzsche, F. (1966): *Beyond good and evil: Prelude to a philosophy of the future*. NewYork: Vintage.

Nietzsche, F. (1967): *On the genealogy of morals*. New York: Vintage.

Plotnitsky, A. (1994): The Medusa's ears: The question of Nietzsche, the question of gender, and the transformations of theory. In: *Nietzsche and the feminine*. Ed. P.J. Burgard. Charlottesville: University of Virginia Press. pp. 230-53.

Schrift, A.D (1994): On the gynecology of morals: Nietzsche and Cixous on the logic of the gift. In: *Nietzsche and the feminine*. Ed. P.J. Burgard. Charlottesville: University Press of Virginia. pp. 210-229.

Shiach, M. (1991): *Hélène Cixous: A politics of writing*. London: Routledge.

Stanton, D.C. (1986): Difference on trial: A critique of the maternal metaphor in Cixous, Irigaray, and Kristeva. In: *The poetics of gender*. Ed. N.K. Miller. New York: Columbia Press. pp. 157-82.

Perceiving and performing Caryl Churchill: The drama of gender construction[1]

Annette Pankratz
Lehrstuhl für englische Literatur und Kultur, Universität Passau

Drama and theater create a very specific locus for the perception and performance of gender. Its 'performativity' (cf. Butler 1990) appears within an institutionalized frame that proffers fictitious but mimetic constructions of reality. Dramatic texts and theatrical performances establish 'as if' situations that either perpetuate traditional, seemingly common-sensical norms or that challenge these norms by exposing their artificiality and constructedness (cf. Schöfer/Janssen 1993:56-57). On a macrostructural level, the interpretive community validates these texts according to specific (sometimes highly gendered) assumptions.

In the following, the playwright Caryl Churchill serves as an example for these processes. Working for and with both fringe companies (e.g. Joint Stock or Monstrous Regiment) and mainstream theaters (the [Royal] National Theatre, the Royal Shakespeare Company and especially the Royal Court Theatre), she is hailed as not only one of the most successful, but also one of the most innovative British authors. From the beginning of her playwriting career in 1972 (with *Owners*) until her latest play to date, *Blue Heart* (1997), she goes beyond the traditional Aristotelian conventions. The infamous unities of time, place and action are replaced by a-chronological plots (*Cloud Nine* 1979, *Top Girls* 1982; *Traps* 1976), the blurring of spatial boundaries (*Fen* 1983, *Hotel* 1997), the fragmentation of identities (e.g. Vidoq in *Softcops* 1984, Skriker in *The Skriker* 1994) and coherent plot-lines (*Blue Heart, Traps*). Postmodern playfulness with intertexts (e.g. Foucault's *Surveiller et Punir* as pre-text for *Softcops*, Shadwell's Restoration comedy *The Volunteers* for *Serious Money* 1987) is combined with trenchant analyses and a biting critique of contemporary society (for an in-depth study of Churchill's oeuvre see Bartels 1996).

In spite of the diversity of her dramas, they have one common denominator. A dialectic frame of "power, powerlessness and exploitation" (Churchill quoted in Innes 1992:471) influences all the characters' relationships and manifests itself in a recurring pattern of inferior and superior roles along the lines of class, gender, and race. Gender roles in Churchill's plays appear within the matrix of dominant power discourses prescribing binary oppositions between men and women – specified as husbands and wives, mothers and fathers, sons and daughters. Female roles are defined by their relationships with men: wife, widow, virgin, whore, witch (cf. *Vinegar Tom* sc. 1:137), while male characters have access to a variety of dominant roles that are not restricted to the complementary private models of husband, widower or bachelor

1 An extended version of this paper on "Roles and Role-Playing in the Plays of Caryl Churchill" is going to be published in the Festschrift for Heinz Kosok (forthcoming).

(cf. Berns 1997:177-178). These constellations in turn reflect common-sensical assumptions about 'natural' standards of behavior for men and women. Churchill's plays play with these role patterns on three levels and they in turn are played with on a fourth:

1. They expose gender roles as constructs.
2. They portray characters as stereotypes confronted with stalemate situations.
3. These stalemates are deconstructed in performance.
4. Subversive performances are stabilized and re-constructed by an interpretive filter.

Socialization and legitimatory discourses

Gender roles in the plays appear as constructs, as not inherent in human nature and acquired through the processes of socialization. The most apt way of demonstrating this constructedness is by putting children on stage who still have to learn how to behave as a 'real' boy or a 'real' girl: while boys are conditioned to be aggressive and to suppress their emotions, because "A boy has no business having feelings" (*Cloud Nine* I ii:266, cf. II i:293), girls learn how to "suffer a little bit for beauty" (*Cloud Nine* II i:294) and to chose from a rather limited range of professions with marriage and raising a family as the ultimate goal: "I want to be a nurse when I grow up/ And I want to have children and get married" (*Fen* sc. 7:157, cf. *Cloud Nine* II iv:313, *Mad Forest* III viii:76). Parents do not invent social roles, though, and it is not they alone who enforce and try to secure them. Three legitimatory discourses that purport and try to cement traditional power-based gender roles recur in Churchill's drama: religion, historical narratives and science.

Christianity is presented as the central religious discourse of Western society. Especially the 'history plays' (*Light Shining in Buckinghamshire*, *Vinegar Tom*, *Cloud Nine*) emphasize its exposed position for the institutionalization of misogyny, social suppression and racism: "For Adam was first formed then Eve. And Adam was not deceived but the woman being deceived was in the transgression" (*Light Shining* I: 201). While the men instrumentalize Christian myths to legitimate their dominant positions in society, the women mostly internalize their inferiority: "We bear children in pain (...). And they die. For our sin, Eve's sin. That's why we have pain. We're not clean. We have to obey. The man, whatever he's like" (*Light Shining* I:204, cf. Diamond 1989:271).

History and the narratives perpetuating invented traditions provide the second legitimatory discourse. The traditional approach, the assumption that history is "what's in the history book" (*Mad Forest* III v:65), i.e. mostly a litany of famous men and famous battles (cf. *The Skriker* 16, *Icecream* 3) is exposed in the plays as a way to prescribe and inscribe the dichotomy between active, and historically decisive men and obscure, insignificant women: "there has never been a woman composer of genius" (*Cloud Nine* II ii:301).

The third discourse is the belief in science, progress and private ownership. Churchill dramatizes the shift from patriarchal feudalism to secularized Western societies, in which people "worship Reason" (*Softcops* 6, cf. 25) and/or money (cf. *Serious Money* I:232, cf. Müller 1991:351). *Softcops*, for instance, analyses the advent of a system of "social coercion" (Innes 1992:467) that transforms the 'body politick' to a "machine (...) a form of power like the steam engine" (*Softcops* 40). Existing social norms are accepted as self-explanatory, rational, and natural with the help of seemingly neutral sciences such as mathematics, physics, biology, and psychology (e.g. *Softcops* 24, 47, cf. *Owners* II v:54-55).

Churchill scrutinizes the dialectical relationship between these legitimatory discourses. Normative roles are shown to be overdetermined: characters combine arguments from different areas that seem common-sensical at first sight, but turn out to be contradictory. For example, Clive, the epitome of the white colonialist in *Cloud Nine*, demands from his son Edward:

> You should always respect and love me, Edward, not for myself, I may not deserve it, but as I respected and loved my own father, because he was my father. Through our father we love our Queen and our god, Edward. Do you understand? It is something men understand. (*Cloud Nine* I iii:276)

His master narrative purports patriarchal preconceptions and refers to both Christian and historical discourses. The reference to a female ruler, however, undermines his tale of universal male dominance as does the demanded undeserved, emotional response expected from his son that Clive elsewhere defines as typically female behavior (cf. I i:253, I iv:282).

Stereotypes and stalemates

Interrelated, overdetermined legitimatory discourses inform the characters in Churchill's plays that represent a variety of male and female roles in the family (*Cloud Nine*, *Vinegar Tom*, *Mad Forest*, *Blue Heart*), in relationships (*Cloud Nine*, *Mad Forest*, *Fen*) and in professions (*Mouthful of Birds*, *Serious Money*, *Top Girls*, *Owners*). The constellation of characters provides a mimetic portrait of ubiquitous power discourses that pervade contemporary societies.

Characters who mirror roles that concur with the traditional images of masculinity or femininity appear as blatant caricatures (e.g. Clive the white *pater familias* and his wife Betty in *Cloud Nine*, cf. Cohn 1993:277). They are juxtaposed with unconventional female and male characters (e.g. the career woman Marlene in *Top Girls*, the gay couple Gerry and Edward in *Cloud Nine*) that both reflect and distort common-sensical assumptions. This dynamics of social norms, roles and stereotypes creates (not seldom comic) tensions that cannot easily be resolved and usually end in stalemate situations.

Owners' clear-cut configuration of characters best exemplifies Churchill's technique of distortion (cf. Haas 1990:50, Keyssar 1984:84). Four characters exemplify variants on parameters for gender roles: stereotypes (Clegg, Lisa) are contrasted with presentations of untypical male (Alec) and female (Marion) behavior that in turn imitate the clichés cherished by the respective spouses. While Marion adopts the

pressure on their own private lives. Within this system, no solution seems possible and the play ends with the word "Frightening" (III 141).

While *Top Girls* (and also its companion piece *Serious Money*) operates within the parameters of contemporary discourses, *Fen*, *Mad Forest* and especially *The Skriker* combine a scrutiny of roles with a magic-realist frame. Folklore, myths and fairy tales constitute a foil that reflects the genesis and fixation of internalized inferior roles especially for women. At the same time, it exposes these roles as surreal (or hyperreal) fabrications. Binary gender roles appear on the same level of 'authenticity' or fictitiousness as ghosts or fairies.

The fairy-tale world in *The Skriker* provides "fixed values" (Abdollahzadeh 1996: 128) and archetypal role models that distinguish only between nasty or nice, princess or hag, prince or sorcerer. In this world 'nice' behavior means that a plea for help has to meet with a positive response and then in turn is rewarded. These mechanisms of helping, self-destruction, and the control of others are dramatized via the confrontation between Josie and Lily, the two central human characters, with the eponymous figure of the Skriker who assumes several roles in all of which he/she demands help, love and/or self-sacrifice.[3] In exchange for attention the Skriker repeatedly offers unlimited wish-fulfilment ("I'll give you three wishy washy" 5, cf. 10, 17, 22, 27). Lily constantly tries to fulfill these demands; Josie refuses. Although helping is not marked as gender-specific behavior, the character traits of the figures also reflect their conformity/non-conformity towards gendered role expectations: Josie supposedly killed her own daughter (7), attacks the Skriker as a child (25), and threatens to kill Lily's baby (38-39). In contrast to her, Lily takes care of the Skriker as a child, and sacrifices herself for the welfare of her daughter (50-51). Initially, kindness reaps its just rewards: pound coins come out of Lily's mouth, while 'nasty' Josie is punished with toads (11, 20). Eventually, however, both women descend into the underworld (28-34, 51-52).[4]

Stifling roles coalesce with an inability to 'name' things, to explain and thereby control them and to make wishes, to recognize deficits and to ask for the necessary changes – the Rumpelstilzkin-motif introduced in the Skriker's first soliloquy. The linguistic virtuosity and associative playfulness already establishes his/her position of power: "(...) if she can't guessing game and safety match my name then I'll take her no mistake no mister" (1, cf. 11, 19, 23). In contrast to this, Lily cannot verbalize how a TV works, what electricity does, how people fly and what happens when she sleeps (12-18, 41-46). Unable to ask for help, to accept help and/or to refuse helping others, Lily and Josie are bound in a nightmare of their own making.

3 He/she appears as patient in a mental hospital (9), "a derelict woman" (10, 19), "an American woman" (12), a little girl (23), a "smart woman in mid thirties" (36), a man courting Lily (41), Marie who wants to renew a friendship (46), a "shabby respectable man about forty" (48) and a "very ill old woman" (49).

4 This theme of dependance and sacrifice recurs in the fairy-world intermezzi: symbolized by a host of figures riding on others (Johnny Squarefoot 1, the Kelpies 10, 13, 18, 28, 34, 41, 46, 49, Thrumpins 35) and by the Bucket Man who meets the Green Lady (22), gets weaker and weaker (35, 41) and ends up in a wheelchair (46, 49).

Be it in inferior or superior roles, most characters in Churchill's plays seem to be trapped in rigid gender roles and role expectations. They end in madness (*The Skriker*), destruction of self and others (*Fen*, *Owners*), despair (*Top Girls*), or sarcastic triumph (*Serious Money*). Although the characters themselves occasionally reflect on their state of entrapment and challenge the authority of dominant legitimatory discourses,[5] Churchill offers neither explicit role models,[6] obvious solutions for role conflicts, nor alternative narratives as panacea for encrusted roles.[7] Instead she relies on seemingly naturalistic or realistic images of femininity and masculinity, and amplifies these images until they become stereotypes that obviously stifle and reduce the characters' potentials.

Deconstruction, performance and roles

Performative and meta-theatrical aspects provide the main locus for the deconstruction of restrictive standards of behavior in Churchill's plays. Multiple and cross-gender casting emphatically and visibly challenge assumptions about the nature of roles and question the rigidity of predefined sex and gender roles: actors play several characters (e.g. in *Vinegar Tom*, *Softcops*, *Top Girls*, *Fen*) or several actors act one character (e.g. in *Light Shining in Buckinghamshire*); British actors play Romanians, women act male roles, men obtain female roles, whites embody blacks, and blacks speak with the voices of persons from the white British upper-middle-class. As a consequence, the hierarchy between minor and leading roles is undermined, (Keyssar 1984:89-90, Diamond 1989:265) and audiences are kept from "over-identifying with the characters" (Churchill quoted in Fitzsimmons 1989:61). By highlighting the cultural encoding of roles (cf. Neumeier 1991:197), this way of casting further emphasizes the fluidity of roles, visualizing the possibility for change. *Top Girls*, for example, has 16 characters. These 16 characters are performed by 7 actresses. In other words: the roles may be stifling, rigid and stereotypical, but a performer always has the opportunity to change from one role to the other.

The most obvious deconstruction of roles occurs in *Cloud Nine*. "Die erlernte Opposition schwarz/weiß, Mann/Frau wird zerspielt" (Eichler 1991:203). Act I operates with a series of cross-gender and cross-racial castings that visualize the dominance of (white) patriarchal role norms: Betty is played by a man, because "I am a man's creation as you can see,/ And what men want is what I want to be" (I i:251, cf. Quigley 1989:33, Abdollahzadeh 1997:27); a white actor embodies the black "boy" Joshua: "My skin is black but oh my soul is white./(...) What white men want is what I want to be" (I i:251-252). Edward, the son, is played by a woman, while daughter Victoria is represented by a doll. Apart from the Brechtian alienation that causes a "defamiliarization of the ordinary" (Marohl 1987:377, cf. Reinelt 1985), this casting

5 E.g. "Caxton: St Paul to Timothy, 'Let the woman learn in silence. Hoskins: Jone Hoskins to St Paul, fuck off you silly old bugger. (*They laugh and start getting food out*)" (*Light Shining* II 233).

6 Cf. the criticism by Ria Omasreiter-Blaicher (1994:404).

7 Cf. the undermining of matriarchal narratives in *Cloud Nine* (I iv:279 and II iii:309).

visualizes the fact that "sexual identity in the hallowed institution of the Victorian family is not 'natural'" but is constituted by gender codes (Diamond 1985:277, cf. Diamond 1989:265-266, Abdollahzadeh 1997:28) and it also familiarizes the audience with the extraordinary.
This casting questions the very concept of supposedly natural gender roles. Betty is described by Clive as "squeamish", "delicate", "sensitive", "irrational, demanding, inconsistent, treacherous, lustful" (I iv:282) being always on the brink of "fainting" and "hysteria" (I i:253). Played by a male actor this highlights the divergences between sex and gender and the dialectics of role performance and perception. On the one hand, a system of meaningful signs constructs the performance of feminity – wearing a dress, pitch of voice, a repertoire of gestures (cf. Finter 1996:18-19, Diamond 1989:266). On the other hand, the classification of a character as 'female' provides an interpretive frame, into which divergent signs (also those that would signify maleness in other contexts) are integrated.
The interaction of Betty with the other characters furthermore undermines assumptions about so-called natural/normal patterns of (heterosexual) desire. The model marriage between Betty and Clive and the platonic romance between Betty and Harry Bagley are acted out by men whereas the subversive lesbian advances of Ellen and Harry's seduction of Edward follow heterosexual norms on the extra-textual level (cf. Berns 1997:235-239). Edward's wish to wear his mother's necklace and to play with dolls appears unnatural for a boy, but rather 'normal' for the woman who acts the part of the boy.
This cross-casting triggers off a Butlerian parodic and subversive performance that visibly deconstructs and challenges common-sensical assumptions (cf. Butler 1990: 128-141). Act II enhances this subversive potential by presenting alternative forms of living – from the promiscuous gay single Gerry to the incestuous/lesbian/gay *ménage à trois* of Edward, Vicky and Lin. The play ends with Betty of Act I embracing Betty of Act II, a gesture "simultaneously auto-, homo-, and hetero-erotic (...) governed by fluidity, multiplicity and reciprocity" (Silverstein 1994: 20).
This technique is taken one step further in *A Mouthful of Birds.* The character of the hermaphrodite Herculine Barbin is integrated into a ritualized series of performed possessions and transformations. On stage Barbin's autobiographical narrative (in itself subversive, cf. Butler 1990:93-110, Diamond 1989:277), – socialization as woman, operation to become a definitive 'man', implied suicide – is recited twice: first by a female, then by a male actor. The text remains the same, but the performance by two successive embodiments create shifting foci and emphases. The line "At least I'm not a man like the man I see" spoken by a woman in men's clothes emphasizes Barbin's predicament, spoken by a man it signalizes a return to 'normality'. The scene culminates in Herculine (female) kissing Herculine (male) on the neck, a visible fusion of roles and role patterns: "A quite extraordinary sense of sexual fluidity and complexity is created by this bizarre but delicate and touching scene" (Worth 1989:22, cf. Diamond 1989:203).[8]

8 For a detailed description of the staging of the transformation see Cousin (1989:59).

Perception and the interpretive filter

Fluidity and the subversive fusion of roles, however, are stabilized and controlled by an interpretive filter on the macro-textual level. The fact that the plays are written by a woman create a gendered locus of reading/perceiving the texts. Due to the binary opposition between female and universal, woman-specific and 'really important' (cf. Ecker 1994:12-13) interpretations from the mainstream of theatre or academic discourse state the marginality of Churchill's topics, whereas analyses based on gender studies emphasize the centrality of Churchill's plays in terms of otherwise marginalized topics. Potential irritations and a challenge of conventional assumptions can be labelled as "(...) the best British play ever from a woman dramatist"[9], or can be reduced to a dramatization of "female experience".[10]

Formal or thematic phenomena of the plays are being constructed as signs of 'typically female writing' by both interpretive schools. It is only the evaluation (irrelevant/ relevant) that varies. The terminology inscribes gendered assumptions: plays are criticized for being too 'shrill', 'chaotic', 'diffuse' or hailed as being 'round', 'emotive', 'sensitive'[11]. The ambiguous, non-heroic characters and the missing closure in the plots serve as fields of projection for the re-construction of seemingly 'natural' gender roles. The plays are interpreted against the idea of what 'naturally' should have been. Colin Chambers and Mike Prior, for instance, describe *Top Girls* as analyzing "(...) conflicting impulses for women in male society between self-fulfilment and responsibilities which stem from their biological uniqueness" (1987:196) with protagonist Marlene as either an ideal mother, and/or a role model for career women. Others see Joyce's treatment of Angie as an indication for a non-"biological mother/-daughter relationship" (Swanson 1986:54). Angie is said to fail not because of the economic Darwinism of Thatcherite Britain, but because she "has been left virtually hopeless by the lack of motherly love and education" (Swanson 1986:55).[12] The Second Act of *Cloud Nine* with its dangerous lesbian and gay liaisons becomes either invisible – many interpretations neglect it entirely (e.g. Rusinko 1989:150) –, is criticized for being too chaotic or immoral (Omasreiter-Blaicher 1994:400ff), or praised for portraying Betty as an admirable (heterosexual) character (Rich 1981:30).

With this macro-structural impasse, we have come full circle: Churchill reflects and distorts common-sensical assumptions about gender roles. By presenting characters that embody stereotypical variants of roles that create irresolvable stalemates, she comments on the counter-productivity and constructedness of rigid standards of behavior in contemporary society. By shaping all the characters' relationships according to an implicitly ubiquitous power matrix, the playwright holds up a distorting mirror to seemingly natural constructs. In turn, the caustic analysis of social norms and roles, increases the spectators' awareness of covert mechanisms of social stratification. The innovative performance of these roles through multiple and cross-gender

9 Michael Billington, *The Guardian*, 9 Feb. 1983 on *Top Girls*, quoted in Fitzsimmons (1989:59).

10 Hersh (1992:410) on *A Mouthful of Birds*.

11 Cf. Haas (1991:150-152) for further examples.

12 Later Swanson (1986:65) recurs to the biologistic adjectives "healthy" and "unhealthy" to evaluate mother/daughter relationships.

castings stage a subversive mimicry of gender roles, emphasizing their parodistic and performative aspects. By analyzing Churchill's plays against the marginalizing foil of 'women's literature', we produce a counter-productive interpretive filter again reflecting contemporary gendered assumptions – but yet again with the potential for a deconstructive counter-performance.

References

Abdollahzadeh, J. (1996): Departures from realism: Contemporary feminist theatre and the power of surreal effects. In: *Contemporary drama in English* 3. pp. 123-132.

Abdollahzadeh, J. (1997): *Das zeitgenössische englische Frauendrama zwischen politischem Engagement und ästhetischer Reflexion. Eine Studie ausgewählter Dramentexte*. Trier: Wissenschaftlicher Verlag.

Bartels, A. (1996): *Judiths erfolgreiche Schwester. Die Stücke Caryl Churchills im theater- und sozialgeschichtlichen Kontext*. Frankfurt/Main: Peter Lang.

Berns, U. (1997): *Mikropolitik im englischen Gegenwartsdrama. Studien zur Dramatisierung gesellschaftlicher Macht- und Ausschließungsmechanismen bei Pinter, Keeffe und Churchill*. Trier: Wissenschaftlicher Verlag.

Butler, J. (1990): *Gender trouble. Feminism and the subversion of identity*. London: Routledge.

Chambers, C./M. Prior (1987): *Playwrights' progress. Patterns of postwar British drama*. Oxford: Amber Lane Press.

Churchill, C. (1985): *Plays One: Owners. Traps. Vinegar Tom. Light Shining in Buckinghamshire. Cloud Nine*. London: Methuen.

Churchill, C. (1988): *Icecream*. London: Methuen.

Churchill, C. (1990): *Plays Two: Softcops. Top Girls. Fen. Serious Money*. London: Methuen.

Churchill, C. (1994): *The Skriker*. London: Nick Hern.

Churchill, C. (1996): *Mad Forest*. New York: Theatre Communications Group.

Churchill, C./D. Lan (1986): *A Mouthful of Birds*. London: Methuen.

Cohn, R. (1993): Modest proposals of modern socialists. In: *Contemporary British Drama. 1970-90. Essays from Modern Drama*. Eds. H. Zeifman/C. Zimmermann. Toronto: University of Toronto Press. pp. 267-281.

Cousin, G. (1989): *Churchill. The playwright*. London: Methuen.

Diamond, E. (1985): Refusing the romanticism of identity: Narrative interventions in Churchill, Benmussa, Duras. In: *Theatre Journal* 37 (3). pp. 273-286.

Diamond, E. (1989): (In)visible bodies in Churchill's theater. In: *Making a spectacle. Feminist essays on contemporary women's theatre*. Ed. L. Hart. Ann Arbor: The University of Michigan Press. pp. 259-281.

Ecker, G. (1994): *Differenzen. Essays zu Weiblichkeit und Kultur*. Dülmen-Hiddingsel: Tende.

Eichler, R. (1991): Caryl Churchills Theater: Das Unbehagen der Geschlechterdifferenz. In: *Frauen und Frauendarstellung in der englischen und amerikanischen Literatur*. Ed. T. Fischer-Seidel. Tübingen: Narr. pp. 199-216.

Finter, H. (1996): Der Körper und seine Doubles: Zur (De-)Konstruktion von Weiblichkeit auf der Bühne. In: *Forum Modernes Theater* 11. pp. 15-32.

Fitzsimmons, L. (1989): *File on Churchill*. London: Methuen.

Griffin, G. (1991): Turning on the mother: The dramatization of anxiety concerning 'the mother' in plays from the 1890s to the 1980s. In: *Forum Modernes Theater* 6 (1). pp. 25-40.

Haas, R. (1990): Mannsbilder in Caryl Churchills wichtigsten Stücken. In: *Forum Modernes Theater* 5 (1). pp. 48-61.

Haas, R. (1991): Caryl Churchills *Top Girls* und die Möglichkeit oder Unmöglichkeit einer feministischen Komödie. In: *anglistik & englischunterricht* 45. pp. 139-154.

Hersh, A. (1992): "How Sweet the Kill": Orgiastic female violence in contemporary re-visions of Euripides' *The Bacchae*. In: *Modern Drama* 35. pp. 409-423.

Innes, C. (1992): *Modern British Drama 1890-1990*. Cambridge: Cambridge University Press.

Keyssar, H. (1984): *Feminist theatre. An introduction to plays of contemporary British and American women*. London: Macmillan.

Marohl, J. (1987): De-realised women: Performance and identity in *Top Girls*. In: *Modern Drama* 30. pp. 376-388.

Müller, K.P. (1991): A serious city comedy: Fe-/male history and value judgements in Caryl Churchill's *Serious Money*. In: *Modern Drama* 33. pp. 347-362.

Neumeier, B. (1991): Past lives in present drama: Feminist theatre and intertextuality. In: *Frauen und Frauendarstellung in der englischen und amerikanischen Literatur*. Ed. T. Fischer-Seidel. Tübingen: Narr. pp. 181-198.

Omasreiter-Blaicher, R. (1994): Die gescheiterte Emanzipation der Frauen im feministischen Drama der Gegenwart. In: *Anglia* 112. pp. 390-410.

Quigley, A.E. (1989): Stereotype and prototype: Character in the plays of Caryl Churchill. In: *Feminine focus. The new women playwrights*. Ed. E. Brater. New York-Oxford: Oxford University Press. pp. 25-52.

Reinelt, J. (1985): Elaborating Brecht: Churchill's domestic drama. In: *Communications from the International Brecht Society* 14 (2). pp. 49-56.

Rich, F. (1981): Sexual confusion on Cloud 9. In: *The New York Times*, May 20. p. 30.

Rubik, M. (1996): The silencing of women in feminist British drama. In: *Semantics of silences in linguistics and literature*. (Anglistische Forschungen 244). Eds. G.M. Grabher/U. Jessner. Heidelberg: Winter. pp. 177-190.

Rusinko, S. (1989): *British drama 1950 to the present. A critical history* (Twayne's Critical History of British Drama). Boston: Twayne.

Schöfer, A./C. Janssen (1993): Play it again, Pandora. In: *TheaterZeitSchrift* 35. pp. 56-63.

Silverstein, M. (1994): "Make us the Women we can't be": *Cloud Nine* and the female imaginary. In: *Journal of Dramatic Theory and Criticism* 8 (2). pp. 7-22.

Stoll, K.-H. (1995): *Postmoderner Feminismus: Caryl Churchills Dramen*. Frankfurt/Main: Lang.

Swanson, M. (1986): Mother/daughter relationships in three plays by Caryl Churchill. In: *Theatre Studies* 31/32. pp. 49-66.

Worth, K. (1989): Images of women in modern English theater. In: *Feminine focus. The new women playwrights*. Ed. E. Brater. New York-Oxford: Oxford University Press. pp. 3-24.

Mitigating the stress of gender recomposition: A cross-institutional, cross-national analysis

Jutta Allmendinger & J. Richard Hackman
Institute of Sociology at University of Munich and Department of Psychology at Harvard University

A century ago, sociologist Georg Simmel pointed out that numerical changes in group composition create qualitative transformations in the character of group interaction. The entry of increasing numbers of women into previously male-exclusive work organizations around the world is one example of numerical change that Simmel was talking about. If he was right, then the gender recomposition of workplaces should have profound effects both on social processes in organizations and on the worklives of individual members.

Simmel's insights into gender dynamics in social systems further suggest that the gender recomposition of work organizations will not be easy for the new entrants. Women have difficulty living up to their own standards of behavior when they are members of male-dominated cultures, he claimed, calling this phenomenon "the typical tragedy of femininity" (1950:342). Because male-dominant structures are so prevalent, Simmel argued, women are denied the opportunity to develop a sense of their own value as persons. Therefore, he concluded, women in social systems will always be conscious of the fact that they are women – people not merely different from men, but also unequal to them.

Building on the foundation provided by Simmel, Rosabeth Kanter (1977b) developed a general framework for conceptualizing the processes that occur between numerically dominant group members and members of numerical minorities. According to Kanter, there are three processes, operating in parallel, that account for the personally-unsatisfactory experiences of many minority individuals in social systems. The first is heightened *visibility*, which results in minority members receiving a disproportionate share of the attention of other system members. That, in turn, leads to their experiencing excessive pressure to perform well. The second is increased *polarization* between the majority and minority groups, which results in an exaggeration of the differences between the two groups and, ultimately, a heightening of the majority group's boundaries. The third is *assimilation* of minority members, which involves distortion of their attributes to fit with majority members' preexisting generalizations about them. Assimilation makes it increasingly difficult for minority members to escape from their traditional social system roles.

The three processes posited by Kanter could, in principle, be studied in any social system that includes a numerical majority and one or more minority groups, and she cites literature illustrating how the processes operate for a variety of racial, ethnic, and gender groups. Kanter's own research has focussed mainly on sex composition, especially in highly skewed groups. Her major empirical work on the topic, *Men and women of the corporation* (Kanter 1977a), explores in detail the perceptions and experiences of women who constituted a small numerical minority in a large, male-dominated corporation.

Although Kanter does not specify what will happen as increasing numbers of women join an organization, it is reasonable to expect that visibility, polarization, and assimilation processes all will be mitigated as organizational sex composition becomes less skewed. Although organizational life can be quite difficult for token women, those difficulties may decrease in direct proportion to increases in numbers. In a phrase: The more, the better.

Or perhaps not. A second possibility is suggested by the work of Hubert Blalock (1967). As the numbers of women increase in traditionally male-exclusive organizations, life and work can become more difficult for all members, men and women alike. Following Blalock, the rationale for this possibility is as follows. When there are but a few women present in an organization, members of the male majority feel little need to take account of the women's views or preferences. Majority members may not even be aware of the difficulties token women are experiencing and, because those women are not in a position to forcefully advance their views, organizational processes are likely to unfold as they always have. The problem comes when women achieve sufficient numbers to be a political force in the organization. At that point, women's views and preferences can no longer be ignored, members of the male majority recognize that their dominance in the organization is threatened, and intergroup conflict between male and female members may develop – with less than desirable consequences for all members and for the organization itself. In a phrase: The more, the worse.

A third possibility derives from social psychological studies of within-group diversity (e.g., McLeod/Lobel/Cox 1996, Watson/Kumar/Michaelsen 1993). These studies raise the possibility that demographically diverse groups have more communication and coordination difficulties early in their lives than do homogeneous groups. But later, after members of such groups have learned how to work together – and, perhaps, have come to value their differences – task performance may be significantly better than that of homogeneous groups, especially for tasks requiring group creativity. Organizations whose members include both women and men are, by definition, more diverse than those that are gender-homogeneous. When there are just a few women in an organization, social processes may suffer from communication and coordination problems akin to those found in heterogeneous small groups. As time passes and the numbers of women increase, however, organization members may learn how to exploit the benefits of diversity in carrying out their collective work. If this is true, then one would expect to find significant problems in the interpersonal processes of organizations that are just beginning the gender recomposition process, but *much* better relationships in organizations that have, over time, achieved relative gender balance.

Although numerous case studies of sex composition dynamics in organizations have been reported in applied journals and the popular press, we are aware of no scientific studies that provide a basis for selecting among these three alternatives: (1) the more, the better; (2) the more, the worse; and (3) worse first, then *much* better.
We had the opportunity in 1990 to gather data that would permit comparative assessment of these three possibilities. Our study addressed leadership and mobility processes in professional symphony orchestras, and involved collecting survey, interview, and archival data at over seventy orchestras in four countries – the United States, the United Kingdom, the former East Germany (data were collected just before the socialist regime collapsed in that country), and the former West Germany (Allmendinger/Hackman/Lehman 1996). In all, over 1000 players, managers, and artistic leaders participated in the study.
In the course of the research, we noticed that the proportion of women varied widely in the orchestras we were studying, both within and between nations. Inspection of orchestra records showed that women did not begin to enter professional symphony orchestras in significant numbers until the 1950s, and that the last bastions of male exclusivity (e.g., the Vienna Philharmonic) had not yet been breached. As of 1990, the proportion of women in the orchestras we studied ranged from 2 percent to 59 percent, with a median of 21 percent.
By serendipity, we had collected data about both orchestral processes and player attitudes right in the middle of a fundamental recomposition of a deeply-rooted social institution. Although the orchestras in our sample varied widely both in the proportion of women employed and in national context, they all had essentially the same purpose (to perform the standard symphonic repertoire) and the same basic structure (a conductor and the standard distribution of players across instrumental sections). These properties of the sample allowed us to conduct data analyses that, although correlational, could generate relatively trustworthy conclusions about the impact of women's entry into professional symphony orchestras.
In this chapter, we first review briefly our basic findings that show what happens, both to orchestras and to individual players, as women enter this previously male-exclusive institution. (For a detailed and more technical report of these findings, see Allmendinger/Hackman 1995). Then we turn to the question that is of primary interest here. What factors exacerbate and mitigate the strains on relationships among members that inevitably appear when fundamental compositional changes are made in an orchestra? The chapter ends with an analysis of the extent to which recomposition dynamics differ across types of institutions. Are our findings specific to the professional symphony orchestra, a rather unique organizational form, or might they also apply to other types of organizations that are experiencing gender recomposition?

What is happening as more women join symphony orchestras?

Given that professional symphony orchestras have from their inception been almost exclusively male, it is not surprising that the arrival of women in more than token numbers generates some stress for orchestras and players. What happens as those numbers increase? Do things then get better, get worse, or start bad and then get better than ever?

To answer this question, we sorted the orchestras in our sample into five categories based on the proportion of the total membership that was female. Then we examined players' perceptions of their orchestras, and their own satisfaction with their orchestral work, across these five categories. Strong and statistically reliable trends were obtained for nearly all measures as the proportion of women increased. Figure 1 (next pages) shows the findings for six representative measures – two organizational features (integrity of the orchestra as an ensemble, and adequacy of the orchestra's organizational structure), two orchestral processes (the quality of the interpersonal relationships among players, and the stability of the orchestra), and two player attitudes (degree of job involvement, and satisfaction with job security).

All of the measures show an initial decline as the proportion of women in the orchestra increases. For some measures, that downward trend continues uninterrupted (see, for example, the graphs for integrity as an ensemble and for job involvement). For others, however, there comes a "tipping point" at which the downward trend reverses and, as the proportion of women continues to increase, things begin to improve. But for none of the measures does the value return to the level of orchestras that are nearly male-exclusive. Clearly, the answer to our initial research question is "the more, the worse", qualified only by some signs of recovery as the proportion of women exceeds 40 percent.

The findings in Figure 1 are disconcerting. Rather than being an occasion for celebration, the entry of women into professional symphony orchestras apparently spawns tensions and problems for orchestras and their members. So we considered various alternative explanations for our findings (for details, Allmendinger/Hackman 1995). Might the findings reflect mainly negative perceptions and attitudes of women, with men being relatively unaffected by the arrival of women in their midst? No. As is seen in Figure 2 for the measure "integrity as an ensemble", the trend holds for both male and female respondents and, indeed, is significantly stronger for men than for women. Might the effect be due mainly to age differences (orchestras with more women tend to be younger orchestras than those with few women), or to orchestra status (women tend to arrive in regional orchestras before they make entry in major orchestras), or even to instrument differences (women are represented more in smaller stringed instruments than in basses and brass instruments)? No. The same trends were found regardless of age, orchestra status, or instrument type. No matter how we inspected our data, the basic findings held. Clearly, the traditional dictum "the more, the better", as it applies to women entering traditionally male orchestras, is too simple.

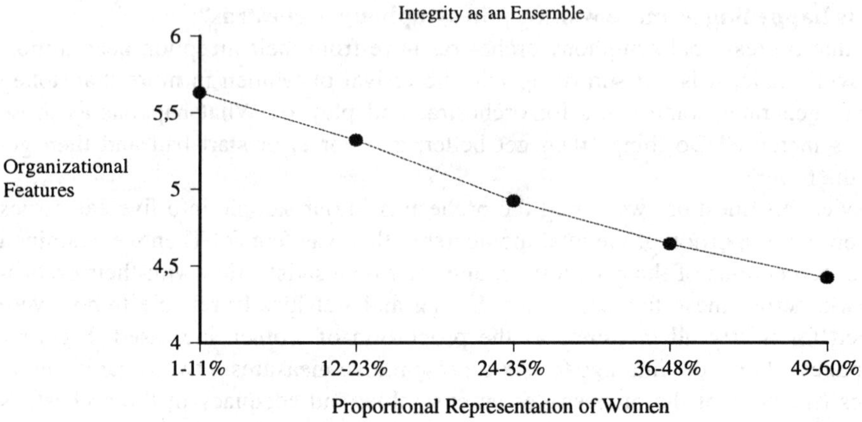
Integrity as an Ensemble
Organizational Features
6
5,5
5
4,5
4
1-11%
12-23%
24-35%
36-48%
49-60%
Proportional Representation of Women

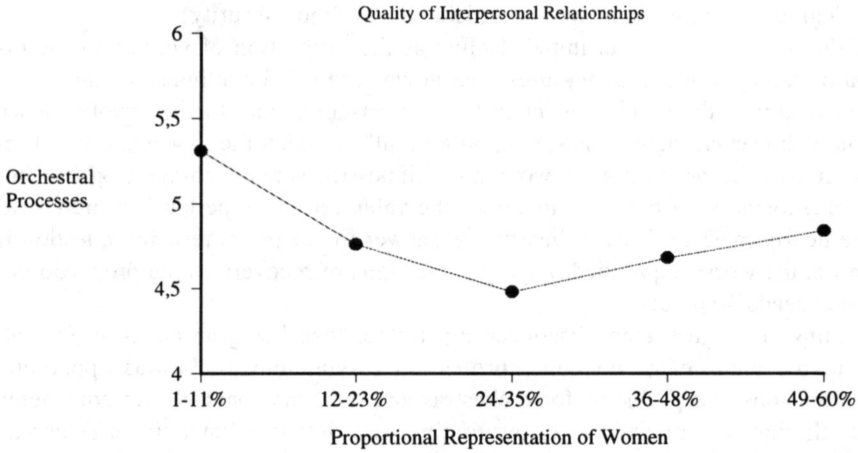
Quality of Interpersonal Relationships
Orchestral Processes
6
5,5
5
4,5
4
1-11%
12-23%
24-35%
36-48%
49-60%
Proportional Representation of Women

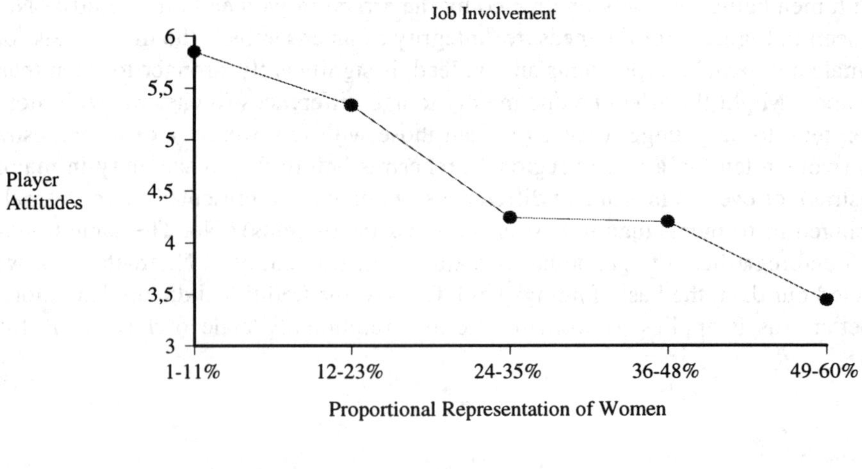
Job Involvement
Player Attitudes
6
5,5
5
4,5
4
3,5
3
1-11%
12-23%
24-35%
36-48%
49-60%
Proportional Representation of Women

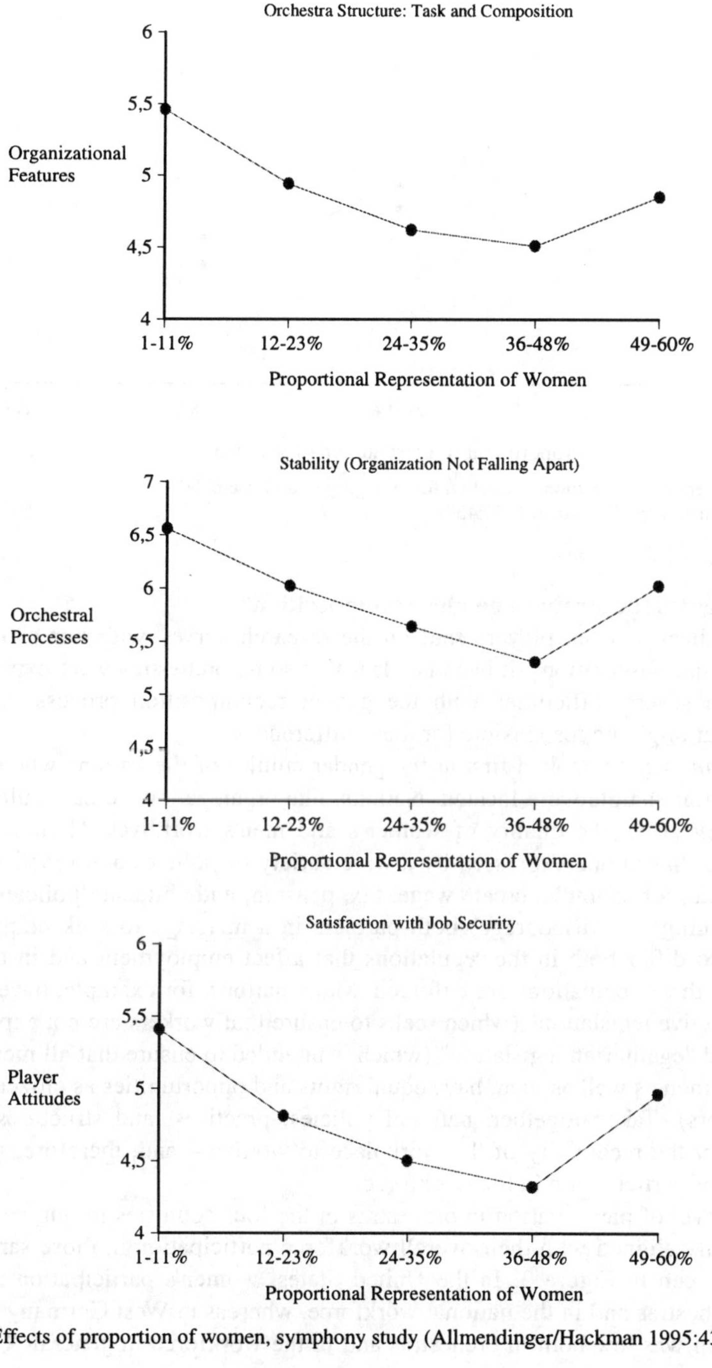

Figure 1: Effects of proportion of women, symphony study (Allmendinger/Hackman 1995:438f)

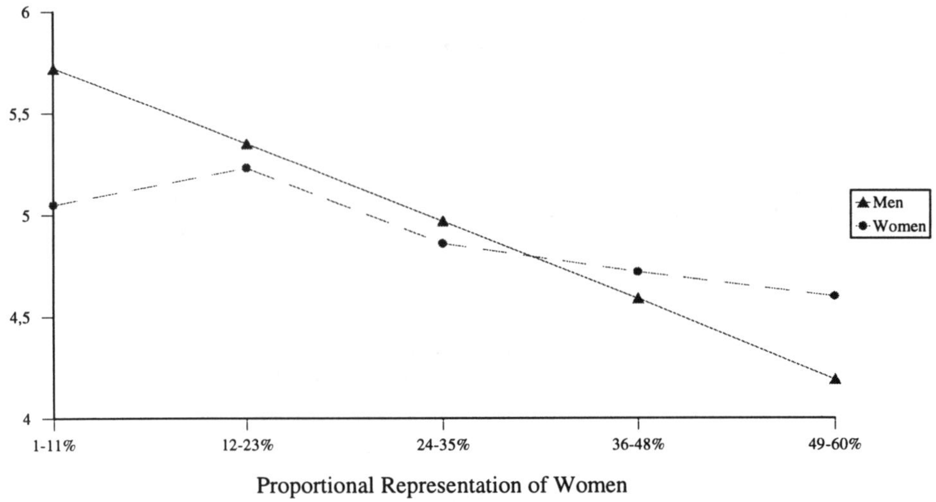

Figure 2: Gender-by-composition interaction for "Integrity as an Ensemble" (Allmendinger/Hackman 1995:450)

What mitigates the strain of gender recomposition?

When we checked what players said on the research survey with our own on-site interviews and observations, it became clear that some orchestras were experiencing much more severe difficulties with the gender recomposition process than were others. What might be responsible for these differences?

National context: We looked first at the gender culture of the nations where the orchestras in our sample were located. Nations, like organizations, create cultures that differentially affect the quality of women's and men's worklives. National gender cultures are shaped and expressed by a wide variety of policies and practices. Governments can, for example, create wage, tax, pension, and childcare policies that directly encourage (or discourage) both partners in a marriage to seek employment. Nations also differ both in the regulations that affect employment and in the vigor with which those regulations are enforced. Many nations, for example, have enacted both "protective legislation" (which seeks to ensure that workers are not exploited or abused) and "egalitarian legislation" (which is intended to ensure that all members of society, women as well as men, have equal rights and opportunities as citizens and as wage-earners). Taken together, national policies, practices, and structures significantly affect the receptivity of the workplace to women – and, therefore, influence their level of participation in the workforce.

Women's level of participation in orchestras in the four countries in our sample was only partially aligned with their overall workforce participation in those same countries, as is seen in Figure 3. In the United States, women's participation was high both in orchestras and in the national workforce, whereas in West Germany women's participation was low both in orchestras and in the workforce in general. These differences reflect quite different employment policies and practices in the two countries, as well as sharp differences in the recruitment, auditioning, and selection of orchestra players (for details, see Allmendinger/Hackman 1994).

		National Gender Culture	
		Relatively Inclusive	Relatively Exclusive
Orchestra Gender Composition	Relatively Inclusive	United States	United Kingdom
	Relatively Exclusive	East Germany	West Germany

Figure 3: Classification of countries on the inclusiveness of national and orchestral gender cultures (Allmendinger/ Hackman 1994:245)

The proportion of women players in orchestras was especially high for regional orchestras in the United States. And it turns out that these are the orchestras that were mainly responsible for the upturn found for many of our measures when women's representation approached fifty percent. There is a world of difference between a U.S. regional orchestra and, for example, a major West German symphony that has but two or three female players. When we collected our data, many U.S. regional orchestras had completed their transitions from male exclusivity to gender balance; most major orchestras in West Germany, on the other hand, had still to begin. Female members of U.S. regional orchestras appear to have achieved a level of legitimacy and acceptance that was uncommon either in major U.S. orchestras or in orchestras in other countries.

The two countries where there is a mismatch between women's participation in the national workforce and their representation in orchestras also are informative about the role of national context in mitigating the stress of gender recomposition. Women in the former East Germany had a higher rate of participation in the national workforce, by a wide margin, than did women in any of the other three countries – but symphony orchestras were still as they historically had been, predominantly male. Symphony orchestras, viewed as inherently and appropriately male ensembles, had been granted an exception to the socialist regime's policy of actively encouraging women to enter the workforce. In East Germany, symphony orchestras were islands of male dominance in a sea of relative gender balance.

In the United Kingdom, by contrast, orchestras were in the vanguard of the movement of women in that country into the workforce and the professions. Orchestra members and managers were pleased that they were doing better than other sectors of the society in women's participation, and they prided themselves on selecting players, women as well as men, who "fit in" with the orchestra – socially as well as musically. Moreover, since neither the government nor the musicians' union forced the hand of British orchestras in hiring decisions, the women who were chosen for membership tended both to be welcomed by the players who had chosen them and to have work styles that were generally congruent with the existing (and predominantly male) organizational culture. As a result, relations between male and female players in British orchestras were almost certainly more collegial than they otherwise would have been – attested to by the fact that players in these orchestras reported higher satisfaction with work relationships than did players in any of the other three countries. British orchestras, moreover, were the only ones that showed an *upturn* (albeit a modest one) as the percentage of women players increased. Clearly, the national gender culture, as expressed by employment policies, is one factor that can exacerbate – or mitigate – the tensions that accompany the gender recomposition process.

Organizational structure and leadership: Might organizational features and leadership practices also affect how smoothly the gender recomposition process unfolds? To examine this possibility, we conducted a detailed analysis of orchestras in the two countries in our sample that had the most favorable, and the most unfavorable, gender cultures: West Germany, which has both a national and an institutional gender culture that tends to discourage women's participation in orchestras; and the United States, where both the national and the institutional gender cultures are favorable (see Figure 3).

The analysis used a two-stage analytic strategy. First, we identified both positive and negative "outliers" in the sample – that is, orchestras where relations among players were significantly *better* than would be expected given the proportion of women in the orchestra, and those where player relations were significantly *worse* than would be expected. Then we identified the factors that most powerfully distinguished between those two groups of outliers. Our measure of relationship quality was a composite measure derived from the research survey, in which orchestra members themselves described how well players got along with one another. The measures of organizational policies and leadership practices were obtained using multiple methods, including self-report survey data from players, ratings made on a specially-constructed recording form by on-site researchers, and qualitative and archival data researchers collected about each orchestra.

To identify the positive and negative outliers, we re-ran the General Linear Model that was used in the main analyses we have previously reported (Allmendinger/Hackman 1995) and that are depicted in Figure 1 of this chapter. This time, however, we computed residual scores for each orchestra on the measure of quality of interpersonal relations. A positive residual indicates that the orchestra has better interpersonal relations than would be expected, given its proportion of female members; a negative residual indicates that the orchestra has worse interpersonal relations than would be expected. The six orchestras with the strongest positive residuals, and the six with the strongest negative residuals, comprised the sample for the rest of the analyses. The positive and the negative outlier groups included equal numbers of German and U.S. orchestras, and both major and regional orchestras.

Although the number of orchestras in the analysis is small (and the level of statistical significance is therefore marginal for some variables), the pattern of findings is clear: Orchestras that (a) are well-structured as organizations and (b) are well-led (particularly regarding coaching behaviors by the music director and technical director), and (c) give a great deal of attention to selecting players, all have higher quality interpersonal relations than do other orchestras with the same proportion of female players. These findings are summarized in Table 1 and discussed below.

	Source of data	Negative Outliers	Positive Outliers	p
Organizational Structure				
Integrity as an ensemble	S	5.03	5.49	.001
Orchestra task and composition	S	4.73	5.16	.003
Recognition for good work	S	5.32	5.75	.10
Leadership Behavior				
1. Time coaching and building relation with players				
Music director coaching	S	2.54	2.82	.03
Technical director coaching	R	1.67	2.67	.03
Trend in relation between music director and players	R	2.17	3.50	.08
2. Provision of a clear, challenging, artistic direction				
Level of challenge in mission	R	3.17	4.00	.23
Music director direction-setting	R	4.00	4.61	.24
3. Initiatives to improve orchestra structure				
Music director structuring	R	3.29	4.00	.14
Technical director structuring	R	1.79	2.87	.15
4. Collaboration among orchestra leaders				
Music director collaboration	R	2.97	3.44	.11
Technical director collaboration	R	3.02	3.50	.19
Player Selection Practices				
Make exceptions to formal selection procedures	R	1.33	2.17	.05
Give preference to external (vs. internal) candidates	R	3.17	2.83	.19
Selectees come from the same university or conservatory	R	1.17	2.17	.13
Weight given to technical proficiency (vs. social fit)	R	4.50	3.67	.20

Table 1: Factors that differentiate positive from negative outliers
(S=Player survey, R=Recording form completed by on-site researchers

Organizational structure: Positive outliers score significantly higher than negative outliers on three measures that reflect good organizational structure. Their higher score on "integrity as an ensemble" indicates that positive outliers are relatively stable musical ensembles (as compared, for example, to a pickup band of freelancers), with clear and well-accepted standards of player behavior. The higher score on "task and composition" indicates that the orchestral work itself is relatively challenging and meaningful, and that players' skills and experience are fully adequate for the work to be done. "Recognition for good work" means just what it says – that good musical performance is more often recognized and reinforced in orchestras that are positive outliers than in those that are negative outliers.

Leadership: Good leadership helps orchestras overcome the tensions from inter-gender relationships that develop when increasing number of women join. Specifically, the leaders of orchestras that are positive outliers, relative to negative outliers, (a) spent more time coaching players and building relationships with them, (b) set a clear, challenging artistic direction for the orchestra, (c) took initiatives to improve the structure of the orchestra, and (d) collaborated with one another (specifically, collaboration between the orchestra's artistic and managerial leaders).

A number of measures for which positive and negative outliers did *not* differ are also informative. Although initiatives to improve the structure of an orchestra did differentiate orchestras that were handling the gender recomposition process relatively well from those that were not, other types of leader actions (such as taking external initiatives to improve an orchestra's resources or community relations) did not make a difference in the quality of relationships among players. We also obtained data about the distribution of authority within the orchestra, but this also did not show any consistent effects. The key to smoothing the gender recomposition process, these data suggest, have mainly to do with the actual behaviors of orchestra leaders vis-a-vis one another, the players, and the orchestra as a whole.

Player selection: Orchestras that are positive outliers, relative to negative outliers, do whatever needs to be done to select people who fit well into the orchestra, even if that means violating established recruitment and selection procedures. They make more exceptions to formal selection procedures, give preference to internal candidates, tend to select new players from "pipeline" universities and conservatories, and give relatively less weight to pure technical proficiency (and relatively more to social "fit") in choosing among applicants.

These findings would appear to be a recipe for discrimination. Yet orchestras that are positive outliers are younger, on average, than are negative outliers (mean ages of 39 and 44 respectively, $p=.04$), and they have somewhat higher demographic heterogeneity (3.8 vs. 2.8 on a five-point scale, $p=.17$). Apparently it is indeed possible for an orchestra to aspire to hiring new players who fit well with veteran orchestra members and, simultaneously, to promote diversity of membership.

In sum, these results suggest that the national context of an orchestra, its organizational features, its player selection procedures, and the behavior of orchestra leaders all affect the magnitude of the interpersonal difficulties that accompany the entry of women into previously male-exclusive organizations. Yet the mitigation of relationship stresses that what we have documented occurs "at the margins". That is, the magnitude of the human and organizational costs that accompany gender recomposition are reduced, but these costs are still present to some degree, even in well-structured and well-led orchestras that operate in generally favorable national contexts.

How general are the findings across types of institution?

All of the findings reported thus far are based on research conducted on professional symphony orchestras – a very special kind of institution. Is it possible to generalize these findings to provide a more definitive and general answer about whether and how gender composition affects individual well-being and organizational outcomes? Or are symphony orchestras a special case made up of unique kinds of people and groups? In the remainder of this chapter we present some results from ongoing work carried out in a different organization but using the same methodological approach and the same operationalization of key concepts as before.

The organization is the Max Planck Society (MPS), a prestigious and well-known research organization in Germany. The stated purpose task of the MPS is to conduct basic research in the natural sciences and humanities, aiming at the development of focal points in specific research fields in addition to university research. Today, the MPS employs 2,725 scientists among a total of 10,735 employees in its 81 institutes, research facilities, and work groups, as well as an additional 6,450 research fellows, guest researchers, and Ph.D. students. In 1997, the annual budget of the MPS was 1944 million German DM with 1836 million German DM provided by public (governmental) funding (information drawn from the 1997 MPS web homepage (<http://www.mpg.de/uedmpg.htm>). All institutes are directed by the scientific members of the society, the "directors of the MPS". An institute usually has more than one scientific director, with the number of directors sometimes reflecting the structural differentiation of departments within an institute. Scientists affiliated with the MPS have considerable status and no teaching obligations (unless they have joint appointments with universities), and they enjoy quite generous infrastructural support compared to university faculty.

Design and analytic strategy: We selected nine institutes for in-depth research, based on scientific track, size, and proportion of female scientists. We sent a mail survey to all female scientists and to a random sample of male scientists at the selected institutes, thus over-representing women due to their scarce numbers in the MPS. Questionnaires were returned by 62 female scientists and 119 male scientists presently working in the MPS.[1] We constructed indices for the quality of work relationships (6 items, reliability .74, mean 4.5 on a 7-point scale), recognition for good work (6 items, reliability .69, mean 4.9), external motivation (8 items, reliability .76, mean

1 Scientists previously employed in the MPS were included in the survey but are excluded from the analyses reported below.

4.5), coaching (8 items, reliability .76, mean 3.7) and job involvement (6 items, reliability .63, mean 4.6).
To identify groups, respondents were asked to enumerate the membership of their work group and to specify the number of female scientists in the group. We then sorted the work groups in the sample into five categories based on the proportion of the total membership that was female.[2] Next, we examined scientists' perceptions of their work groups and their satisfaction with their scientific work across the remaining three categories, including scientific track as a control variable. Strong and statistically reliable trends were obtained for all measures as the proportion of women increased.

	Gender F-Ratio	Academic Track F-Ratio	Proportion of Women F-Ratio	R^2
Work relationships	7.286**	6.004**	11.648**	0.39
Recognition for good work	0.002	2.527	5.029**	0.26
External motivation	0.039	1.480	5.393**	0.28
Coaching	0.186	5.083	3.365*	0.28
Job involvement	0.003	1.012	4.428*	0.17

Table 2: Max-Planck-Society - Size of effects of gender, track, and proportion of women
(* $p<.05$, ** $p<.01$, Schweiger 1998)

All of the measures show a steady decline as the proportion of women in the MPS increases and, for all measures, that downward trend continues uninterrupted (see Figure 4). Again, the answer to our research question is "the more, the worse" and, again, this dictum applies equally to male and female organization members. With the exception of work relationships, we found sex composition effects but no effects attributable either to the gender of individual respondents or to scientific track. This is not to say that gender is irrelevant. Men tended to evaluate their work conditions better when they were in the majority, whereas women evaluated their work conditions better when they were in the minority. Although our data do not address possible reasons for this finding, it may be that women anticipate that, since "female work" is devalued and female workers are paid less, their overall work conditions will deteriorate in the future.

2 Token groups (i.e., 1-15% male and 1-15% female) were excluded because of insufficient variation in respondents sex. The token male category (1-15% male) was represented by 15 questionnaires returned by women only. The token female category (1-15% women) was represented by 60 questionnaires all returned by men. Since our research goal was to disentangle gender from sex composition effects, we had to exclude these two categories. For further information on tokens in this sample see Schweiger (1998).

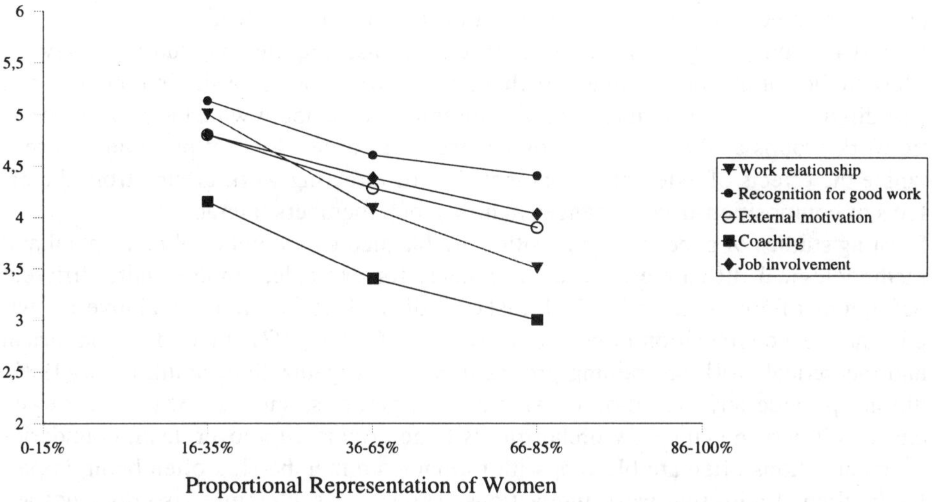

Figure 4: Max-Planck-Study - Effects of proportion of women (Schweiger 1998)

Conclusion

Even with the additional empirical evidence reported here, it is not possible to provide a definitive explanation of why gender composition is so strongly related to work satisfaction and organizational outcomes. Some studies in the literature focus on organizations whereas others address occupations; some focus on macro changes whereas others study micro processes. Hardly any study does both, which makes it impossible to disentangle substantive effects from "noise" introduced by different variables and research methods.

It is clear from existing research that interactions in mixed-gender groups are consequential not just for individual well-being but also for organizational outcomes and the broader social structure. Yet it also is the case that social structure shapes organizational practices which, in turn, affect individual well-being. Persistent social phenomena such as the high level of sex segregation in occupations, organizations, and specific workplaces therefore can be informed by analyses that bridge macro, meso, and micro levels of analysis.

It has often been noted, for example, that women tend to enter male-dominated occupational fields, stay for a while but then (have to) exit to reenter female dominated fields – the phenomenon of the "revolving door" (Jacobs 1990). This phenomenon helps account for macro level stability, but it is based on micro level turbulence and therefore it cannot be understood without referring to micro level processes. Understanding any structural change (such as the impact of gender recomposition) requires bracketing the phenomenon – one level up, to national structures, and one level down, to organizational practices and leader behaviors. The main effect of gender recomposition is indeed a main effect – but understanding how it works and what might be done to remedy its negative consequences requires knowing about the impact of both the broader context and the things organizational leaders do.

Robust accounts of gender composition effects also require longitudinal analyses. Most studies of this phenomenon, including our own, focus on a single point in time. The differences obtained, therefore, are not informative about what happens to specific work groups as their composition changes over time. Nor is it possible to disentangle the effects of external factors that may be affecting work groups from the effects of composition-driven changes in how group members interact.

Existing studies of gender recomposition are plagued by a number of conceptual and methodological difficulties. Different studies, for example, employ quite different definitions of "work group", which makes it difficult to develop cumulative knowledge about recomposition effects. For example, Kanter (1977a) based her empirical and theoretical work on training groups in a large organization, South et al. (1982) did not provide any definition of what a work group is, and our own work viewed entire 100-person symphony orchestras as large groups. Moreover, team boundaries in organizations often are blurred, with formal team membership often being imperfectly aligned with real work interactions. The existing literature also does not address the impact of a group's task, or of incentive structures, on gender dynamics. Are group members engaged in a joint project that requires high interdependence to achieve a common goal? Or are individual outcomes, and individual rewards, the main focus of group members' attention? Surely the former circumstances would be more likely to promote constructive within-group interactions than the latter.

Finally, existing literature is limited in the range of group composition addressed. Few studies sample groups across the entire spectrum from "all male" to "all female" groups. This, of course, makes it impossible to assess Kanter's strong assumption of symmetry – namely, that the problems encountered by women entering male organizations are similar to those of men entering typically female organizations. These several conceptual ambiguities and methodological limitations significantly muddy the interpretive waters in research on gender recomposition, and they require much closer attention in future research than they have received thus far.

References

Allmendinger, J./H. Brückner/S. Fuchs/J. von Stebut (1997): Berufliche Werdegänge von Frauen in der Max-Planck-Gesellschaft: Eine Echternachter Springprozession. In: *Differenz und Integration.* Ed. K.-S. Rehberg. Opladen: Westdeutscher Verlag. pp. 537-544.

Allmendinger, J./S. Fuchs/J. von Stebut (1999): Drehtüre oder Pater Noster? Zur Frage der Verzinsung der Integration in wissenschaftliche Organisationen. In: *Grenzenlose Gesellschaft?* Ed. S. Hradil. Frankfurt/New York: Campus. (in press).

Allmendinger, J./J.R. Hackman (1994): Akzeptanz oder Abwehr? Die Integration von Frauen in professionelle Organistionen. In: *Kölner Zeitschrift für Soziologie und Sozialpsychologie* 46. pp. 238-258.

Allmendinger, J./J.R. Hackman. (1995): The more, the better? A four-nation study of the inclusion of woman in symphony orchestras. In: *Social Forces* 74. pp. 423-460.

Allmendinger, J./J.R. Hackman/E.V. Lehman (1996): Life and work in symphony orchestras. In: *The Musical Quaterly* 80. pp. 194-219.

Blalock, H.M. Jr. (1967): *Toward a theory of minority group relations*. New York: Wiley.

Jacobs, J.A. (1990): *Revolving doors. Sex segregation and women's careers*. Stanford: University Press.

Kanter, R.M. (1977a): *Men and women of the corporation*. New York: Basic Books.

Kanter, R.M. (1977b): Some effects of proportions on group life: Skewed sex ratios and responses to token women. In: *American Journal of Sociology* 82. pp. 965-990.

McLeod, P.L./S.A. Lobel/T.H. Cox (1996): Ethnic diversity and creativity in small groups. In: *Small Group Research* 27. pp. 248-264.

Simmel, G. (1950): *The sociology of Georg Simmel*. (K. H. Wolff, Trans.). Glencoe, IL: Free Press.

South, S.J./C.M. Bonjean/W.T. Markham/J. Corder (1982): Social structure and intergroup interaction: Men and women of the Federal Bureaucracy. In: *American Sociological Review* 47. pp. 587-599.

Schweiger, K. (1998): *Berufliche Segregation innerhalb von Arbeitsgruppen und ihre Auswirkungen*. Unpublished thesis, Institut für Soziologie der Universität München.

Watson, W.E./K. Kumar/L.K. Michaelsen (1993): Cultural diversity's impact on interaction process and performance: Comparing homogeneous and diverse task groups. In: *Academy of Management Journal* 36. pp. 590-602.

Persönliche Konstrukte zu Frauen und Männern in unterschiedlichen sozialen Rollen

Christine Altstötter-Gleich
Fachbereich Psychologie, Universität Landau

Es gibt kaum ein Merkmal, das so allgemein und zwangsläufig zur Beschreibung von Individuen herangezogen wird, wie das Geschlecht. Schon vor der Geburt gibt die Frage, ob "es" ein Mädchen oder ein Junge "wird", Anlass für viele Spekulationen. Die "Erfassung" des Geschlechts erfolgt auf dieser Ebene phänotypisch über die Wahrnehmung und Klassifikation primärer Geschlechtsmerkmale. Die Methode kann als äußerst valide und reliabel bezeichnet werden. Mit der Frage, was *die Frau* bzw. *den Mann* charakterisiert, der Frage nach der Geschlechtsrollenidentität zum Beispiel, hat diese Strategie jedoch wenig zu tun. Die Klassifikation als Frau oder Mann, Mädchen oder Junge beinhaltet weit mehr als die Wahrnehmung äußerer Geschlechtsmerkmale. Das Auffinden, das Beschreiben und die Funktion dieses "mehr" ist seit vielen Jahren Gegenstand wissenschaftlicher Untersuchungen. Ausgehend von der biologisch gegebenen Dichotomie "weiblich/männlich" wurden eine Vielzahl von Annahmen über substantielle Unterschiede von Frauen und Männern untersucht (z.B. Alfermann 1996). Meta-Analysen (z.B. Hyde/Linn 1986, Jacklin 1989) ergeben jedoch nur wenig substantielle Geschlechtsunterschiede.
Einen größeren Erklärungsbeitrag erwartete man sich von der Berücksichtigung des sogenannten psychologischen Geschlechts. Die prominentesten Vertreterinnen dieses Ansatzes, Sandra Bem und Janet Spence (zusammenfassend Bierhoff-Alfermann 1989) gehen in ihren Arbeiten davon aus, dass Individuen unabhängig von ihrem biologischen Geschlecht über mehr oder weniger starke Ausprägungen auf zwei voneinander unabhängigen Dimensionen des psychologischen Geschlechts verfügen. Im Allgemeinen werden diese Dimensionen als Femininität bzw. Expressivität und Maskulinität bzw. Instrumentalität bezeichnet. Die Entkopplung vom biologischen Geschlecht und die Konzeption von Femininität und Maskulinität, als zwei unabhängige Dimensionen, führt zu einer völlig neuen Sichtweise der Geschlechteridentität: Sieht die bisherige Konzeption nur zwei Typen vor, feminine und maskuline, folgt aus dem neu entwickelten Ansatz, dass theoretisch vier Typen denkbar sind: maskuline, feminine, androgyne und undifferenzierte. Sie ergeben sich aus der je individuellen, vom biologischen Geschlecht unabhängigen Lokalisation auf den beiden Skalen, die Bem und Spence (siehe Bem 1974 und Spence/Helmreich 1978) zur Erfassung von Femininität und Maskulinität entwickelt haben.
Es soll hier nicht auf die Implikationen dieser Konzeption eingegangen werden (Interessierte seien z.B. verwiesen auf Spence 1984, Bierhoff-Alfermann 1989 oder Alfermann 1996), das würde den Rahmen dieser Arbeit sprengen, soviel sei jedoch angemerkt: Vor allem Bem weist den individuellen Ausprägungen von Femininität und Maskulinität eine große Bedeutung zu. In ihrer Geschlechterschema-Theorie

geht sie davon aus, dass geschlechtsschematische Personen (feminine und maskuline; in der Terminologie Bems "Schematiker") dazu neigen, sich an Geschlechtsrollenstereotypen zu orientieren, während nicht-schematische (androgyne bzw. undifferenzierte, "Nicht-Schematiker") Personen dies nicht tun. Es werden weitreichende Konsequenzen für Aspekte wie das Selbstkonzept und die psychische Gesundheit postuliert. Zusammenfassend kann jedoch festgestellt werden, dass auch die Berücksichtigung des psychologischen Geschlechts nicht zu konsistenten Befunden führt (z.B. Edwards/Spence 1987, Katz/Silvern/Coulter 1990 oder Skitka/Maslach 1990). Als Begründung wird u.a. die Verwendung der von Bem (1974) und Spence (Spence/Helmreich/Stapp 1975) entwickelten Skalen BSRI und EPAQ angeführt. Sie

> (...) impliziert eine einfaktorielle Sichtweise maskuliner bzw. femininer Selbstbeschreibung. Vieles deutet aber darauf hin, dass die Konzepte der Maskulinität und Femininität eine multifaktorielle Struktur besitzen, die von den gängigen Rolleninventaren nur unzureichend erfasst wird. (Eckes 1990:168)

Unter "einfaktoriell" wird dabei verstanden, dass über die eingesetzten Inventare vor allem eine Klassifikation der Befragten in Schematiker und Nicht-Schematiker vorgenommen wird. Betrachtet man die Vorgehensweise, nach der BSRI und EPAQ konstruiert wurden, wird deutlich, dass hier in der Tat vor allem Aspekte der Orientierung an den klassischen Geschlechterstereotypen im Vordergrund standen. Im wesentlichen enthalten beide Skalen Items, die als "typisch" für Frauen bzw. Männer erachtet wurden. Eingang in die jeweiligen Subskalen fanden Personenmerkmale, die *entweder* für das eine *oder* das andere Geschlecht als sozial erwünscht beurteilt wurden (BSRI) und Merkmale, von denen angenommen wurde, dass sie geeignet sind, zwischen Frauen und Männern zu differenzieren (EPAQ). Andere Aspekte der sozialen Rolle wurden nicht berücksichtigt (Williams/Bennett 1975). Darüber hinaus wurde nach Frauen und Männern im allgemeinen gefragt. Inwieweit von den Befragten bei der Benennung der Eigenschaften und ihrer Beurteilung bezüglich ihrer Typikalität "real existierende" Personen berücksichtigt wurden, bleibt unklar. Zu vermuten ist jedoch, dass aufgrund der Fragestellung, die zur Itemgenerierung eingesetzt wurde, vor allem stereotype Merkmale produziert wurden.

Gegenstand der vorliegenden Studie

In der vorliegenden Studie wurden ebenfalls Merkmale von Personen erhoben, die die Grundlage eines Erhebungsinstruments darstellen können, das zentrale Aspekte der Geschlechtsrollenidentität erfasst. Es wurden jedoch nicht nur die Geschlechterstereotype berücksichtigt, sondern auch andere Rolleninformationen vorgegeben. Die Datenerhebung bezog sich neben der Beurteilung der Geschlechterstereotype auch auf real existierende Männer und Frauen in bestimmten sozialen Rollen sowie auf die eigene Person.

Zur Datenerhebung wurde auf eine Technik zurückgegriffen, die als Repertory Grid Technik (Kelly 1955) bezeichnet wird. Sie wird eingesetzt, um festzustellen, mittels welcher kognitiver Kategorien Individuen die auf sie einfließenden Informationen strukturieren. Kelly führte zur Benennung dieser Kategorien den Begriff "Konstrukte" ein. Er weist den "persönlichen Konstrukten" (nach denen er auch seine Persönlichkeitstheorie benannte) weitreichende Bedeutung für das Individuum zu:

> Das Konstruktsystem ist insofern seine Persönlichkeit, als das Interpretationssystem der Grundstein des ganzen psychischen Lebens ist: das Konstruktsystem gestaltet die Weise, in der man denkt, fühlt oder sich verhält. (Scheer/Catina 1993:15)

In der vorgestellten Arbeit wurde die Repertory Grid Technik dazu eingesetzt, festzustellen, welche Konstrukte Personen zur Beurteilung von Frauen und Männern in unterschiedlichen Rollenbezügen heranziehen. Es wurde dabei davon ausgegangen, dass die Konstrukte, die zur Charakterisierung der Geschlechterstereotype genannt werden, denen gleichen, die auch in den Inventaren von Bem und Spence aufgenommen wurden. Untersucht werden sollte darüber hinaus, ob Konstrukte identifiziert werden können, die auch bei der Beschreibung von real existierenden Frauen und Männern unabhängig von anderen Rollenzuschreibungen herangezogen werden.
Ziel der Studie war es ebenfalls, Informationen darüber zu erhalten, welchen Stellenwert die Information über das Geschlecht einer Person im Gegensatz zu anderen Rolleninformationen hat. Dazu wurde ein Aspekt der Repertory Grid Technik genutzt, der sich auf die Art und Weise bezieht, nach der die Persönlichen Konstrukte üblicherweise erhoben werden, die sog. Triaden-Methode (siehe z.B. Scheer/Catina 1993). Bei dieser Methode werden den Befragten eine Reihe von Rollenbeschreibungen, sogenannte "Elemente" vorgegeben (z.B. der Partner, die Partnerin, ein/e Arbeitskollege/in, mit dem/der man gut auskommt, die intelligenteste Person, die man kennt). Aus diesen Rollenzuschreibungen werden eine gewisse Anzahl von Dreiergruppen gebildet, die sogenannten "Triaden". Aufgabe der Befragten ist es, anzugeben, welche der zuvor mit konkreten Personen "ausgefüllten", Rollenträgerinnen bzw. -träger sich ähnlich sind. Im weiteren soll die befragte Person angeben, aufgrund welchen Merkmals, welcher Eigenschaft, welchen Verhaltens u.ä. die beiden Personen als ähnlich eingestuft wurden. Im weiteren soll angegeben werden, worin sich die dritte, "unähnliche" Person von den beiden unterscheidet. Die genannten (Un-)Ähnlichkeiten sind die angesprochenen persönlichen Konstrukte.
In der vorliegenden Studie wurden nun nicht nur die genannten Konstrukte einer näheren Betrachtung unterzogen, sondern auch die vorgenommenen Ähnlichkeitswahlen. Dabei wurde davon ausgegangen, dass diese Informationen dazu liefern, ob und in welchem Umfang Hinweise über das Geschlecht bzw. andere Aspekte der sozialen Rolle zur Strukturierung der sozialen Umwelt von Individuen beitragen. Ich möchte dies an einem Beispiel deutlich machen:
Gegeben sei eine Dreiergruppe von Rollenbeschreibungen der Art "Freundin – männlicher Vorgesetzter – weibliche Vorgesetzte". Die befragte Person hätte sich entschieden, die Freundin und die weibliche Vorgesetzte als ähnlich zu bezeichnen. Es wird in diesem Fall vermutet, dass nicht nur das genannte Konstrukt (z.B. "können gut zuhören") zu dieser Wahl geführt hat, sondern dass auch die Gleichheit des Geschlechts eine Rolle gespielt hat. Die Information über andere Rollenaspekte (Vorgesetztenrolle) wird hier offensichtlich weniger stark berücksichtigt. Natürlich

kann nicht von einer solchen Ähnlichkeitsentscheidung geschlossen werden, dass Frauen besser zuhören können als Männer, da in jeder Triade Rolleninformation und Merkmale der Elemente der Triade konfundiert sind. Mir scheint es dennoch möglich, aufgrund der Art der Ähnlichkeitswahlen Rückschlüsse auf den Stellenwert der jeweiligen Rolleninformation (Geschlecht – andere Aspekte) zu ziehen. Gleichzeitig kann die Analyse von Konstrukten, die auf gleichgeschlechtlichen Ähnlichkeitswahlen basieren, im Vergleich zu solchen aus gegengeschlechtlichen Wahlen ebenfalls wichtige Aspekte zur Frage nach der Geschlechtsspezifität von Personenmerkmalen ergeben.

Methode

Die Befragung wurde mittels eines Multiplikatorensystems durchgeführt. Dazu wurde zunächst eine Liste möglicher Ansprechpartnerinnen und -partner erstellt. Diese erhielten jeweils zehn Fragebögen mit der Bitte, diese je zur Hälfte an Frauen und Männer ihres Bekanntenkreises weiterzugeben und dabei darauf zu achten, dass Alter und Beruf der angesprochenen Personen möglichst weit streuen. Insgesamt wurden auf diesem Weg 220 Fragebögen vergeben. Wie angestrebt bestand die Stichprobe je zur Hälfte aus Frauen bzw. Männern mit einem mittleren Alter von ca. 34 Jahren (SD = 10.7).

Die Fragebögen wurden nach einem Verfahren erstellt, dessen theoretischer Hintergrund, die Theorie der persönlichen Konstrukte von Kelly (1955), und die konkrete Vorgehensweise an anderer Stelle (Altstötter-Gleich 1996, 1998) ausführlich beschrieben wurde. In Kürze hier die wesentlichen Aspekte: Zunächst wurde eine Liste von Rollenbeschreibungen (nach der Terminologie Kellys "Elemente") erstellt. Angesprochen wurden Rollen mit eher expressivem, beziehungsorientiertem Charakter, Rollen mit eher instrumentellem, aufgabenbezogenem Charakter, idealisierte, positive Rollenbezüge und negative Rollenbezüge. Dies führte zu der Auswahl folgender Elemente:

- beste Freundin; bester Freund,
- weibliche Vorgesetzte; männlicher Vorgesetzter,
- Frau, die ich nicht mag; Mann, den ich nicht mag,
- typische Frau; typischer Mann,
- ich, wie ich bin; ich, wie ich gerne wäre.

Aus diesen Rollenbeschreibungen wurden alle möglichen Dreierkombinationen ermittelt. Insgesamt sind dies 220. Jede dieser Triaden wurde über alle 220 Befragten hinweg zehnmal unterschiedlichen Personen vorgelegt. Insgesamt wurden also 2200 Triaden zur Beurteilung vorgegeben. Jede Person bearbeitete einen Fragebogen, der zehn unterschiedliche Triaden enthielt.

Ergebnisse

Für die hier vorgelegten Ergebnisse wurden die Antworten zu den Triaden herangezogen, die gemischtgeschlechtlich besetzt waren. Diese insgesamt 1755 beurteilten Triaden setzten sich inhaltlich folgendermaßen zusammen: 1200 wiesen jeweils drei unterschiedliche Rollenbezüge auf. Bei jeweils 100 Triaden waren Freunde, Vorgesetzte, Eltern und negativ beurteilte Personen beiderlei Geschlechts in einer Triade vertreten. In weiteren 100 Triaden traten sowohl das weibliche als auch das männliche Stereotyp auf. 55 Triaden enthielten sowohl das Element "Ich, wie ich bin" als auch das Element "Ich, wie ich gerne wäre". Zur inhaltlichen Analyse der genannten Merkmale wurden nur die unter "Ähnlichkeit" genannten Merkmale berücksichtigt.

Um die Frage zu beantworten, welchen Stellenwert das Geschlecht der zu beurteilenden Person im Gegensatz zu anderen Rolleninformationen hat, wurde zunächst ermittelt, welche Elementarten als ähnlich eingeschätzt wurden. Die Ergebnisse können Tabelle 1 entnommen werden. Über alle Triaden hinweg (N=1755) wurden in 43,4% der Fälle gleichgeschlechtliche und 56,6% gegengeschlechtliche Paare gebildet. Es zeigen sich jedoch Unterschiede bezüglich der Art der vorgegebenen Triaden. In Spalte zwei ist die Verteilung der Ähnlichkeitswahlen bei den Triaden aufgeführt, die sich aus Elementen mit unterschiedlichen Rollenbezügen zusammensetzen (z.B. Freundin, Vorgesetzter, Mutter). Jenseits des Geschlechts werden keine Informationen vorgegeben, nach denen die zu beurteilenden Personen gruppiert werden können. Wenn die als ähnlich beurteilten Personen verschiedengeschlechtlich sind, wird entscheidend für die Ähnlichkeitswahl also in erster Linie das jeweils gemeinsame Merkmal sein. Bei 54,2% der 1200 Triaden dieser Konstellation ist dies der Fall. Mit 45,8% liegt die Häufigkeit von Entscheidungen, bei denen zwei Personen mit gleichem Geschlecht als ähnlich beurteilt wurden, deutlich niedriger.

Inwieweit die Ähnlichkeitsentscheidung auf das gleiche Geschlecht zurückzuführen ist oder das gemeinsame Merkmal im Vordergrund stand, kann sicher nicht eindeutig beantwortet werden, denn Geschlecht und Merkmal sind in den gegebenen Triaden konfundiert. Die jeweiligen Häufigkeiten können jedoch eine Art Baseline ergeben: Dann, wenn jenseits des Geschlechts der zu beurteilenden Person keine weiteren Informationen zu vergleichbaren sozialen Rollen vorliegen, werden Personen stärker aufgrund der ihnen zugeschriebenen Merkmale als ähnlich beurteilt. Das Geschlecht spielt eine nachgeordnete Rolle. Die Triaden, in denen sowohl Personen beiderlei Geschlechts als auch Personen mit vergleichbaren Rollen (wie z.B. die weibliche und der männliche Vorgesetzte) vertreten sind (N = 400), finden sich in den Spalten drei bis sechs. Hier treten teilweise deutliche Unterschiede zu den Werten in Spalte zwei auf. Insgesamt ist die Häufigkeit gleichgeschlechtlicher Ähnlichkeitswahlen mit 32,25% deutlich niedriger als in den Fällen, in denen nur die Information über das Geschlecht gegeben wird. In 52,5% der Fälle wurden Paare mit gleicher Rolle als ähnlich beurteilt und bei 15,25% der Ähnlichkeitswahlen waren weder das Geschlecht noch die anderen Rollenaspekte gleich. Fasst man diese beiden Gruppen zusammen, ergeben sich insgesamt 67,75% gegengeschlechtliche Ähnlichkeitswahlen. Die Information über das Geschlecht der zu beurteilenden Person rückt also noch weiter in den Hintergrund. Am wenigsten dominierte es, wenn in den Triaden beide als negativ beurteilte Personen vorgegeben waren (24%), gefolgt von Triaden mit den Freunden (30%), den Vorgesetzten (37%) und den Eltern (38%). Alle Prozentzahlen liegen deutlich unter denen von Triaden, in denen jenseits des Geschlechts keine weiteren Rolleninformationen gegeben wurden (45,8%).

Triade:	Verschiedene Rollen	Freunde	Vorgesetzte	Eltern	Negativ beurteilte Personen	Stereotype	Selbstbeurteilung	alle Triaden
	n=1200	n=100	n=100	n=100	n=100	n=100	n=55	n=1755
gleichgeschlechtliche Wahl	45,8%	30%	37%	38%	24%	58%	43,6%	43,4%
gegengeschlechtliche Wahl	54,2%	58%	46%	42%	64%	42%	56,4%	53,2%
gegen Geschlecht und Rolle		12%	17%	20%	12%			3,4%

alle Triaden mit vergleichbaren Rollen		
gleiches Geschlecht	gleiche Rolle	weder noch
32,25	52,5%	15,25%

Tabelle 1: Relative Häufigkeiten von Ähnlichkeitswahlen bei gegengeschlechtlichen Triaden

Triaden, in denen beide Stereotype vorgegeben waren, und solche, die beide Selbstbeurteilungen enthielten, können keine nennenswerten Informationen darüber geben, welchen Stellenwert das Geschlecht im Vergleich zu anderen Rollenbezügen bei der Beurteilung von Individuen hat. Dennoch sind die Ergebnisse wiedergegeben. Sie zeigen, was ohnehin zu vermuten ist: Bei den Triaden mit beiden Stereotypen ist die Zahl gleichgeschlechtlicher Änlichkeitswahlen mit 58% überdurchschnittlich hoch. Daraus kann jedoch nicht geschlossen werden, dass die Information über das Geschlecht hier dominiert. Eine gegengeschlechtliche Wahl bedeutet hier ja immer auch, dass möglicherweise die beiden Stereotype als ähnlich beurteilt wurden. Mit 30% liegen diese Paarbildungen, was nicht weiter überrascht, deutlich unter den bisher genannten Häufigkeiten für gegengeschlechtliche Wahlen. Noch eingeschränkter ist der Interpretationsrahmen bei den Triaden, die beide Selbstbeurteilungen enthalten. Wird hier ein gleichgeschlechtliches Paar gebildet, ist dies zwangsläufig immer das Paar "Ich, wie ich bin / Ich, wie ich gerne wäre", da bei den hier berichteten Ergebnissen nur die Triaden analysiert wurden, die gegengeschlechtlich sind. Das dritte Element neben den naturgemäß "gleichgeschlechtlichen" Selbstbeschreibungen ist unter dieser Voraussetzung immer ein gegengeschlechtliches Element. Die Häufigkeiten sollen daher an dieser Stelle keiner näheren Betrachtung unterzogen werden.
Zusammenfassend kann festgestellt werden, dass Rolleninformationen jenseits des Geschlechts dominierender für die Beurteilung von Personen sind als das Geschlecht selbst. Das bedeutet keinesfalls, dass sie wichtiger sind, als die Merkmale der zu beurteilenden Personen. Da diese jedoch über alle Triaden mit den jeweils gegebenen Rolleninformationen konfundiert sind, kann angenommen werden, dass ihr Einfluss weitgehend konstant ist und daher aus dem Vergleich von Triaden mit unterschiedlichen Rolleninformationen (einmal nur Geschlecht und einmal Rolle und Geschlecht) ein entsprechender Schluss gezogen werden kann. Dass das Geschlecht der zu beurteilenden Personen keine Rolle spielt, kann jedoch nicht geschlossen werden. Immerhin liegt die Zahl gleichgeschlechtlicher Paare über alle Triaden hinweg bei 43,4%. Hier erscheint es durchaus berechtigt anzunehmen, dass stereotypen Vorstellungen über Frauen und Männer eine gewisse Bedeutung zukommt. Im Weiteren soll daher auf die genannten Konstrukte zu den Stereotypen einerseits und weiblichen bzw. männlichen Paarbildungen zu anderen Elementen andererseits eingegangen werden. Dabei beziehe ich mich bei den Konstrukten der zuletzt genannten Gruppe auf solche, die aus den 400 Triaden stammen, die jeweils männliche und weibliche Personen mit vergleichbarerer Rolle enthielten und die genannt wurden, wenn ein gleichgeschlechtliches Paar gebildet wurde. Es wird davon ausgegangen, dass bei solchen Ähnlichkeitswahlen zumindest implizit eine Charakterisierung nach Aspekten der Geschlechtsrollenidentität vorgenommen wurde, die weitgehend unabhängig von anderen Aspekten der sozialen Rolle sind. In Tabelle 2 sind diese Konstrukte (die zuvor inhaltsanalytisch zusammengefasst wurden; siehe Altstötter-Gleich 1996, 1998) denen gegenüber gestellt, die häufiger zur Charakterisierung von Paaren herangezogen wurden, die jeweils eines der Stereotype enthielten.

"Die typische Frau"	Konstrukte zu Männern und Frauen in verschiedenen Rollen	"Der typische Mann"
achtet auf Aussehen, auf äußeres bedacht, angepasst, anpassungs-fähig, ängstlich, Attraktivität, auf Harmonie bedacht	achtet auf Aussehen, aggressiv, autoritär	aggressiv, arbeitsam, arbeitet, arbeitswütig, arrogant, autoritär
	bescheiden	
direkt	dominant, durchsetzungsfähig	dominant, durchsetzungsfähig, distanziert
einfühlsam, Einfühlungsver-mögen	einfühlsam, ehrgeizig, entscheidungsfähig	egoistisch, egozentrisch, entschieden, Entschlossenheit
eitel, emotional, extrovertiert		
Fürsorglichkeit, fürsorglich	fürsorglich	faul
gefühlsbetont, gluckenhaft	geduldig, gerecht, geltungs-bedürftig, gelassen	geltungsbedürftig
	humorvoll, hat Schwierigkeiten über Probleme zu sprechen	hart, herrschsüchtig
intrigant, intrigenfreundlich		Ich-Bezogenheit, Ich-Mensch, intolerant
	kompetent, karriereorientiert, kameradschaftlich, keine Mitarbeit im Haushalt	kalt, karriereorientiert, Karrieredenken, keine Mitarbeit im Haushalt, kompromissbereit, konservativ, kontrolliert
modebewusst		Macho, Machtstreben, männlich
offen, oberflächlich, ordentlich	offen	oberflächlich
	pragmatisch	
redselig, redet viel		rational, rechthaberisch, redet nicht, rollenkonform
selbstbewusst, sensibel, spielt eine Rolle	sensibel, selbständig, selbst-bewusst, schwer zu überzeugen, sportlich	selbstbewusst, sachlich, selbständig, selbstsicher, selbstherrlich, sportlich, stabil
	temperamentvoll	
unselbständig, unterwürfig, unsicher	unkonventionell	überheblich, unabhängig, unsensibel, unternehmungs-lustig, unflexibel, unkompliziert
verständnisvoll	verständnisvoll, verläßlich	verläßlich, verschlossen
weiblich	wortgewandt	wehleidig
zuvorkommend		zielstrebig

Tabelle 2: Alphabetisch geordnete Konstrukte zur Charakterisierung von Frauen und Männern

Auffällig ist zunächst, dass eine Reihe von Konstrukten in beiden Auflistungen vorkommen. Von den insgesamt 32 Konstrukten, die zur Charakterisierung von Frauen und Männern in unterschiedlichen Rollenbezügen genannt wurden, entsprechen immerhin 17 den Konstrukten, die auch häufiger genannt wurden, um Geschlechterstereotype zu beschreiben. "Feminine" wie "maskuline" Konstrukte sind davon gleichermaßen betroffen.
Dabei ist insgesamt festzustellen, dass zum "typischen Mann" deutlich mehr Konstrukte mehrmals genannt wurden, als zur "typischen Frau", was ebenfalls für die dritte Konstruktgruppe gilt (Altstötter-Gleich 1996). Die Menge der "männlichen" Paare über alle Triadenzusammensetzungen hinweg unterscheidet sich jedoch nicht von der der "weiblichen" Paarbildungen (379/377). Es verhält sich eher so, dass zum weiblichen Stereotyp eine geringere Menge von Merkmalen, diese jedoch im einzelnen häufiger genannt wurden, während zum männlichen Stereotyp mehr Merkmale angegeben wurden, diese jedoch im Schnitt weniger häufig. Hinter diesem Ergebnis kann eine größere Homogenität des weiblichen als des männlichen Stereotyps vermutet werden.

Diskussion

Zusammenfassend kann festgestellt werden, dass dem Geschlecht einer Person bei deren Beurteilung zwar eine im Vergleich zu anderen Rollenaspekten eine geringe, keineswegs jedoch eine vernachlässigbare Rolle zukommt. Da es wenig plausibel erscheint anzunehmen, dass das biologische Geschlecht alleine maßgebend für solche Urteilstendenzen ist, wurde eine Analyse der Merkmale vorgenommen, die bevorzugt zur Charakterisierung von Frauen und Männern genannt wurden. Im Mittelpunkt des Interesses lagen dabei Merkmale, in denen sich real existierende Frauen und Männer ähneln. Ein Vergleich mit Merkmalen, die das weibliche bzw. männliche Stereotyp kennzeichnen, sollte Aufschluss darüber gegeben, ob und in welchem Umfang sich beide Merkmalsgruppen überlappen.
Die hier vorgestellten Ergebnisse legen nahe, dass dies in nicht unerheblichem Maße der Fall ist: Es zeigte sich, dass eine relativ große Menge von Merkmalen sowohl auf Stereotype als auch auf Personen in verschiedenen Rollen angewendet werden. Merkmale, die sich auf Frauen beziehen, scheinen dabei deutlich homogener als solche, die zur Beschreibung von Männern herangezogen werden. Weitere Analysen zu den Konstrukten (siehe hierfür Altstötter-Gleich 1996), auf die hier aus Platzgründen nicht eingegangen werden kann, haben gezeigt, dass dies nicht an der Art der Elemente liegt, die jenseits der Geschlechterstereotype vorgegeben wurden. Die Konstrukte differenzieren schwerpunktmäßig zwischen den Stereotypen und nicht in nennenswertem Umfang zwischen den verschiedenen sozialen Rollen.
Betrachtet man die gemeinsamen Merkmale inhaltlich, tragen sie deutlich den expressiven bzw. instrumentellen Charakter, der auch den BSRI und den EPAQ prägt (zum Vergleich Bierhoff-Alfermann 1989). Einige der Merkmale sind auch in diesen Inventaren zu finden. Dies lässt den Schluss zu, dass die Stereotype und auch die

Wahrnehmung "realer" Personen in nicht unerheblichem Maße durch diese Faktoren geprägt sind. Neben vergleichbaren Konstrukten ergaben sich jedoch auch eine Reihe von Merkmalen, die nicht auf stereotype Aspekte zurückgeführt werden können. Knapp die Hälfte der Merkmale, die zur Charakterisierung "realer" Personen genannt wurden, wurden nicht zu den Stereotypen genannt.
Es wird daraus geschlossen, dass es nicht ausreicht, sich bei der Konstruktion von Fragebögen zur Geschlechteridentität auf stereotype Aspekte zu beschränken, wie dies bei der Konstruktion des BRSI und des EPAQ praktiziert wurde. Gleichzeitig stützt die Menge nicht-vergleichbare Konstrukte die Sichtweise von Spence und anderen (siehe z.B. Edwards/Spence1987, Deaux/Major 1987, Lippa 1995), nach der die Geschlechteridentität als ein mehrdimensionales, nicht auf Expressivität und Instrumentalität reduzierbares System zu verstehen ist.

Literatur

Alfermann, D. (1996): *Geschlechterrollen und geschlechtstypisches Verhalten*. Stuttgart: Kohlhammer.

Altstötter-Gleich, C. (1996): *Theoriegeleitete Itemkonstruktion und -auswahl*. Landau: Empirische Pädagogik.

Altstötter-Gleich, C. (1998): Theoriegeleitete Itemkonstruktion und -auswahl mittels der Repertory-Grid-Technik. In: *Zeitschrift für Differentielle und Diagnostische Psychologie* 19 (3). S. 149-163.

Bem, S.L. (1974): The measurement of psyhological androgyny. In: *Journal of Consulting and Clinical Psychology* 42. S. 155-162.

Bierhoff-Alfermann, D. (1989): *Androgynie - Möglichkeiten und Grenzen der Geschlechterrollen*. Opladen: Westdeutscher Verlag.

Deaux, K./B. Major (1987): Putting gender into context: An interactive model of gender-related behavior. In. *Psychological Review* 94. S. 369-389.

Eckes, T. (1990): Geschlechterstereotype: Der Stand der Forschung. In: *Bericht über den 37. Kongress der Deutschen Gesellschaft für Psychologie in Kiel* (Bd. 2). Hg. D. Frey/G. Koehnken. Göttingen: Hogrefe. S. 164-172.

Edwards, V.J./J.T. Spence (1987): Gender-related traits, stereotypes and schemata. In: *Journal of Personality and Social Psychology* 53. 146-154.

Hyde, J.S./M.C. Linn (Hg.) (1986): *The psychology of gender. Advances through meta-analysis*. Baltimore: John Hopkins University.

Jacklin, C.N. (1989): Female and male. In: *American Psychologist* 44. S. 127-133.

Katz, P.A./L. Silvern/D.K. Coulter (1990): Gender processing and person perception. In: *Social Cognition* 8. S. 186-202.

Kelly, G.A. (1955): *The psychology of personal constructs*. (Bd. 1 and 2). New York: Norton.

Lippa, R. (1995): Gender-related individual differences and psychological adjustment in terms of the big five and circumplex models. In: *Journal of Personality and Social Psychology* 69. S. 1184-1202.

Scheer, J.W./A. Catina (1993): *Einführung in die Repertory-Grid-Technik*. (Bd. 1 und 2). Bern: Huber.

Skitka, L.J./C. Maslach (1990): Gender roles and the categorization of gender -relevant behavior. In: *Sex Roles* 22. S. 133-150.

What accounts for this difference between the conclusion of several decades of research and the opposing findings of Eagly and colleagues? Eagly and Mladinic (1989) proposed that such apparent discrepancies may stem from a failure in the research literature to have distinguished between overall evaluations of women as a social group versus evaluations of women's social roles. Women's roles and professions are typically afforded lower status than men's, and evaluation of these roles is correspondingly lower than evaluation of men's roles. But overall positive feelings toward women may be observed nonetheless. Women as mothers, friends, and partners are liked and loved, even if women are less desirable when they acquire the label of feminist, engineer, or senator. Eagly and Mladinic designed their measures carefully to separate these two components of attitudes, and explained why indeed they had observed genuinely favorable attitudes toward women, although men were rated higher on particular qualities, specifically those linked to agentic and instrumental traits.

Alternatively, the favorability toward women obtained by Eagly and Mladinic (1989) may simply derive from a change in attitudes toward women over time. Such a thesis is supported by Werner and LaRussa's (1985) finding that the gap between attitudes toward men and women was smaller in 1978 than it was twenty years earlier. In fact, it may be that attitudes toward women turned even more positive in the decade before Eagly and Mladinic collected their data. However, because attitude change was measured by accessing explicit attitudes and beliefs, i.e., those that are consciously available, it is not possible to know the boundary conditions of such a finding. It is possible that conscious and unconscious attitudes toward men and women had both undergone change. But it may also be the case that the nature of the data collection had allowed respondents to monitor their responses on questionnaires to avoid appearing sexist to themselves, to the experimenter, and to society at large. Explicitly expressed attitudes may well have masked attitudes that were unconsciously present.

In the decade since Eagly/Mladinic's proposal that attitudes toward women are not uniformly negative, at least two other analyses have also suggested a more complex view of attitudes toward gender. Glick/Fiske (1996) proposed that rather than being simply negative, sexist attitudes toward women are often ambivalent, encompassing positive as well as negative evaluations, with sexist attitudes falling into two components; hostile and benevolent sexism. Hostile sexism corresponds to the traditional definition of sexism as antipathy toward women. Benevolent sexism, in contrast, involves endorsing stereotypes about women that are subjectively positive, at least to those who hold the stereotypes, although not to the women who are the targets of these stereotypes. Benevolent sexists may endorse beliefs such as "Women should be cherished and protected by men", or "A good woman should be set on a pedestal". Although these statements are evaluatively positive, they are believed to reflect attitudes that undermine gender equality and preserve systems of subordination.

Fiske et al. (in press) have expanded the concept of benevolent sexism by theorizing that the attitudinal dimensions of respect and liking may be unrelated. That is, a dominant group may respect members of a subordinate group even though they do not like them (e.g., businesswomen), or they may like members of a subordinate group whose abilities they do not respect (e.g., housewives). Fiske et al. point out that overall ratings of women may be ambiguous because they elicit liking and disrespect toward some subtypes of women (e.g., "sexy chicks") and disliking but respect for other subtypes (e.g., feminists).

Jackman (1994) also claims that attitudes toward women can include positive and negative components. Most critically, she argues that positive attitudes toward women constitute the foundation of male dominance, with paternalism being the agent of subordination, which is justified out of concern and even love for the dominated. In such analyses, members of dominant groups, such as men, hold positive attitudes toward those whom they dominate, such as women, however self-interested the origin of such positivity. Such positions point out the complexity of social attitudes, both in the interpretation of the reason for positive regard and in the dissociations in attitude toward various subtypes of the larger social group.

This paper offers an analysis of beliefs and attitudes about women and men that diverge from previous investigations in that the focus is primarily on thoughts and feelings that lie outside conscious awareness or conscious control. Whereas most measures assume explicit or conscious access to the contents of the attitude or belief, the work we describe takes advantage of recently developed measures that tap automatically evoked beliefs and attitudes. At the turn of the century, it seems appropriate to assess the state of beliefs and attitudes toward women and men based on new learning that has emerged about unconscious forms of automatic attitudes and beliefs more generally and about the measurement of such processes itself. By the term *belief* we refer to assessments of specific attributes of men and women (e.g., on dimensions such as strong-weak). By *attitude*, we refer to assessments of global evaluation of men and women (e.g., such as good-bad, pleasant-unpleasant).

Unconscious beliefs and attitudes

The inference that a person is male or female happens rapidly, without conscious control, and possibly without conscious awareness. To intuitively appreciate the routinized and habitual nature of this particular mental operation, consider situations in which a person's sex identity is forced into conscious awareness because it is not readily discernable. The slower and more deliberate search for information that such a situation provokes reveals its otherwise spontaneous occurrence. For the past several decades, psychologists have investigated the nature of mental processes that lie outside conscious awareness and conscious control, and in recent years, such analyses have expanded to include the nature of social judgment as well. How automatically are social categories (e.g., gender, race, class) activated? What distinguishes judgments that arise from conscious versus unconscious assessments? Does the social category of the perceiver moderate the effects of automatic categorization, perception, and memory?

In pursuit of answers to these questions, research in experimental social psychology is transforming the manner in which attitudes and beliefs more generally are viewed. For more than a hundred years, the dominant theories and methods of experimental psychology assumed a conscious mode of operation – a tradition that may have its roots, in part, in an articulated rejection of psychodynamic theory, and in part, in the unavailability of tractable methods to investigate unconscious processes. Thoughts and feelings, including those that concern social objects (persons, social groups) have traditionally been assessed as if they operated largely in a conscious mode. In a paper advocating the need to measure unconscious or implicit modes of thinking and feeling about self and social groups, Greenwald and Banaji (1995) defined unconscious *belief (stereotype)* as:

> (...) introspectively unidentified (or inaccurately identified) traces of past experience that mediate attributions of qualities to members of a social category. (1995:15)

and unconscious *attitude* as:

> (...) introspectively unidentified (or inaccurately identified) traces of past experience that mediate favorable or unfavorable feeling, thought, or action toward social objects. (1995:8)

These definitions have their origin in two assumptions about thought, feeling, and behavior. First, the bounded rationality of mental systems place obvious limits on the ability to introspect accurately. Second, a desire to be morally and socially acceptable to one's self and others further diminishes access to thoughts and feelings. While the same assumptions also form the basis of the psychoanalytic unconscious, the similarity ends there. Analyses of the cognitive unconscious as reflected in the experiments we report rely on working knowledge of theories of associative learning and memory, perception and categorization processes.

Measurement of unconscious beliefs and attitudes

Standard measures of attitudes and beliefs typically ask questions in a direct manner. For example, to assess the extent to which men and women are associated with qualities such as good/bad, strong/weak, or emotional/unemotional, verbal self-report measures are commonly obtained in which numerical values are assigned to reflect the strength of such associations. Or, to assess beliefs, responses to statements such as "Do you agree that men and women ought to have equal opportunities for employment?" are often sought. Although such probes are useful if the goal is to document the state of consciously available attitudes and beliefs that reflect personal and social standards, they are ineffective means of reaching attitudes and beliefs that remain hidden from conscious awareness and that lie beyond introspective reach. If, as in many fields of inquiry, there is a growing recognition that large portions of thought and feeling systems operate in an unconscious mode, such a mode cannot be ignored in investigations of implicit social cognition (Banaji/Lemm/Carpenter in press, Greenwald/Banaji 1995).

It has been far easier to recognize a need for alternative measures of attitude and belief than to generate tractable measures that assess the output of the complex mental operations that are involved. How should attitudes and beliefs of which one is not aware be measured? Some families of indirect measures have involved unobtrusive observation of behavior, such as noting how often help is offered to a woman in physical difficulty (Latane/Rodin 1969) or using a hidden video camera to observe reactions to the telling of sexist jokes (LaFrance/Woodzicka 1998). Another class of measures has relied on projective techniques, in which participants generate stories in response to ambiguous drawings or photographs that are shown to predict behavior better than self-reported values and intentions (Biernat 1989, McClelland 1985).
Our own research has been directed toward relatively new measures of unconscious gender beliefs and attitudes. Such tools belong to a family of measures of unconscious mental processes that are based on well-worn principles of associative learning and memory. If two concepts have come to be associated through experience (e.g., female-*delicate*, male-*rough*), the presence of one (e.g., female) should produce relative facilitation of the other (e.g., *delicate* compared to *rough*). Such facilitation can be measured in a variety of ways. As an example, a word such as *delicate* may be presented for a brief duration, with the task being to judge if the word that follows it is representative of the category male (e.g., John) or female (e.g., Susan). To the extent that delicate is more strongly associated to female than male, responses to "Susan" should be faster than responses to "John" when they follow *delicate*. The uncontroversial assumption that such differences in response speed reveal the differential strength of association between *categories* (male, female) and *attributes* (good/bad, delicate/rough) is extended in research on social cognition to include the more controversial assumption that the strength of such mental associations is a meaningful indicator of automatic attitude (or evaluation) and automatic belief (or stereotype). The primary research from our laboratory includes two measures of time to respond (measured in milliseconds) that have been used successfully to study unconscious beliefs and attitudes – a variant of priming procedures mentioned above, and a newer task to measure the strength of implicit associations.
Measuring the unconscious component of gender beliefs and attitudes is a relatively new enterprise, and as a result, only a modest amount of research on unconscious stereotyping and prejudice with a focus on gender even exists. In this chapter, we do not provide a comprehensive review of past research, but rather, we focus primarily on recent research in a single laboratory as illustrative of the approach. Specifically, we describe three types of evidence for the unconscious operation of gender concepts. First, we discuss evidence for the activation of gender beliefs (stereotypes) that occur without conscious control, through brief exposure to gender-linked information, and reveal consensually shared knowledge. While our framing of the introductory comments have focused on attitude (evaluative, liking), investigations of related constructs of belief or stereotype allow interesting comparison of similarity and overlap as well as difference and dissociation. Next, we discuss research on automatic attitudes toward women and the degree to which they are a function of one's

own group membership and the particular subtypes that are the target of social attitudes (e.g., mothers, women leaders). Finally, we show the attributes of automatic gender identity and how it is related to beliefs and attitudes toward men and women.

Unconscious gender stereotypes

In a now classic report of the consensus regarding the psychological separation of male from female, Broverman et al. (1972) obtained ratings of the extent to which selected traits were descriptive of men and women and found that men were more often associated with competency-related traits whereas women were more associated with warmth- and expressiveness-related traits. The Brovermans' technique for assessing gender stereotypes is a common one and not restricted to the measurement of gender alone; it assumes that stereotypes are simply attributes associated with a particular group, with the strength of the stereotype being reflected through a numerical score that reflects the conscious assessment. In measuring the content of unconscious stereotypes, we assume similarly that gender stereotypes are attributes associated with social groups, but we measure them without soliciting a conscious judgment of the relationship between social group and attribute.

Instead, as an example, Banaji and Hardin (1996) conducted an experiment in which they showed participants gender-specific pronouns (e.g., *he, she*) one at a time on a computer screen. Participants were asked to judge as quickly as possible whether each pronoun (the *target*) was male or female, with only about one half of a second (500 milliseconds) needed to make such judgments. Prior to seeing the pronoun to be judged, they saw a word representing a gender-stereotypic occupation (*secretary, engineer*), or a gender-specific title (*Ms., Mr.*), kinship term (*mother, father*), or term with a sex-specific suffix (e.g., *chairman, salesgirl*). This word (the *prime*) appeared long enough for participants to read it, but not long enough for them to deliberate on its meaning (approximately 250 milliseconds.). Although the instruction was to ignore the prime words when judging the target pronouns that followed, the mere presence of these primes produced a notable effect on judgment of target pronouns. Specifically, responses were significantly faster when the prime and target were consistent in gender (however else they may differ) than when they were inconsistent. Thus, judgments of the pronoun *he* were made more quickly after seeing words such as *engineer* than words such as *secretary,* whereas the opposite was true for judgments of *she*. In other words, the judgment of the pronoun was facilitated or inhibited to the extent to which the prime was gender-consistent. The relative facilitation of gender-consistent than gender-inconsistent pairs reveals that gender is coded automatically in grasping meaning. The magnitude of this automatic gender stereotyping effect was unrelated to consciously expressed beliefs about gender and views regarding the use of gender-neutral language in speech and writing.

Blair and Banaji (1996) demonstrated variations of this phenomenon using a similar task. They measured the length of time it took participants to identify common Anglo-American first names (e.g., *Steve, Susan*) as male or female names. Prior to the judgment of each target name, participants saw a briefly presented prime that was either a trait stereotypically associated with gender (e.g., *gentle, strong*), or an attribute stereotypically associated with gender (e.g., *skirt, trousers*). As predicted, names were categorized more quickly when immediately preceded by a gender-congruent prime than by a gender-incongruent prime. Can such effects that reveal the automatic nature of gender stereotypes be avoided or changed? Blair and Banaji created conditions under which a strong expectation of gender mismatch between prime and target were created (e.g., *engineer-Jane*, *secretary-John*) and showed that only when the demands of the judgment was obtained at a much slower pace were gender inconsistent pairings readily accepted.

In a challenge to this view, Blair and Ma (1999) used a different procedure, one in which they first created the opportunity to imagine "a strong woman" and showed that such imagery significantly increased automatic stereotypes of women as strong (compared with a control imagery condition). This finding is supported by recent experiments on automatic anti-Black race attitudes. Dasgupta/Greenwald (1999) show a similar reduction in automatic prejudice (pro-White automatic attitudes) following exposure to admired Black Americans, raising the possibility that even longstanding automatic stereotypes and attitudes may be more malleable than previously assumed. However, experimental findings that raise the possibility of malleable unconscious stereotypes must be viewed in context – the blunt fact remains that social life does not easily provide the mental props that allow counterstereotypic or counterattitudinal associations to be activated, and as such the experimentally observed loosening of automatic gender stereotypes remains possible but not probable. Although experiments to explore unconscious stereotypes and prejudice would lead us to believe that they are elicited by linguistic (often word-level) representations of social information, it is quite obviously the case that dependence on textual representations largely reflects the superior theoretical development and technical convenience of verbal rather than nonverbal representations. There is little doubt that social perception, categorization, memory, and judgment occur in response to nonverbal representations of information.

Lemm et al. (1999) explored how pictorial representations activate gender stereotypes, as well as how stereotype activation can influence judgments about such pictorial representations. They showed participants pictures that either strongly or weakly evoked gender. For example, a female or male face or full body form was considered a strong gender prime (*denoting* female and male), whereas pictures of objects such as an oven mitt or a baseball mitt were regarded as weaker gender prime (*connoting* female and male). Using a variant of the priming procedure previously used with words, they observed strong facilitation for targets that followed gender-consistent primes. Remarkably, across 200 male and female pictures, not only did strong gender primes serve to elicit faster categorization of gender congruent targets, but so also did weaker gender connoting primes.

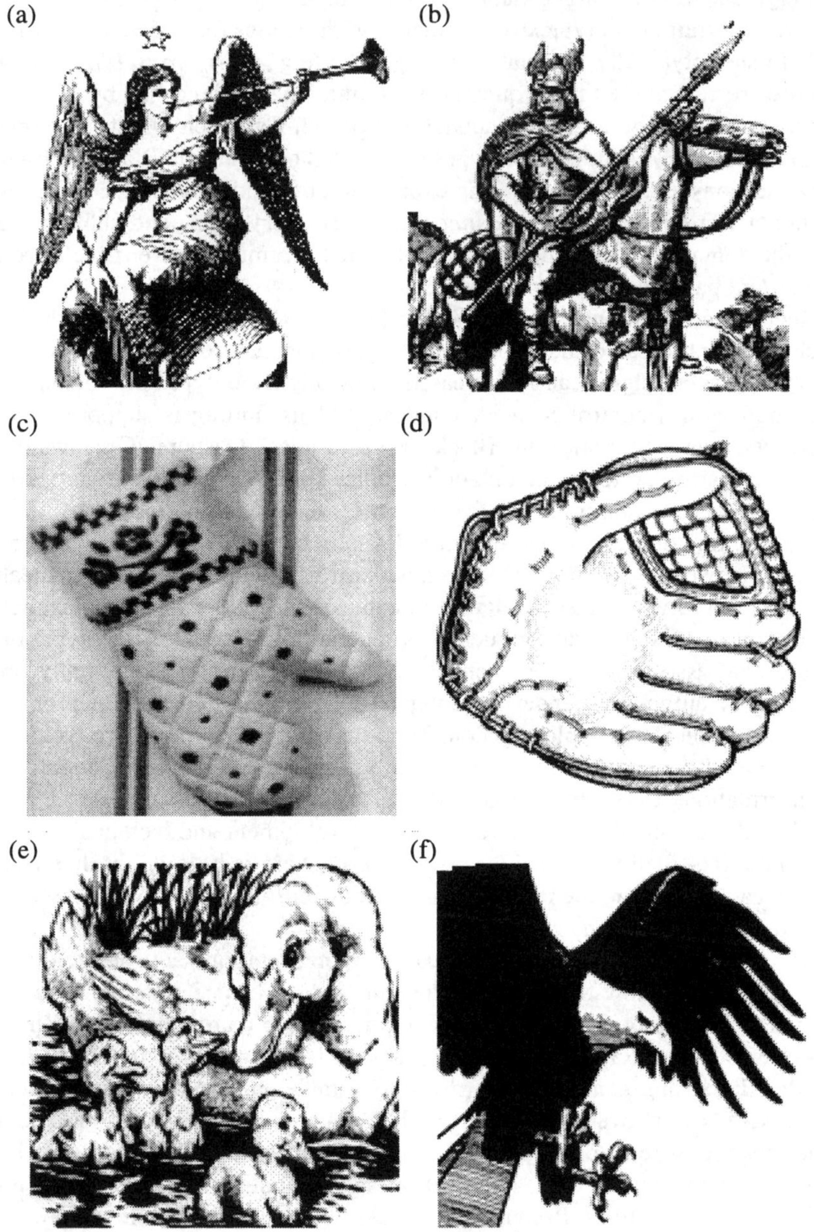

Figure 1: Sample stimulus items from Lemm et al. (1999)

Figure 1 shows samples of the pictures used in these experiments, with panels (a) and (b) representing strong gender primes, (c) and (d) representing a class of weaker gender primes (objects used more frequently by men or women) and (e) and (f) representing a different class of weaker gender primes (objects implying femininity or masculinity through remote association). That pictures in panels c-f served as sufficiently potent primes to automatically evoke judgments of female and male on targets that denote gender (e.g., a male or female face or full body) underscores the integral nature of gender as a component of meaning.

Lemm et al. (1999) used pictorial representations of gender to further explore the connection between gendered language and imagery. Psychologists and linguists have spoken about such a relation, although a firm empirical basis for concluding whether gender-specific language constrains subsequent ability to imagine gender-free thought is lacking. Lemm et al. (1999) demonstrated that words that are stereotypically masculine or that contain male-specific suffixes (e.g., *salesman*) lead to faster identification of male pictures, whereas stereotypically feminine words or words that contain female-specific suffixes (e.g., *businesswoman*) lead to faster identification of female pictures. That is, having learned that engineers and senators are likely to be men appears to cognitively constrain thought so as to include men more readily than women as possible candidates. Such research links discoveries about cognitive functioning (i.e., the constraints on automatic thought) to questions of equal opportunity and access. If social discourse automatically constrains the ability to imagine women as doctors, senators, and CEOs (and complementarily, constrains the ability to imagine men as nurses, secretaries, and sex workers) it raises the question of the impact of granting or denying cognitive "admission" in the early stages of information processing on downstream judgments such as evaluating a person's performance.

A relatively new measure of automatic association is the Implicit Association Test (IAT, Greenwald/McGhee/Schwartz 1998), which has two properties that distinguish it from other measures. First, it appears to be a particularly sensitive measure of strength of association. For example, almost 80% of participants show a relationship between *male-career* and *female-family* and over 90% of participants show an association between *old-bad* and *young-good.* Second, the IAT allows the subjective experience that some associations are cognitively easier (e.g., *female-home)* than others (e.g., *female-work*) and as a result, can be a tool that readily reveals the dissociation between consciously held and unconsciously exhibited responses. The form of the IAT applied to investigate stereotypes and attitude toward a variety of social groups may be sampled at www.yale.edu/implicit.

The idea underlying the IAT is simple: if two concepts are associated in memory, they will be easier to associate in judgment or behavior compared to concepts that are less associated or counterassociated in memory. To grasp the idea that produces the IAT effect, imagine sorting a randomly ordered stack of pictures of men and women into two piles, one containing men, the other containing women. Also imagine sorting another stack of pictures of say, power tools and kitchen utensils, again into separate piles. Now, imagine shuffling the two stacks and sorting female faces and kitchen utensils into a single pile, and male faces and power tools into another pile. Measure the time it takes to do this. Now, imagine an alternative arrangement in which female faces and power tools are sorted into a single pile and male faces and kitchen utensils make up the other pile. Again, measure the time to do this sorting. Research with the IAT suggests that such a sorting task should be mentally harder than the previous one, and as a result it should take longer to complete. Measured typically by sorting on a computer that records responses in milliseconds, the two conditions of the IAT permit a consciously palpable experience of differential mental ease when performing the male+power tools versus female+power tools sortings. In several experiments to date, this differential ease of pairing has been used as an indicator of the strength of automatic gender stereotypes.

Beliefs about gender differences continue to persist even in the face of knowledge about their instability and reduction over time. One such belief concerns men and women's differential ability in fields of academic achievement – men are believed to possess the ability that permits excellence in math and science, and women are believed to have greater affinity for language and arts. Nosek, Banaji, and Greenwald (1998) studied the strength of this stereotype at the automatic level (its presence at the conscious level is also easily detected) using the IAT, and observed that both men and women show strong unconscious association between male and math/science and female and arts/language. Knowledge of such difference is widespread in the culture, and automatic stereotypes reflect the extent of individual learning of such an association. If such associations are simply a reflection of cultural knowledge, and are not valid measures of the individual's unconscious beliefs, such effects should not predict other judgments. However, as Rudman and Glick (1999) showed, the stronger the unconscious stereotype, the more respondents tended to downgrade the skills of a female job applicant.

Nosek, Wang, and Banaji (1999) more specifically examined unconscious beliefs about gender roles in the professional context. They observed that male and female college students show automatic beliefs linking men with leadership roles (e.g., *boss, CEO, director*) and women with "helper" roles (e.g., *assistant, attendant, secretary*), reflecting gender distributions. In addition, men were linked more strongly with career roles (*business, profession, work*), whereas women were more strongly linked with the home (e.g., *domestic, family, household*). Even as more women have entered the workforce, it appears that as long as they continue to be associated with the home, such beliefs will continue to be visible on measures of strength of association. Goodwin and Banaji (1999) substituted the category *powerful* and *powerless* for Wang et al's *leader* and *helper* categories. They too observed that men and women both endorsed the gender stereotype, responding faster when *male+powerful* was paired, and slower when *female+powerful* was paired.

Rudman and Glick (1999) used the IAT to assess the stereotype that women are relatively more communal and that men are relatively more agentic. Both men and women were faster to respond when female names+communal terms and male names+

agentic terms were paired than when the pairing was reversed. In part, because measures such as priming and the IAT are discordant with prevailing notions about the meaning of "belief" and "stereotype" or "attitude" and "prejudice", in particular that they inherently refer to conscious constructs, there is uniquely high demand for demonstrations of the validity of such measures. We point to Rudman and Glick's (1999) finding that the strength of automatic association between female+communal and male+agentic was related to judgment of male and female job candidates. The greater the magnitude of the unconscious gender stereotype of agentic/communal, the lower were ratings of the social skills of a job applicant, and the lower the willingness to hire her relative to an otherwise identical male applicant. Notably, the strength of the unconscious gender stereotype was not related to participants' conscious endorsement of gender stereotypes. The lack of relationship between conscious and unconscious stereotyping, observed in many experiments in this tradition, is theoretically expected (i.e., conscious and unconscious representations are assumed to be independent and separate) but socially problematic. That is, even those who do not explicitly endorse gender stereotypes may nonetheless harbor sufficiently strong implicit stereotypes and such beliefs may guide behavior.

Research on unconscious gender stereotypes leads to three conclusions. First, splitting humans into female and male is a sufficiently fundamental cognitive act that categorization by gender is automatic, and in the sense used here, unavoidable. Many dimensions of attributes (physical, psychological, social) are linked firmly enough to female and male that such attributes automatically activate associated gender. As the examples from the picture priming study showed, an oven mitt activated "female" more swiftly just as baseball mitt activated "male". Whatever one's conscious desire to avoid categorizing as female and male, this research suggests that such categorization is inevitable and with cognitive and social consequences for those who perceive and are perceived.

Second, relevant research, of which we have reviewed only a small sample, suggests that the automatic activation of stereotypes does not sit in any obvious relation to consciously held or desired beliefs. Often, correlations between conscious and unconscious measures are close to zero, and when they are more robust, it is unclear what produces such relationships (Blair in press). While conscious attempts to fake or shape automatic associations are not successful, the next wave of research will reveal the extent to which automatic associations are indeed malleable through brief new experiences.

Finally, both men and women hold similar unconscious associations about gender. Not surprisingly, if women and men have shared learning experiences regarding the nature and magnitude of gender associations, such similarity in learning and memory should be reflected in performance. Conscious expressions of stereotypes, in so far as they reflect a desire to represent what "ought" to be or desirable response to self and others, may be more sensitive to group differences because such conscious demands may be differentially placed on members of social groups. But in so far as unconscious gender beliefs reflect the state of the world as filtered through personal experience, they may not distinguish between members of social groups. However, this finding of similar patterns of males' and females' implicit gender stereotypes will cease to hold when we turn our attention to implicit gender attitudes. Here, group differences will be visibly present showing that "knowing" and "liking" vary in their sensitivity to self and social group.

Unconscious attitudes toward gender

Research on unconscious stereotypes shows that the mere presence of a gender signifying stimulus in the environment – represented through ordinary symbols such as a name, a common noun, an adjective, a picture – activates knowledge of the category and its attributes. It is important to note, however, that although these gender stereotypes can be positive, negative, or neutral, we do not consider them to represent an *attitude*. Our understanding of the term stereotypes refers to *beliefs* or knowledge about what the category is, not an evaluation (favorable or unfavorable) of it.

Just as gender categories can automatically evoke knowledge of attributes associated with them, they can also elicit automatic evaluations or attitudes. In this section, we describe research that has enabled the measurement of unconscious attitudes toward social groups including men and women. We show that attitudes toward women and men do exist at an unconscious level, and that these unconscious attitudes do not always parallel the attitudes that men and women consciously express.

As noted in the introduction, it is only in the last decade that researchers have observed that consciously expressed attitudes toward women may actually be quite positive (Eagly/Mladinic 1989). This observation was supported by Carpenter and Banaji (1998a), who also showed that both men and women provided more favorable ratings of women than men. In both investigations, not only were attitudes favorable toward women, there appeared to be no difference between men's and women's expression of attitude.

In recent research, we extended Eagly and Mladinic and Carpenter and Banaji's findings by measuring unconscious attitudes. Like unconscious stereotypes, we think of unconscious attitudes in the form of associations between a category and an attribute, with the difference being that the attribute in the case of attitude is a global evaluation along an evaluative dimension – *good* versus *bad* or *pleasant* versus *unpleasant*. Unconscious attitudes can vary in direction (positive or negative) as well as strength, with some attitudes held more strongly than others. By our definition, an attitude toward *female* would be represented by the degree to which the attribute *good* or *pleasant* is relatively easily paired with the category *female* or *woman*. To the extent that pairings of *female* and *good* exist, we conclude that a favorable attitude toward *female* exists.

Carpenter and Banaji (1998a) used the IAT to assess college students' implicit attitudes toward women and men. Their participants sorted typical Anglo-American male or female first names at the same time as evaluatively pleasant or unpleasant items (e.g., *hostile, maggot; gentle, heaven*), in both combinations, female+pleasant and male+pleasant. They found that women were evaluated more favorably overall, particularly by female participants. The finding of favorable implicit attitudes toward women is consistent with other findings of explicit attitudes. However, whereas recent research using explicit measures shows little or no subject sex effect in explicit evaluation of men and women, implicit attitudes do differentiate between male and female participants. Females show vastly more positive attitudes toward women. Males, on the other hand, hover around the implicit neutral point, with some samples showing slight positivity toward women relative to men.

Mitchell, Nosek, and Banaji (1999) used a similar IAT to assess unconscious gender bias, but they used a wider range of stimulus names, including names typical of Black Americans as well as White Americans. They observed that men and women both showed a preference for female over male, but women showed this preference more strongly than did men. Thus, it appears that implicit and explicit attitudes toward gender diverge – whereas men and women hold similar attitudes toward gender at an explicit level, at an implicit level, women tend to show much stronger favorability toward women and corresponding implicit negativity toward men.

Explicit and implicit attitudes toward women are further complicated by the finding that not all groups of women are rated equally favorably or unfavorably. For example, lesbians and feminists tend to be explicitly rated negatively relative to more stereotypically feminine groups of women, such as housewives (Haddock/Zanna 1994, Saris/Johnston/Lott 1995). A subtype that has received substantial research attention is female leaders, women who compete for positions of power in society. Explicit ratings of females in leadership roles (e.g., managers, politicians) show that female leaders are evaluated more negatively than male leaders (Heilman/Block/Martell 1995), particularly when such women assume a stereotypically male leadership style (Eagly/Makhijani/Klonsky 1992).

Carpenter and Banaji (1997) adapted the IAT measure to compare ratings of subtypes of women and men. In an experiment in which mothers were evaluated relative to female leaders and fathers relative to male leaders, they observed that mothers were rated more positively than female leaders, whereas fathers were seen to be just as positive as male leaders. Although the subjects in this experiment may harbor no explicit negative attitudes toward women leaders (and many of the women may themselves aspire to be women leaders), these data suggest that males are equally positively regarded both as fathers and leaders, whereas women elicit greater favorability as mothers than as leaders. Carpenter and Banaji further observed that the implicit attitudes they assessed were largely unrelated to explicitly assessed attitudes, suggesting that the measure of unconscious attitude may in fact tap contents that differ from those assessed by conscious measures of attitude.

In a follow-up study, Carpenter and Banaji (1998b) pitted attitudes toward male and female leaders against one another, rather than against mother and father. They again observed substantial differences between men and women's responses, with women indicating a stronger automatic preference for female leaders, and males indicating an opposite but weaker preference for male leaders. Interestingly, men explicitly reported greater conscious preference for female leaders, thus placing self-reported, conscious attitude in contradiction to the unconscious one.

In a third experiment, Carpenter and Banaji (1998b) presented a female and male candidate for election and obtained implicit and explicit measures of liking for them. Both men and women showed an implicit preference for the female candidate. Thus, although they showed preference for a specific female candidate, males showed less liking for female leaders as a general group. Just as one may like one's local politician but not the category "politician", men's responses to a particular female candidate may well be positive even though attitudes toward the group as a whole are not.

In overlapping conditions of a few different experiments, Carpenter and Banaji and Mitchell, Nosek and Banaji have shown one persistent effect: Female participants show strongly positive attitudes toward all representations of *female* over *male*. Females show greater automatic associations of good to mother (than father), to female (than male), to specific newly-encountered female political candidates (than male candidates), to the general category "female leader" (than "male leader"). In none of several experiments conducted to date have these investigators failed to find a robust implicit positive attitude toward women by women. The findings for male participants are less clear. In most cases, men show weaker preferences, with most conditions showing a small preference for female over male. Carpenter and Banaji predicted that the strong and consistent implicit positive attitude of women by women should result in the stronger predictive power of such attitudes on behavior. In support, they found that female participants' strength of implicit attitude toward specific male and female leaders predicted their voting for that leader. For men, whose implicit attitudes toward both gender groups were less strong and consistent, the strength of automatic attitude did not predict voting. Further research is needed to understand the origin of women's strong positivity toward women and men's lack of strong attitude toward either group. It is possible that the implicit association of *female* to *good* is widely shared, and that for those who are themselves members of the culturally favored group, i.e., women, the implicit attitude of positivity is intensified.

Measurement of unconscious attitudes toward women and men represents a considerably smaller body of research than measurement of unconscious stereotypes. However, even with this relatively limited research, two conclusions can be drawn. First, it is quite clear that attitudes about women and men are held at an unconscious level, and that differences in the strength and direction of these unconscious attitudes can be measured. Only in the future will the full implications of implicit attitudes about social groups be revealed in research on the predictive validity of such measures.

Second, implicit attitudes toward gender do not always parallel explicit attitudes toward gender. In particular, there are differences between male and female respondents in their implicitly expressed attitudes toward men and women, and this is in contradiction to findings of implicit beliefs (stereotypes). Whereas typically no differences between women's and men's implicit stereotypes about gender are found, there appears to be considerable difference between women's and men's implicit attitude toward gender. Implicit beliefs may reflect knowledge of social groups at some distance from self, which would explain the similarity in implicit stereotypes held by males and females. Attitudes, on the other hand, with their foundation in feeling rather than thought, may partly reflect the culture's assessment of social groups (explaining why both women and men show positive attitudes toward women), but importantly, may reflect additionally, an affinity for attributes attached to self (explaining the stronger positive attitude of women toward women). If this reasoning is accurate, White Americans and Black Americans should show positive implicit attitudes toward White rather than Black, with White Americans showing such an attitude more strongly. Cultural evaluations (i.e., the shared evaluation of a group within a culture) and the location of self (i.e., one's own membership in the group or not) are both feeders to implicit attitudes, with groups that are culturally favored and associated to self through membership eliciting the most positive implicit attitudes.

Unconscious gender identity

Perhaps not surprisingly, just as unconscious beliefs and attitudes about gender influence the judgments we make about others, they also have influence on the judgments we make about ourselves. Even those who consciously reject notions of gender differences must find themselves unconsciously adopting culturally imposed conceptions of masculinity and femininity. The extent to which unconscious identification with gender groups can influence choice and opportunity, and the extent to which choices that appear to be consciously made are unconsciously driven by group membership are questions of interest here, although the data are not yet up to the task of answering them.

Psychologists have debated about the meaning and measurement of gender identity. In the first test specifically designed to assess gender identity, Terman and Miles (1936) developed a 910-question scale, called the M-F scale, that tapped feminine characteristics with questions such as "Do you like people to tell you their troubles?" and masculine characteristics with questions such as "Were you ever fond of playing with snakes?" The M-F scale, and most of the scales that have followed, are based on three assumptions: That masculinity and femininity exist but cannot always be identified by observation, that masculinity and femininity are distinct from each other but related to traits and outcomes, including psychological adjustment, and that reporting about one's masculine and feminine attributes is so susceptible to demand that measures of them must be subtle (Morawski 1985). Terman and Miles were cognizant of the difficulty of direct, explicit measures, but nevertheless, their questionnaire obtained fully conscious measures of gender identity out of necessity, and with few exceptions this is the case with most standard measures.

Our research has used a measure of gender identity that circumvents conscious control. We make use of the same reaction time measure described earlier to assess self-identification with cultural stereotypes about masculinity and femininity. It should be noted that our use of the terms masculinity and femininity differs from that of our predecessors. In particular, early scales sought to measure masculinity and femininity as "pure" constructs, free of cultural bias. In contrast, for our measure, masculinity and femininity are defined as the cultural stereotype of what is appropriate or common for males versus females. We measure the extent to which men and women incorporate the culturally defined view of masculinity and femininity into their self-concept.

In a series of experiments, Lemm and Banaji (1998) measured unconscious gender identity using the IAT. Participants categorized "me" and "not me" words, which were either words specifically relevant or irrelevant to the participants (e.g., their name and hometown or some other person's name and hometown) or pronouns relevant to self versus other (e.g., *I, me; they, them*). Simultaneously, they categorized masculine and feminine words, which were present tense verbs moderately associated with men or women (*e.g., feels, cooks; employs, fixes*). The measure of gender identity was obtained, similar to stereotype and attitude, from the relative speed of pairing self with feminine verbs and traits versus with masculine verbs and traits.

Overwhelmingly, responses indicated that men and women associated their self-concept with the gender associated with their biological sex: Men showed strong implicit links with masculinity and females with femininity. Interestingly, this pattern did not mimic the responses given by the same participants on an explicit measure of gender identity. When asked to rate masculine and feminine verbs for the extent to which they applied to themselves, female participants reported endorsing the masculine verbs almost as much as the feminine verbs, indicating a more androgynous conscious gender identity. Thus, for women, the pattern of unconscious gender identity differed from the pattern of conscious gender identity. The participants in this experiment were college students, from a subculture in which it is socially acceptable, even encouraged, for women to endorse positive masculine behaviors such as *owning* and *governing*, in addition to feminine behaviors. As such, acceptance of masculine actions is visible on measures that enable conscious endorsement. But on less uncontrollable measures, women are less able to escape traditional gender roles and attributes. In contrast, perhaps because masculine acts are more socially valued, men showed a more congruent pattern of responses on implicit and explicit measures (automatic associations are in alignment with what is also consciously desired), and indicated a more masculine gender identity on both.

Nosek et al. (1998) also used the IAT to measure gender identity, substituting stimuli that are denotative of male or female (e.g., *he, father; she, mother*) to represent male and female categories for a measure of sex identity. The pattern of responses they observed was very similar to that by Lemm/Banaji, with women exhibiting a stronger link between self and female, and males showing the reverse pattern of a stronger automatic link between self and male. Nosek et al. found that, for women, this implicit sex identity was related to gender stereotypes about mathematics and arts. Women who were strongly female-identified tended also to hold the implicit association that math is male and arts is female. Further, the more strongly women were female-identified, the less they identified with math. Thus, women who have an implicit female identity also have the automatic association that math is more appropriate for men than for women, and more appropriate for others than for themselves. The same relationships regarding sex identity and academic preferences were not observed among male participants. Men tended to identify themselves with math more so than women did, but this identification was not related to their endorsement of the math-arts gender stereotype, nor their identity as male. However, men's identification with math and the strength of the automatic belief that math is male was related to their performance on a standardized math test (Scholastic Aptitude Test). The greater their belief that math is male-associated, and the greater their association of math and self, the better they performed on a test of math ability. Such implicit attitudes may be the foundation of the behaviors, both conscious and unconscious, that explain the exodus of women from math and science fields during college and beyond.

Goodwin and Banaji (1999) examined the link between self and power, to better understand the link between gender and power. Implementing an IAT measure with *me* and *not-me* items paired against the concepts of powerful and powerless (e.g., *manager, director; assistant, servant*), they observed that both men and women tended to associate powerful roles, rather than powerless roles, with themselves. In addition, both men and women showed an implicit association between powerful and good. Of particular interest was a positive relationship between power identity (me-power association) and power attitude (power-good association) suggesting that what is implicitly associated to self is also what is implicitly liked.

Lemm et al. (1999) studied the way that gender-specific language can be incorporated into men's and women's self-concept. At the college at which their experiment was conducted, students in their first year of undergraduate study continue to be referred to as *freshmen*. The generic masculine term includes a male suffix (*men*), but is explicitly intended to refer to both male and female members of the first-year class. As expected, research participants reported believing that the terms *freshman* and *freshmen* are gender-neutral, because they are equally likely to be applied to male as to female students. However, performance on the IAT in which pairing of me and not-me against generic masculine terms (*freshman, freshmen*) and gender neutral terms (*frosh, first-year*) were used showed clear gender differences. Men exhibited a stronger identification with generic masculine terms (e.g., *freshmen*) than did women. Women showed just the opposite pattern of responses, indicating a stronger implicit identification with gender neutral terms (e.g., *first-year*). It appears that even though women routinely refer to themselves as "freshmen", they implicitly associate terms of more neutral origin to themselves. Thus, even when generic masculine terms are automatically associated with the groups male and female equally, men and women may not apply generic masculine terms equally to themselves – at least not at levels that lie outside conscious control. Identifying the implications of such differences in unconscious cognition of commonly used terms for psychological outcomes such as subtle experiences of inclusion remain to be explored.

The research described shows that gender is an integral part of the self-concept even, and perhaps especially, when assessed on measures that avoid conscious control. Women may explicitly seek a more masculine/androgynous gender identity, but unconscious associations with femininity are strong. Implicit gender identification is related to unconscious attitudes about gender as well as to unconscious stereotypes about gender. Such associations have implications for performance on gender-related tasks such as academic orientation, choice of career, and commitment to career.

Conclusion

Any analysis of the nature of humans and the structure of societies must immediately confront questions of gender. What is the nature of female and male, their relation to each other, their aspirations for the future? Of the many fundamental questions about women and men that scientists have posed, we focused on beliefs and attitudes. Of course, beliefs and attitudes about women and men are obtained from members of the very groups about whom we seek appraisal. This problem, of the knower also being the known, as William James would have framed it, has led to investigations such as ours in an attempt to bypass conscious awareness and control. This chapter surveys research, largely from a single laboratory, on unconsciously held beliefs about female and male, unconsciously expressed evaluations of positivity toward female and male, and unconscious identification with male and female, masculine and feminine.

Male and female reside not only as physical realities in the outer world, but they have psychological presence and meaning in the mental world as well. Their difference in mental status is detected through the beliefs we hold about them, our feelings toward them, and our identification with them. Research on gender stereotypes show that male and female are mentally distinct categories that are automatically and uniquely differentiated. Additionally, objects that have come to be associated with male and female (sometimes even weakly) reflect gendered meanings. In so far as such associations are learned, recent research is beginning to show how new learning about social groups (e.g., *female-strong*) that contradicts past learning (e.g., *female-weak*) can change existing associations that underlie unconscious attitudes and beliefs.

The automatic associations we examined under the term "identity" point out a similar difficulty with assumptions that one's association to female and male is freely chosen. More than measures that rely on consciously accessed gender identity are able to detect, our experiments show the almost isomorphic mental representation of sex and gender – at levels of thinking that are outside conscious control, men strongly identify as masculine, females as feminine. Such a finding has sobering implications as we consider the discrepancies that can arise between conscious aspirations for qualities that are socially valued and desired (as did female subjects in the study in which they consciously endorsed actions such as *governing*), and unconscious lack such endorsement (as did female subjects when they did not show implicit association between self and *governing*). The invisible fences of group membership need new and urgent attention.

Implicit attitudes toward men and women do not show patterns that are consistent with early research summarized at the outset, for there is no evidence of implicit negativity toward women. In fact, in keeping with Eagly's research, the representation of female is positive. But implicit attitudes toward men and women do not fully fit the patterns revealed in contemporary research using conscious measures either. Our data suggest that simply being female predisposes one to have strong implicit attitudes of positivity toward female over male. Understanding the basis of such a predisposition and its implications for judgment and decision-making is the challenge reserved for new research.

References

Banaji, M.R./C.D. Hardin (1996): Automatic stereotyping. In: *Psychological Science* 7. pp. 136-141.

Banaji, M.R./K.M. Lemm/S.J. Carpenter (in press): The social unconscious. In: *Handbook of Social Psychology.* Ed. A. Tesser/N. Schwarz. Oxford, UK: Blackwell.

Biernat, M. (1989): Motives and values to achieve: Different constructs with different effects. In: *Journal of Personality* 57 (1). pp. 69-95.

Blair, I.V. (in press): Implicit stereotypes and prejudice. In: *Future directions in social cognition*. Ed. G. Moskowitz. Hillsdale, NJ: Erlbaum.

Blair, I.V./M.R. Banaji (1996): Automatic and controlled processes in stereotype priming. In: *Journal of Personality and Social Psychology* 70 (6). pp. 1142-1163.

Blair, I.V./J. Ma (1999): *Imagining stereotypes away: The moderation of automatic stereotypes through mental imagery.* Unpublished manuscript. University of Colorado, Boulder, CO.

Broverman, I.K./S.R Vogel/D.M. Broverman/F.E. Clarkson/P.S. Rosenkrantz (1972): Sex-role stereotypes: A current appraisal. In: *Journal of Social Issues* 28. pp. 59-77.

Burns-Glover, A.L./D.J. Veith (1995): Revisiting gender and teaching evaluations: Sex still makes a difference. In: *Journal of Social Behavior and Personality* 10 (6). pp. 69-80.

Butler, D./F.L. Geis (1990): Nonverbal affect responses to male and female leaders: Implications for leadership evaluations. In: *Journal of Personality and Social Psychology* 58. pp. 48-59.

Carpenter, S.J./M.R. Banaji (1997): *Implicit and explicit attitudes toward female leaders.* Paper presented at the annual meeting of the Midwestern Psychological Association, Chicago, IL.

Carpenter, S.J./M.R. Banaji (1998a): *Unpublished raw data.* Yale University.

Carpenter, S.J./M.R. Banaji (1998b): *Implicit attitudes and behavior toward female leaders.* Paper presented at the annual meeting of the Midwestern Psychological Association, Chicago, IL.

Dasgupta, N./A.G. Greenwald (1999): *Exposure to admired members of stigmatized groups reduces automatic negativity.* Unpublished manuscript, University of Washington, Seattle, WA.

Eagly, A.H./M.G. Makhijani/B.G. Klonsky (1992): Gender and the evaluation of leaders: A meta-analysis. In: *Psychological Bulletin* 111 (1). pp. 3-22.

Eagly, A H./A. Mladinic (1989): Gender stereotypes and attitudes toward women and men. In: *Personality and Social Psychology Bulletin* 15. pp. 543-558.

Eagly, A.H./A. Mladinic/S. Otto (1991): Cognitive and affective bases of attitudes toward social groups and social policies. In: *Journal of Experimental Social Psychology* 30. pp. 113-137.

Fernberger, S.W. (1948): Persistence of stereotypes concerning sex differences. In: *Journal of Abnormal and Social Psychology* 43. pp. 97-101.

Fiske, S.T./J. Xu/A.J. Cuddy/P. Glick (in press): Respect versus liking: Status and interdependence underlie ambivalent stereotypes. In: *Journal of Social Issues.*

Glick, P./S.T. Fiske (1996): The ambivalent sexism inventory: Differentiating hostile and benevolent sexism. In: *Journal of Personality and Social Psychology* 70 (3). pp. 491-512.

Goodwin, S./M.R. Banaji (1999): *Gender and power: Evidence for an implicit personal/group discrimination discrepancy.* Paper presented at the annual meeting of the Midwestern Psychological Association, Chicago, IL.

Greenwald, A.G./M.R. Banaji (1995): Implicit social cognition: Attitudes, self-esteem, and stereotypes. In: *Psychological Review* 102. pp. 4-27.

Greenwald, A.G./D.E. McGhee/J.L.K. Schwartz (1998): Measuring individual differences in implicit cognition: The implicit association test. In: *Journal of Personality and Social Psychology* 74 (6). pp. 1464-1480.

Haddock, G./M.P. Zanna (1994): Preferring "housewives" to "feminists". In: *Psychology of Women Quarterly* 18. pp. 25-52.

Heilman, M.E./C.J. Block/R.F. Martell (1995): Sex stereotypes: Do they influence perceptions of managers? In: *Journal of Social Behavior and Personality* 10 (6). pp. 237-252.

Jackman, M.R. (1994): *The velvet glove.* Berkeley, CA: University of California Press.

LaFrance, M./J.A. Woodzicka (1998): No laughing matter: Women's verbal and nonverbal reactions to sexist humor. In: *Prejudice: The target's perspective.* Eds. J.K. Swim/C. Stangor. San Diego, CA: Academic Press. pp. 61-80.

Latane, B./J. Rodin (1969): A lady in distress: Inhibiting effects of friends and strangers on bystander intervention. In: *Journal of Experimental Social Psychology* 5. pp. 189-202.

Lemm, K.M./M.R. Banaji (1998): *Implicit and explicit gender identity and attitudes toward gender.* Paper presented at the annual meeting of the Midwestern Psychological Association, Chicago, IL.

Lemm, K.M./M. Dabady/M.R. Banaji/J. Kluewer (1999): *The influence of gendered language on thought.* Paper presented at the annual meeting of the Midwestern Psychological Association, Chicago, IL.

McClelland, D.C. (1985): How motives, skills, and values determine what people do. In: *American Psychologist* 40 (7). pp. 812-825.

McKee, J.P./A.C. Sherriffs (1957): The differential evaluation of males and females. In: *Journal of Personality* 25. pp. 356-371.

Mitchell, J./B.A. Nosek/M.R. Banaji (1999): *Dissociated implicit attitudes: Examples from race, gender, and profession.* Paper presented at the annual meeting of the Midwestern Psychological Association, Chicago, IL.

Morawski, J.G. (1985/1998): The measurement of masculinity and femininity: Engendering categorical realities. In: *The gender and psychology reader.* Eds. B.M. Clinchy/J.K. Norem. New York: New York University Press. pp. 199-226.

Nosek, B.A./M.R. Banaji/A.G. Greenwald (1998): *Me = female, math = male, therefore math ≠ me.* Paper presented at the annual meeting of the American Psychological Society, Washington, DC.

Nosek, B.A./C. Wang/M.R. Banaji (1998): *Unpublished raw data.* Yale University.

Rosenkrantz, P./S. Vogel/H. Bee/I. Broverman/D. Broverman (1968): Sex-role stereotypes and self-concepts in college students. In: *Journal of Consulting and Clinical Psychology* 33. pp. 287-295.

Rudman, L.A./P. Glick (1999): *Implicit gender stereotypes and backlash toward agentic women: The hidden costs to women of a kinder, gentler image of managers*. Unpublished manuscript, Rutgers University.

Saris, R.N./I. Johnston/B. Lott (1995): Women as cues for men's approach or distancing behavior: A study of interpersonal sexist discrimination. In: *Sex Roles* 33 (3-4). pp. 289-298.

Terman, L.M./C.C. Miles (1936): *Sex and personality: Studies in masculinity and femininity.* New York, NY: Mcgraw-Hill.

Ware, R./J.J. Cooper-Studebaker (1989): Attitudes toward women as managers with regard to sex, education, work, and marital status. In: *Psychological Reports* 65. pp. 347-350.

Werner, P.D./G.W. LaRussa (1985): Persistence and change in sex-role stereotypes. In: *Sex Roles* 12 (9-10). pp. 1089-1100.

Perceiving gender: Wahrnehmung der eigenen Geschlechtsrollen-identifikation und körperliche bzw. psychische Befindlichkeit

Kerrin Christiansen
Institut für Humanbiologie, Universität Hamburg

"Männer kennen keine Überforderungen, es gibt für sie nur Anforderungen oder Versagen", schreibt Susanne Petz in ihrem 1996 erschienenen Artikel über das heutige Männlichkeitsideal von Jungen, die offensichtlich wie die erziehenden Eltern nichts von dem 20 Jahre alten Aufsatz von James Harrison (1978) wissen, der schon im Titel eindeutig warnt: "The male sex role may be dangerous to your health".
Harrison meint damit nicht nur eine Gefährdung der Gesundheit, sondern auch des Lebens. Es ist bekannt, dass Männer im Durchschnitt früher als Frauen sterben, wobei das Geschlechterverhältnis der Sterblichkeitsraten in Kindheit, Jugend und Adoleszenz besonders krass ausfällt. Erst 75-jährige Männer und Frauen haben schließlich – statistisch gesehen – ungefähr das gleiche Risiko zu sterben (Harrison 1978, Christen 1993, Klotz/Hurrelmann 1998).
Das Geschlechterverhältnis bei verschiedenen Todesursachen fällt nach Harrison (1978) deutlich zuungunsten der Männer aus:

- Krebserkrankung der Atemwege 5,9 : 1 (Männer : Frauen)
- andere Erkrankungen der Atemwege 4,9 : 1
- Autounfälle 2,8 : 1
- Selbstmord 2,7 : 1
- andere Unfälle 2,4 : 1
- Leberzirrhose 2,0 : 1
- arteriosklerotische Erkrankungen, auch des Herzens 2,0 : 1

Neuere Daten (vgl. Klotz/Hurrelmann 1998) bestätigen weitgehend diese Werte. Dafür werden zum einen biologische Ursachen genannt (Harrison 1978, Sommer 1990, Klotz/Hurrelmann 1998):

- Männer haben eine höhere Anfälligkeit für X-chromosomal-gebundene, rezessive Erkrankungen, da auf dem X-Chromosom Gene für eine Reihe von Enzymen liegen, die für den menschlichen Stoffwechsel von außerordentlicher Bedeutung sind. Alle negativen Mutanten des Erbguts schlagen bei Männern in ihrer Wirkung voll durch, während beim weiblichen Organismus ihre negative Wirkung in der Regel durch die entsprechenden Erbinformationen auf dem zweiten X-Chromosom überlagert wird.
- Bei Männern ist der Grundumsatz im allgemeinen höher als bei Frauen. Sie haben einen höheren Energiebedarf und dadurch geringere Möglichkeiten, körperliche Ressourcen aufzubauen.
- Zudem sind bei Männern autosomal vererbte Defekte häufiger als bei Frauen.

Es gibt aber zum anderen auch etliche Ursachen für die erhöhte Sterblichkeit der Männer, die in ihrem geschlechtsspezifischen Verhalten begründet liegen (Johnson 1988, Klotz/Hurrelmann 1998):

- Die meisten Männer haben ein ungesünderes Ernährungsverhalten als Frauen. Sie essen mehr gegrilltes oder gebratenes rotes Fleisch, Brot, Salz, Zucker, Fett und trinken mehr Alkohol.
- Im allgemeinen gibt es bei Männern eine geringere Inanspruchnahme von Vorsorgeuntersuchungen (Frauen: 40%, Männer: 16%).
- Auffallend ist ein geringes Ausmaß und weniger Inanspruchnahme sozialer Netzwerke im Vergleich zu Frauen.
- Die Identifikation mit der kulturspezifischen männlichen Geschlechtsrolle und ein entsprechendes Verhalten sollen ebenfalls die Gesundheit und Lebenserwartung negativ beeinflussen.

Kann eine männliche Geschlechtsrollenidentifikation wirklich krank machen? Dazu gibt es sehr unterschiedliche theoretische Überlegungen: Nach *dem Kongruenzmodell* von Kagan (1964) und Mussen (1971) hängt das Wohlbefinden eines Menschen davon ab, ob die Geschlechtsrollenidentifikation mit dem biologischen Geschlecht kongruent ist. Im *Androgynie-Modell* (s. Bem 1974) wird davon ausgegangen, dass Menschen mit maskulinen und femininen Persönlichkeitseigenschaften ein größeres Verhaltensrepertoire zur Verfügung haben und dadurch die Möglichkeit bekommen, sich neuen Situationen flexibler anzupassen als Personen mit einer ausschließlich traditionell maskulinen oder femininen Orientierung. Androgyne Individuen sollen auf verschiedene Stressoren eher adaptiv reagieren, entsprechend müsste ihre psychische und körperliche Gesundheit im Vergleich zu anderen besser sein. Vertreter des *Maskulinitätsmodells* (u.a. Adams/Sherer 1982) gehen davon aus, dass "Maskulinität" der "aktive und entscheidende Anteil" ist, der sowohl bei maskulin als auch bei androgyn orientierten Menschen die wünschenswerte optimale Anpassung gewährleistet, seien es nun Männer oder Frauen. Nach diesen Theorien ist also eine männliche Rollenidentifikation und ein entsprechendes Verhalten insgesamt gesehen eher vorteilhaft. Bestätigen empirische Befunde nun auch diesen Eindruck?

Geschlechtsrollenidentifikation und psychische oder körperliche Befindlichkeit

Es gibt eine Reihe von Studien über den Zusammenhang von Geschlechtsrollenidentifikation und psychischer und körperlicher Gesundheit. In fast allen Studien wurde die Geschlechtsrollenidentifkation mit dem *Bem Sex-Role Inventory* (Bem 1974) gemessen, einem Verfahren, dass Ausmaß und Richtung der Rollenidentität messen soll, also die Selbstzuschreibung von kulturell vermittelten Stereotypen über Weiblichkeit und Männlicheit.

Als typisch für die männliche Geschlechtsrolle gelten in westlichen Gesellschaften und damit auch im *Bem Sex-Role Inventory* vor allem Ellbogeneigenschaften wie z.B. kritisieren ohne Unbehagen, sachlich sein, Führungseigenschaften haben, nicht

leicht beeinflussbar sein, scharfsinnig sein, wetteifernd sein und geschäftsmäßiges Verhalten zeigen. Als Grundbestandteile der weiblichen Geschlechtsrolle werden Eigenschaften genannt wie weichherzig, feinfühlig, selbstaufopfernd, empfindsam, abhängig, herzlich, fröhlich, glücklich und auf die äußere Erscheinung bedacht sein. Die Integration dieser "männlichen" und "weiblichen" Eigenschaften in das eigene Selbstbild wird Geschlechtsrollenorientierung bzw. -identität genannt.
Die Befunde über einen Zusammenhang von Depressivität bzw. Depression und der Geschlechtsrollenidentifikation sind jedoch nicht einheitlich (Tabelle 1).

Stichprobe	Testverfahren	Zusammenhang mit Depressivität
101 Studentinnen 79 Studenten (Small et al. 1980)	BSRI Femininitäts- u. Maskulinitäts-Skala	- Frauen: nicht sign. mit SRDS - Männer: nicht sign. mit SRDS
317 StudentInnen (DeGregorio/Carver 1980)	BSRI Maskulinitäts-Skala	- Ges.gruppe: negativ mit BDI - Frauen: negativ mit BDI - Männer: negativ mit BDI
40 Frauen (20-54 J.) 40 Männer (20-54 J.) (Elpern/Karp 1984)	BSRI Maskulinitäts-Skala	- Frauen u. Männer: negativ mit ESDS
56 Studentinnen 45 Studenten (Adams/Sherer 1985)	BSRI	Depressivitätswerte des MMPI: Maskulin < Androgyn < Feminin < Undifferenzierte
35 Frauen (klin. depressiv) 16 Männer (klin. depressiv (Glazebrook/Munjas 1986)	BSRI	starke klassische Rollenkonformität positiv mit BDI

Tabelle 1: Depression und Geschlechtsrollenidentifikation
(SDRS Self Rating Depression Scale, BDI Beck Depression Inventory, MMPI Minnesota Multiphasic Personality Inventory, ESDS Epidemiological Studies Depression Scale, BSRI Bem Sex-Role Inventory)

Die Studien von DeGregorio und Carver (1980), Elpern und Karp (1984) sowie Adams und Sherer (1985), die überwiegend mit StudentInnen zu Beginn des Studiums aber auch mit einer Erwachsenenstichprobe durchgeführt wurden, bestätigen das *Maskulinitätsmodell*. Hohe Maskulinitätswerte korrelieren bei Frauen und Männern negativ mit Depressivität. Allerdings fanden Small et al. (1980) keinen statistisch signifikanten Zusammenhang von Geschlechtsrollenorientierung und Selbstbeurteilung der Stimmungslage. Glazebrook und Munjas (1986) widerlegen mit ihren Daten klar das *Kongruenzmodell*, da in ihrer Studie entgegen der Theorie eine große Konformität mit der geschlechtstypischen Rolle bei depressiven PatientInnen mit besonders ausgeprägter Symptomatik verbunden war.

Ebenfalls nicht konsistent sind die empirischen Befunde zum Zusammenhang von Menstruationsbeschwerden und der Geschlechtsrollenidentifkation (Tabelle 2).

Stichprobe	Testverfahren zur Geschlechtsrollenmessung	Zusammenhang mit Menstruations-beschwerden
110 Studentinnen 85 verheiratete Frauen (Gough 1975)	CPI Femininitäts-Skala	- positiv mit MDQ (prä-, peri- und intermenstruelle Beschwerden)
84 Studentinnen (Chernovetz et al. 1979)	BSRI Femininitäts-Skala Maskulinitäts-Skala	- positiv mit MDQ - nicht sign. mit MDQ
71 Studentinnen (Wood/Launius 1979)	BSRI Maskulinitäts-Skala	- positiv mit MDQ (perimenst. Beschwerden)
145 Studentinnen (Heilbrun et al. 1990)	BSRI Femininitäts- Skala Maskulinitäts-Skala	- nicht sign. mit MDQ - nicht sign. mit MDQ

Tabelle 2: Menstruationsbeschwerden und Geschlechtsrollenidentifikation
(CPI California Psychological Inventory, MDQ Menstrual Distress Questionnaire, BSRI Bem Sex-Role Inventory)

Die Ergebnisse beruhen hier ebenfalls überwiegend auf Befragungen von amerikanischen Studentinnen in den ersten Semestern. Sowohl Femininität als auch Maskulinität korrelieren signifikant positiv mit menstruellen Beschwerden, die prämenstruell, während der Blutung (perimenstruell) oder in der verbleibenden Zeit des Zyklus (intermenstruell) auftreten können.
Lediglich in der Studie von Heilbrunn et al. (1990) wurde kein direkter Zusammenhang von Menstruationsbeschwerden und Femininität bzw. Maskulinität gefunden. Es zeigte sich jedoch eine interessante Beziehung zwischen der Wertschätzung einer traditionellen bzw. modernen Frauenrolle mit Menstruationsbeschwerden, je nach Ausrichtung der Geschlechtsrollenidentifikation. Frauen, die eine traditionelle Frauenrolle für sich besser fanden und hohe Femininitätswerte im BSRI hatten, klagten über mehr Menstruationsbeschwerden als Frauen mit hohen Maskulinitätswerten. Bei Frauen, die eine moderne Frauenrolle schätzten, war es gerade umgekehrt: maskulin-orientierte hatten mehr Menstruationsbeschwerden als feminin-orientierte Studentinnen. Danach scheint eine androgyne Lebensausrichtung für Beschwerdefreiheit günstiger zu sein – eine Bestätigung für das *Androgynitätsmodell* von Bem.
Ein recht klares Bild ergibt sich aus den bisher publizierten Untersuchungen über Geschlechtsrollenidentifikation und psychische bzw. körperliche Gesundheit (siehe Tabelle 3), wobei es sich jeweils um die Selbsteinschätzung der Befragten handelte.

Stichprobe	Testverfahren zur Geschlechtsrollen-messung	Zusammenhang mit Selbsteinschätzung des Gesundheitszustandes
107 Studentinnen 141 Studenten (Hinrichsen et al. 1981)	BSRI	- Androgyn gesünder > Maskulin > Feminin > Undifferenzierte in TSCS (3 von 5 Skalen)
121 Studentinnen (Wech 1983)	BSRI	- Maskulin-orientierte gesünder als Feminin-orientierte mit HCL
237 Männer (40-59 J.) (Downey 1984)	BSRI	- Gesundheit und Energie (absolut und im Vergleich zu anderen): Androgyn > Maskulin - Psychische Gesundheit (ABS): Androgyn > Maskulin > Feminin > Undifferenzierte
103 Studentinnen 42 Studenten (Shifren et al. 1993)	BSRI	- Frauen und Männer: nicht sign. mit PHQ - androgyne Frauen/Männer haben das beste Gesundheitsverhalten mit HBI

Tabelle 3: Selbsteinschätzung des Gesundheitszustandes und Geschlechtsrollenidentifikation (BSRI Bem Sex-Role Inventory, ABS Bradburn Affect Balance Scale, PHQ Personal Health Questionnaire, HBI Health Related Behavior, TSCS Tennessee Self Concept Scale)

Eine androgyne Geschlechtsrollenidentifikation bei Frauen und Männern erwies sich bis auf die Untersuchung von Wech (1983) als optimal für seelisches und körperliches Wohlbefinden – unabhängig vom Alter und beruflichem Status der Befragten. In der Studie von Wech (1983) beschrieben sich maskulin-orientierte Studentinnen signifikant gesünder als feminin-orientierte Frauen. Dennoch fand auch Wech, dass androgyn-orientierte Studentinnen – wie in den anderen Studien – über weniger gesundheitliche Beschwerden klagten als maskulin- bzw. feminin-orientierte Frauen, nur war dieser Unterschied in ihrer Befragung statistisch nicht signifikant. Aus diesen Ergebnissen lässt sich also insgesamt gesehen in bezug auf den Gesundheitszustand eine Bestätigung des Androgynie-Modells ableiten.

Geschlechtsrollenidentifikation und Fertilität

Eine Untersuchung an amerikanischen Collegestudentinnen über Geschlechtsrollenorientierung und Fertilität (Falbo et al. 1978) zeigte, dass sich junge Frauen mit einer traditionellen Geschlechtsrolle mehr Kinder wünschten als Studentinnen, die eher männlich orientiert waren. Zu diesem Befund passen unsere Ergebnisse, die wir in einer Studie (Christiansen et al. 1997) an 73 Paaren mit unerfülltem Kinderwunsch durchführten (Frauen: 22-43 Jahre, Männer: 24-56 Jahre). Im Vergleich zur unausgelesenen Eichstichprobe der deutschen Version des BSRI (Schneider-Düker/Kohler

1988) und zu drei Kontrollgruppen, die unseren Paaren altersmäßig entsprachen, zeigte sich bei den Kinderwunschpatientinnen eine deutlich stärkere Identifikation mit der tradionell weiblichen Geschlechtsrolle, während die Selbstzuschreibung maskuliner Eigenschaften und Verhaltensweisen weitgehend im Normbereich lag. Bei den Männern mit unerfülltem Kinderwunsch war die Eigenschaftszuschreibung von traditionell männlichen Merkmalen signifikant häufiger und stärker als bei den Kontrollstichproben.

Dieses Ergebnis unserer Studie ist durchaus plausibel, wenn man bedenkt, wie eng weibliche Identität mit Mutterschaft und Männlichkeit mit der Zeugung von Nachkommen verknüpft ist. Die Bereitschaft zu einer intensiven Sterilitätstherapie verwundert deshalb nicht, zumal die Paare zum Zeitpunkt der Erhebung im Durchschnitt bereits 3 Jahre ungewünscht kinderlos waren. Die Datenerhebung umfasste neben dem *Bem Sex-Role Inventory*

- eine medizinische Anamnese,
- eine soziodemographische Anamnese,
- die körperliche Untersuchung der Frauen durch einen Gynäkologen,
- die körperliche Untersuchung der Männer durch einen Andrologen,
- Hormonmessungen und
- ein Spermiogramm.

In unserer Stichprobe gaben die femininen Frauen signifikant häufiger als die androgyn-orientierten Patientinnen an, unter psychosomatischen Beschwerden sowie unter erhöhter Reizbarkeit, Nervosität, Ängstlichkeit und Depressivität zu leiden. Viele der Beschwerden können mit der erhöhten Stressbelastung erklärt werden, die eine ausgeprägt feminine Rollenorientierung in unserer Zeit mit sich bringt (Allison 1979, Morse/van Hall 1987). Bei Frauen mit einem traditionell weiblichen Rollenideal könnte der Wunsch nach Unabhängigkeit und nach einer beruflichen Karriere anstatt der rollenkonformen Haus- und Familienarbeit durchaus zu Konflikten führen, die als Stress empfunden werden.

Dieser subtile, meist unbewusste Stress hat aber offensichtlich Grenzen in seinem Einfluss auf das somatische Geschehen. Bei den femininen Frauen waren spezifische Erkrankungen, die direkt mit der Sterilitätsdiagnose zusammenhängen wie Tubenverschluss, Endometriose, Follikelreifeverzögerung, Gelbkörperschwäche, Hyperprolaktinämie und Hyperandrogenämie nicht häufiger als bei androgyn- oder maskulin-orientierten Patientinnen zu finden.

In der Nacherhebung 1 ½ Jahre nach dem Erstkontakt waren 20% der femininen Frauen spontan oder nach Therapie schwanger geworden, aber über 30% der androgyn-orientierten Patientinnen. Diese Zahlen zeigen zwar, dass androgyne Frauen eher schwanger werden, aber die Unterschiede zwischen beiden Gruppen sind statistisch nicht signifikant. Die somatischen und psychosomatischen Beschwerden der femininen Frauen hatten also keinen eindeutig negativen Effekt auf ihre Schwangerschaftsrate ausgeübt.

"Rollenstress" und die damit verbundenen psychischen und somatischen Auswirkungen sind auch bei Männern zu beobachten (Hinrichsen et al. 1981, Downey 1985), denn für sie kann das Streben nach Rollenkonformität ebenso wie für Frauen eine große Belastung sein. Insbesondere ausgeprägt maskulin-orientierte Männer sind durch ihr Streben nach Aktivität, Wettstreit und Dominanz erheblichem Stress ausgesetzt. Ihre "Ellbogenmentalität" konfrontiert sie häufiger als andere Männer mit stressauslösenden Ereignissen, was in der Folge zu einem deutlichen Anstieg der Aktivität von Hypophysen-Nebennierenrinde und Nebennierenmark und entsprechenden peripher-autonomen Prozessen führt. Herzrate, Hautwiderstand, Blutdruck, elektrische Muskelaktivität und peripheres Noradrenalin steigen an, während die Produktion von Insulin und Testosteron gehemmt werden.
Bereits 1979 erschien die erste Publikation (Stauber 1979) über die negative Wirkung von beruflichem und familiärem Stress auf die Samenqualität (Spermatozoenzahl, -motilität und -morphologie). Wissenschaftler der Universität Trier (Hellhammer et al. 1985) wiesen nach, dass Persönlichkeitseigenschaften wie Aggressivität, Selbstsicherheit, soziale Kompetenz und Assertivität (Bestimmtheit) mit geringerer Spermatozoenzahl und Ejakulatsvolumen korrelieren. Neuere Studien aus den USA (Baker/Bellis 1995) bestätigten die pathologische Wirkung von Stress auf die Kopfmorphologie der Spermatozoen und die damit sinkende Wahrscheinlichkeit, dass die Partnerin des Mannes schwanger wird. Ein erhöhter Anteil von spitzzulaufenden (*tapering*) und abgeplatteten (*pyriform*) Spermatozoenköpfen (Abb. 1, nächste Seite) im Ejakulat korrelierte hochsignifikant mit einer geringeren Schwangerschaftsrate bei Frauen nach einer künstlichen Insemination oder einer *in vitro* Fertilisation.
Bei unseren Sterilitätspatienten zeigte sich nun, dass maskulin orientierte Männer, vermutlich unter anderem durch die höhere Stressbelastung, im Vergleich zu androgynen Männern deutlich in ihrer Fertilität eingeschränkt sind. Nur einer (7,2%) der vierzehn maskulinen Männer hatte seine Frau zum Zeitpunkt der Nacherhebung geschwängert, während es von den androgynen Patienten immerhin 16 Männern (30%) gelang. Diese Häufigkeitsunterschiede sind hochsignifikant.
Dass die Ursache bei den Männern und nicht etwa bei ihren Partnerinnen lag, ergaben weitere Analysen. Maskuline Männer haben nicht etwa kränkere Frauen, die ihrerseits häufiger somatische Sterilitätssymptome zeigen. Im Gegenteil wurde bei maskulinen Männern signifikant häufiger als bei den androgynen Patienten ein pathologischer Spermabefund diagnostiziert: 92% der maskulinen Männer wiesen Abweichungen auf.

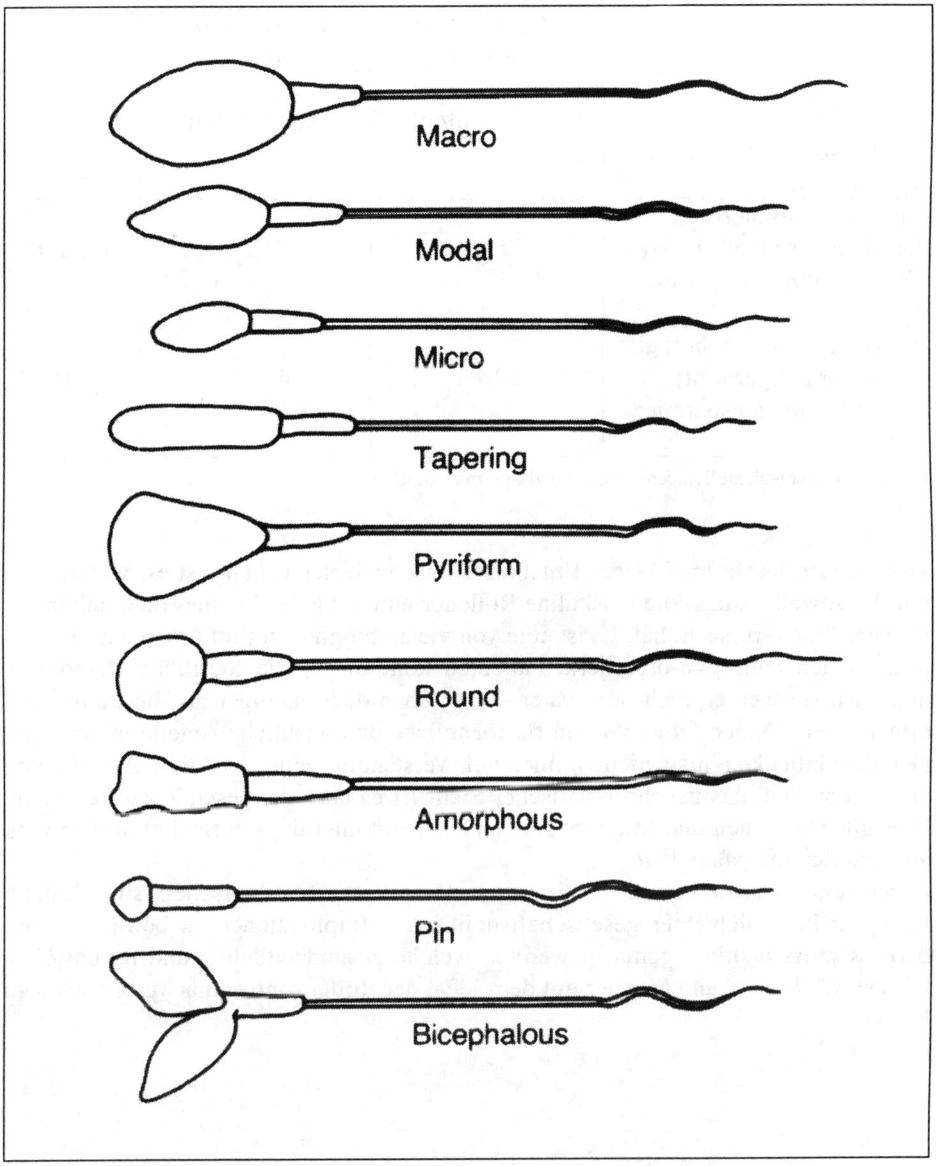

Abbildung 1: Kopfpolymorphismen menschlicher Spermatozoen (nach Baker/Bellis 1995)

Sowohl in der Spermatozoenzahl, der Spermatozoenmorphologie und Spermatozoenmotilität waren bei ihnen die Werte hochsignifikant schlechter als bei den androgynen Männern, und sie lagen mit ihren Werten deutlich unter den WHO-Normen für einen ausreichenden Spermabefund (Tabelle 4).

Spermabefund	Geschlechtsrollen-identifikation maskulin	Geschlechtsrollen-identifikation androgyn	T-Test
Spermatozoenzahl (in Mill/ml) WHO-Normozoospermie: > 20 Mill/ml	15,65 Mill/ml	50,19 Mill/ml	$p < 0.002$
Spermatozoenmotilität langsam u. schnell (in %) WHO-Normozoospermie: > 50%	36,6%	58,1%	$p < 0.01$
Spermatozoenmorphologie (in % normal geformt) WHO-Normozoospermie: > 60%	29,4%	48,1%	$p < 0.003$

Tabelle 4: Geschlechtsrollenidentifikation und Spermabefund

Trotz dieser verblüffend klaren Ergebnisse unserer Untersuchung ist es wichtig, darauf hinzuweisen, dass die maskuline Rollenorientierung des Mannes nicht allein die Paarsterilität verursacht hat. Es ist eine von vielen möglichen Einflüssen auf die Fertilität. Auch androgyn-orientierte Patienten kommen in die Sterilitätsbehandlung, und auch sie werden nicht alle Vater – aber eben doch häufiger als die traditionell orientierten Männer. Offen zu sein für männliche und weibliche Anteile in der eigenen Persönlichkeit mag nicht immer auf Verständnis einer traditionell geprägten Umwelt stoßen, aus psychosomatischer Sicht ist es aber die gesündere Alternative. Dies gilt für Frauen und Männer, bei den Männern allerdings zusätzlich in Hinblick auf ihre Zeugungsfähigkeit.

Geschlechtsrollenstereotype, die in unserer Gesellschaft vorherrschen, sind deshalb nicht nur bezüglich ihrer gesellschaftspolitischen Implikationen zu bewerten, sondern es muss deutlich gemacht werden, welche gesundheitlichen und psychischen Risiken für Frauen und Männer mit dem Ideal der Rollenkonformität verbunden sein können.

Literatur

Adams, C.H./M. Sherer (1982): Sex-role orientation and psychological adjustment: Comparison of MMPI profiles among college women and house wives. In: *Journal of Personality Assessment* 46. S. 607-613.

Adams, C.H./M. Sherer (1985): Sex role orientation and psychological adjustment: Implications for the masculinity model. In: *Sex Roles* 12. S. 1211-1218.

Allison, J.R. (1979): Roles and role conflict of women in infertile couples. In: *Psychology of Women Quarterly* 4. S. 97-113.

Auten, P.D./D.D. Hull/J.H. Hull (1985): Sex role orientation and type A behavior pattern. In: *Psychology of Women Quarterly* 9. S. 288-290.

Baker, R.R./M.A. Bellis (1995): *Human sperm competition, copulation, masturbation, and infidelity.* London: Chapman & Hall.

Batlis, N./A. Small (1982): Sex roles and type A behavior. In: *Journal of Clinical Psychology* 38. S. 315-316.

Bem, S.L. (1974): The measurement of psychological androgyny. In: *Journal of Consulting and Clinical Psychology* 42. S. 155-162.

Chernovetz, M.E./W.H. Jones/R.O. Hansson (1979): Predictability, attentional focus, sex role orientation, and menstrual-related stress. In: *Psychosomatic Medicine* 41. S. 383-391.

Christen, Y. (1993): *Sex differences. Modern biology and the unisex fallacy.* New Brunswick: Transaction Publishers.

Christiansen, K./M.J. Seeler/H.-G. Bohnet (1997): Geschlechtsrollenidentfikation bei Paaren mit unerfülltem Kinderwunsch. In: *Psychosomatische Gynäkologie und Geburtshilfe. Erotik, Lebensübergänge, Strukturen, Organverlust.* Hg. E. Bauer/M. Braun/U. Hauffe/M. Kastendieck. Giessen: Psychosozial-Verlag. S. 247-253.

DeGregorio, E./C.S. Carver (1980): Type A behavior pattern, sex role orientation, and psychological adjustment. In: *Journal of Personality and Social Psychology* 39. S. 286-293.

Downey, A.M. (1984): The relationship of sex-role orientation to self-perceived health status in middle-aged males. In: *Sex Roles* 11. S. 211-225.

Elper, S./S.A. Karp (1984): Sex-role orientation and depressive symptomatology. In: *Sex Roles* 10. S. 987-992.

Evans, R.I./S.H. Turner/J.G. Getz (1990): Is androgynous sex role related to cigarette smoking in adolescents? In: *Journal of Applied Social Psychology* 20. S. 494-505.

Falbo, T./J.S. Graham/S.S. Gryskiewicz (1978): Sex roles and fertility in college women. In: *Sex Roles* 4. S. 845-851.

Gazebrook, C.K./B.A. Munjas (1986): Sex roles and depression. In: *Journal of Psychological Nursing* 24. S. 9-12.

Gough, H.G. (1975): Personality factors related to reported severity of menstrual distress. In: *Journal of Abnormal Psychology* 84. S. 59-65.

Harrison, J. (1978): Warning: The male sex role may be dangerous to your health. In: *Journal of Social Issues* 34. S. 65-86.

Heilbrunn, A.B./L. Friedberg/D. Wydra/A.L. Woborow (1990): The female role and menstrual distress. In: *Psychology of Woman Quarterly* 14. S. 403-417.

Hellhammer, D.H./W. Hubert/C.W. Freischem/E. Nieschlag (1985): Male infertility: Relationships among gonadotropins, sex steroids, seminal parameters and personality attitudes. In: *Psychosomatic Medicine* 47. S. 58-66.

Hinrichsen, J./D.J. Follansbee/R. Ganellen (1981): Sex-role related differences in self-concept and mental health. In: *Journal of Personality Assessment* 45. S. 584-592.

Johnson, M.E. (1988): Influences of gender and sex role orientation on helpseeking attitudes. In: *Journal of Psychology* 122. S. 237-241.

Kagan, J. (1964): Aquisition and significance of sex-typing and sex-role identity. In: *Review of Child Development Research*. Hg. M.L. Hoffman/L.W. Hoffman. New York: Russell Sage. S. 137-168.

Klotz, T./K. Hurrelmann (1998): Adapting the health-care system to the needs of the aging male. In: *The Aging Male* 1. S. 20-27.

Morse, C.A./E.V. van Hall (1987): Psychological aspects of infertility: A review of current concepts. In: *Journal of Psychosomatic Obstetrics and Gynaecology* 6. S. 157-164.

Mussen, P.H. (1971): Early sex-role development. In: *Handbook of socialization theory and research*. Hg. D.A. Goslin. Chicago: Rand McNally. S. 707-731.

Petz, S. (1996): Zärtlichkeit, Mitgefühl, Solidarität. In: *Psychologie Heute*, Nov. S. 62-70.

Schneider-Düker, M./A. Kohler (1988): Die Erfassung von Geschlechtsrollen - Ergebnisse zur deutschen Neukonstruktion des Bem Sex-Role-Inventory. In: *Diagnostica* 34. S. 256-270.

Shifren, K./R. Bauserman/D.B. Carter (1993): Gender role orientation and physical health: A study among young adults. In: *Sex Roles* 29. S. 421-432.

Small, A./L. Teagno/K. Selz (1980): The relationship of sex role to physical health. In: *Journal of Youth and Adolescence* 9. S. 305-314.

Stauber, M. (1979): *Psychosomatik in der sterilen Ehe*. Berlin: Gosse.

Wech, B.A. (1983): Sex role orientation, stress, and subsequent health status demonstrated by two scoring procedures for Bem's scale. In: *Psychological Reports* 52. S. 69-70.

Woods, D./A.L. Launius (1979): Type of menstrual discomfort and psychological masculinity in college women. In: *Psychological Reports* 44. S. 257-258.

Interpretationen des Geschlechterverhältnisses in der modernen Verhaltensökologie

Inge Schröder
Anthropologisches Institut, Christian-Albrechts-Universität Kiel

Die Perspektive der Verhaltensökologie

Alle Lebewesen, die zur Zeit die Erde bevölkern, haben miteinander gemeinsam, dass sie ausnahmslos Nachkommen von evolutionsbiologisch erfolgreichen Vorfahren sind. Nicht nur im genealogisch überschaubaren historischen Zeitrahmen, sondern seit Anbeginn des Lebens. Auch wir selbst liefern durch unsere Existenz den Beweis für den evolutionsbiologischen Erfolg vieler hundert Generationen von Vorvätern und Vormüttern in unseren individuellen Abstammungslinien seit Jahrmillionen. Diese eigentlich schlichte Erkenntnis bildet eine wichtige Grundlage der modernen Verhaltensökologie. Alle Lebewesen, einschließlich des Menschen, werden nicht nur mit Blick auf ihre morphologischen und physiologischen Eigenschaften, sondern auch mit allen Verhaltenseigenschaften und Fähigkeiten als die Produkte der Evolution betrachtet. Die verhaltensökologische Analyse von Lebewesen in ihrer Umwelt beruht heute auf der Annahme eines biogenetischen Imperativs.

Der Begriff "biogenetischer Imperativ" geht auf Dawkins (1976, 1986) und Markl (1983) zurück, und meint, dass der biologische Zweck des Lebens einschließlich menschlichen Lebens die Reproduktion ist, die Vervielfältigung der potentiell unsterblichen Gene, in denen die Erbinformationen gespeichert sind. Jeder Organismus stirbt, aber in jedem einzelnen Nachkommen existiert die Hälfte seiner Erbinformation fort. Jedem Leben wohnt das Bestreben inne, mit seinen eigenen Genen einen möglichst großen Anteil am Genpool zukünftiger Generationen zu erzielen. Dieses Bestreben ist beim Menschen ebenso wenig ein bewusster Vorgang wie bei Tieren, es ist schlichtweg ein Prinzip der Evolution. Verhaltensweisen, -strategien und -taktiken, die die Reproduktion positiv beeinflussen, werden selektiert, sie haben adaptive Konsequenzen.

Die Verhaltensökologie befasst sich mit den funktionalen Aspekten des Verhaltens, sie ist der Schnittpunkt für das wissenschaftliche Interesse am Verhalten, an der Ökologie und der Evolution (Krebs/Davies 1997). Es ist ihr Ziel aufzuklären, warum verschiedene Arten sich unterschiedlich verhalten und warum es auch Verhaltensunterschiede zwischen Individuen einer Art gibt. Der Verhaltensökologie liegen die folgenden Annahmen zugrunde:

- Einzelne Individuen verhalten sich entsprechend ihrem Eigeninteresse und nicht zum Wohl einer Gruppe oder Art.
- Die natürliche Selektion hat in der Evolution solche Individuen begünstigt, die eine Lebenslaufstrategie haben, mit der sie ihren Beitrag zu dem Genpool zukünftiger Generationen maximieren.

- Das Verhalten eines Individuums beeinflusst ganz entscheidend seine Überlebenswahrscheinlichkeit und seinen Fortpflanzungserfolg.
- Die ökologischen Bedingungen – also die biotischen und abiotischen Umweltfaktoren – bestimmen, welche Verhaltensmuster im Laufe der Evolution begünstigt werden.
- Die Selektion hat daher Individuen geformt, die sich optimal verhalten, sich beispielsweise effizient paaren, ihren Nachwuchs effizient versorgen oder erfolgreich Beutegreifer meiden.

Weiterhin ist aus evolutionsbiologischer Perspektive zu berücksichtigen, dass es, wie Kummer (1992) sehr anschaulich erläuterte, für die Evolution zwei Wertmaßstäbe gibt. Zum einen den Überlebenswert für die Gene und zum zweiten den Befriedigungswert für das Individuum. Wenn einem Lebewesen – Mensch oder Tier, männlich oder weiblich – Verhaltensalternativen offenstehen, so wird es sich für jene Verhaltensweisen entscheiden, deren Soforteffekte ihm die größtmögliche Befriedigung bringen. Die große Leistung der Evolution ist es nun, durch den Suchprozess Selektion diese beiden Wertmaßstäbe zur Übereinstimmung zu bringen. Denn auf Dauer lässt die Selektion keine Verhaltensorganisation zu, in der Handlungen von hohem Befriedigungswert einen geringen Überlebenswert haben.
Im Brennpunkt verhaltensökologischer Studien stehen die Funktion von Verhalten und die Reproduktion, also die Fortpflanzung. Da bei Tieren, insbesondere bei Säugetieren, männliche und weibliche Individuen unterschiedliche Funktionen in der Fortpflanzung erfüllen, an die sie anatomisch, morphologisch, physiologisch und ethologisch angepasst sind, ist es unverzichtbar, männlich und weiblich zu unterscheiden, ja im ursprünglichen Wortsinn zu diskriminieren und unterschiedlich zu bewerten.

Sexuelle Selektion

Am Beispiel des bereits von Darwin (1859) zur Veranschaulichung der sexuellen Selektion herangezogenen Pfaus läßt sich erläutern, warum männlich und weiblich in der Biologie aus funktionellen Gründen unterschieden werden: Die unterschiedliche Ausprägung des männlichen Prachtgefieders und des weiblichen Schlichtkleides beim Pfau lassen sich funktionell nur erklären, wenn sie in der Analyse ungleich behandelt werden.
Darwin benutzte den Pfau als ein Beispiel, um die Frage nach der evolutionären Entstehung sekundärer Geschlechtsmerkmale zu beantworten: Das Prachtgefieder ist ein Instrument der Pfauhähne im Wettbewerb um den Zugang zu den Hennen (Konkurrenz des einen Geschlechts um das andere = intrasexuelle Selektion). Jene wählen dabei unter den sich produzierenden Hähnen jeweils einen aus (Partnerwahl = intersexuelle Selektion). Mit den morphologischen Unterschieden geht auch ein geschlechtsunterschiedliches Balzverhalten einher.

Darwins Hauptaugenmerk lag allerdings nicht nur in diesem spezifischen Fall auf dem männlichen Geschlecht, sondern er benutzte generell vorrangig männliche sekundäre Geschlechtsmerkmale, um die Wirkung der sexuellen Selektion zu erklären. Das Schlichtkleid der weiblichen Pfaufasane hingegen hat eine die Überlebenschancen erhöhende Schutzfunktion. Interessanterweise ist dieses weibliche Schlichtkleid die eigentliche Sonderanpassung. Hormonelle Versuche ergaben nämlich, dass der Entzug männlicher Hormone keineswegs zur Veränderung des Federkleids bei den Pfauhähnen führt, ihr Gefieder bleibt auch unter Testosteronentzug schön und prächtig. Entzieht man hingegen den Pfauhennen die weiblichen Geschlechtshormone, so verlieren sie ihr Schlichtgefieder und entwickeln ebenfalls ein Prachtkleid. Somit ist das Prachtkleid das eigentliche Neutralkleid, während das Schlichtkleid der Weibchen, das der brütenden Pfauhenne Schutz vor Beutegreifern gewährt, ein spezifisch weibliches Merkmal ist (Bernd/ Meise 1968).
Wie bei dem eben ausführlich dargestellten Beispiel bereits erwähnt, hat die sexuelle Selektion zwei Komponenten: die intrasexuelle und die intersexuelle Selektion. Daraus ergeben sich theoretisch die folgenden vier Möglichkeiten der sexuellen Selektion:

intrasexuelle Selektion	intersexuelle Selektion
$M \Leftrightarrow M$	$F \Rightarrow M$
$F \Leftrightarrow F$	$M \Rightarrow F$

Tabelle 1: Mögliche Formen der sexuellen Selektion ($\Leftrightarrow$ Konkurrenz, $\Rightarrow$ Wahl)

Dies spiegelt auch die Definition von Mayr (1994:233) wider:

> (...) [Sexuelle Selektion ist] der größere Fortpflanzungserfolg eines Individuums einer Population, das im Besitz von Merkmalen ist, die entweder seine Konkurrenzfähigkeit gegenüber Angehörigen des gleichen Geschlechts oder seine Anziehungskraft auf das andere Geschlecht steigern.

Diese Formulierung ist geschlechtsneutral; nicht ganz geschlechtsneutral ist eine Definition von Vogel, der 1992 schrieb:

> Mit sexueller Selektion meint man den unterschiedlichen Reproduktionserfolg, der sich dadurch einstellt, daß entweder gleichgeschlechtliche Rivalen direkt gegeneinander konkurrieren (intrasexuelle Selektion) oder dadurch, daß Vertreter eines Geschlechts – meistens die Weibchen, (...) unter den sich anbietenden Partnern einen bestimmten auswählen (intersexuelle Selektion). (37)

Die überwiegende Mehrheit verhaltensökologischer Untersuchungen vermittelt den Eindruck, als sei intrasexuelle Selektion eine männliche Domäne und intersexuelle Selektion eine weibliche Domäne. Männchen konkurrieren entweder aktiv und direkt miteinander um die Weibchen, wodurch der bei vielen Arten existierende Sexualdimorphismus (Körpergrößen-, Körpermassen- und Körperkraftunterschiede) erklärt wird. Agonistisches Verhalten, Dominanzhierarchien und Rangordnungen sind das Ergebnis dieses intrasexuellen Wettbewerbs.

Eine subtilere Form des intrasexuellen männlichen Wettbewerbs ist die Spermakonkurrenz (z.B. Harcourt et al. 1981, Møller 1989), bei der die Männchen nicht mehr direkt miteinander im Wettbewerb stehen, sondern nur noch ihre Spermien in den Eileitern der Weibchen miteinander konkurrieren lassen.

Anisogamie, asymmetrisches Elterninvestment und Reproduktionsstrategien

Die biologische Ungleichheit der Geschlechter beginnt mit den Keimzellen. Die männlichen Keimzellen, die Spermien, sind kleiner als die weiblichen Keimzellen, die Eier, außerdem sind sie in der Regel mobiler als die eher unbeweglichen Eizellen. Die weiblichen Keimzellen tragen erheblich mehr Substanz zur Zygote bei als Spermien, die lediglich einen halben Chromosomensatz zur Verfügung stellen. Diese Anisogamie definiert die Existenz zweier Geschlechter und ist die Grundlage für die Identifikation von männlich und weiblich in der Biologie (Waage 1997).

Bei Säugetieren wird diese Ungleichheit der Geschlechter verstärkt durch die innere Befruchtung: Die Zygote entwickelt sich im Leib desjenigen Individuums, das die größere, sesshafte Keimzelle liefert: die Mutter. Und schließlich haben bei Säugetieren nur die weiblichen Individuen die Fähigkeit entwickelt, die in ihrem Uterus herangereiften Jungen nachgeburtlich mit einer spezifischen Nährflüssigkeit zu säugen. Auf diesen Merkmalen und Feststellungen fußen die zentralen Hypothesen zum Elterninvestment und zu den Reproduktionsstrategien der Verhaltensökologie.

Die Anzahl möglicher Nachkommen, durch die biologischer Erfolg (also Reproduktionserfolg) maßgeblich definiert wird, ist daher bei weiblichen Individuen sehr viel geringer als die Anzahl möglicher Nachkommen, die ein männliches Individuum zeugen kann. Auch die einem Säugetier während seines Individuallebens verfügbaren eigenen Keimzellen unterscheiden sich dementsprechend: Beim Menschen beispielsweise beträgt die Anzahl der Primärfollikel bei der Geburt noch etwa 0,5 bis 1 Million pro Ovar, ihre Zahl verringert sich aber durch Rückbildung ständig. Im Verlaufe der fruchtbaren Lebensphase einer Frau kommen etwa bis zu 500 Eizellen zur Ovulation. Ein Mann hingegen bringt es mit einer einzigen Ejakulation auf durchschnittlich 350 Millionen Spermien. Das Reproduktionspotential der Geschlechter unterscheidet sich damit erheblich. Theoretisch wird der Reproduktionserfolg eines männlichen Individuums letztlich nur limitiert durch die Anzahl befruchtungsfähiger Eizellen, die es für sich akquirieren kann, also der Anzahl weiblicher Individuen, die es sich exklusiv sichern kann.

Männchen sollten demnach zur Maximierung ihres Reproduktionserfolges ihre Kopulationsgelegenheiten maximieren, also eine Paarungsstrategie verfolgen und mit ihren Geschlechtsgenossen in einem starken Wettbewerb um die Ressource Weibchen stehen. Parker et al. (1972) haben die männliche Strategie mit dem Verhältnis zwischen einem Parasiten und seinem Wirt verglichen, wobei die Männchen mit ihren Spermien die Eier der Weibchen parasitieren. Weibchen andererseits sollten eine Strategie verfolgen, die vorrangig auf die Qualität der Aufzuchtbedingungen für ihren Nachwuchs abzielt. Spermien sind für ihren individuellen Reproduktionserfolg

keine limitierende Ressource, so dass sie mit anderen Weibchen nicht um die Männchen konkurrieren. Sie sollten lediglich auf die Qualität ihrer Sexualpartner achten. Insgesamt ergibt sich hieraus ein asymmetrisches Elterninvestment: Während die Weibchen sich intensiv um ihren Nachwuchs kümmern, um dessen Überleben sicherzustellen, machen sich die Männchen nach der Kopulation möglichst schnell aus dem Staube, um mit anderen Weibchen weiteren Nachwuchs zu zeugen. Tatsächlich zeigen die Untersuchungen an den verschiedensten Säugetierspezies, dass bei mehr als 95 Prozent aller Arten die Aufzucht des Nachwuchses eine ausschließlich weibliche Angelegenheit ist (Kleiman/Malcolm 1981, Woodroffe/Vincent 1994). Weiterhin weisen die Säuger mehrheitlich polygyne Paarungsmuster auf.
Dieses ist gewissermaßen das traditionelle Bild männlicher und weiblicher Reproduktionsstrategien in der Verhaltensökologie, das allerdings durch eine Reihe von Überlegungen in Frage gestellt werden kann und wird. Einige kritische Punkte sollen im folgenden vorgestellt werden.

Androzentrische Perspektiven in der Verhaltensökologie

Am Beispiel einer Untersuchung an amerikanischen Nacktschnabelhähern, die zu den Rabenverwandten gehören und als Koloniebrüter eine komplexe Sozialstruktur ausgebildet haben, läßt sich erläutern, welche eingeschränkte Sichtweise sich daraus ergibt, dass direkte Konkurrenz und Dominanzhierarchien als Ausdrucksformen männlichen Verhaltens betrachtet werden. In einer langjährigen Feldstudie an diesen Vögeln hatten Marzluff und Balda (1992) unter anderem die Frage männlicher Rangordnungen untersucht. Da jedoch agonistische Interaktionen unter den männlichen Hähern extrem selten zu beobachten waren, gelang es den Wissenschaftlern erst unter Zuhilfenahme zusätzlicher Experimente, für nur 14 Männchen der insgesamt mehr als 200 Vögel der Kolonie eine Rangordnung aufzustellen und ein "α-Männchen" zu ermitteln. Einige Zeit später verschwand das vermutete α-Männchen und man wartete darauf, dass sich eines der verbliebenen 13 Männchen in der α-Position etablieren würde.
Völlig überraschend übernahm jedoch plötzlich ein bis dahin unauffälliges Männchen die Funktion des "α-Männchens". Als ebenfalls ungewöhnlich bewerteten die Wissenschaftler die Beobachtung, dass sich dieses neue Männchen ausgerechnet mit jenem Weibchen verpaarte, das zuvor mit dem verschwundenen alten "α-Männchen" verpaart war. Sie erklärten dies damit, dass entweder dieses spezielle Weibchen dominante Männchen bevorzugte oder dass es wegen besonderer Eigenschaften möglicherweise seinerseits von dominanten Männchen bevorzugt würde. Lawton et al. (1997) stellen angesichts dieses Szenarios fest, dass eine alternative und naheliegendere Interpretation der geschilderten Beobachtungen von den Untersuchern überhaupt nicht in Betracht gezogen worden war: Möglicherweise bestimmen ja bei Nacktschnabelhähern weibliche Dominanzhierarchien die soziale Struktur, und die vermeintlichen α-Männchen waren tatsächlich die Partnerinnen des α-Weibchens. Dass eine solche Deutung nicht vorgenommen wurde, erscheint um so erstaunlicher,

als Marzluff und Balda (1992) agonistische Interaktionen unter männlichen Individuen zwar als sehr selten beschrieben, jedoch bei Weibchen sehr häufig beobachtet hatten – speziell vor Beginn der Brutperiode.
Auch die Primatologin Altmann (1997) kritisiert die Überbetonung spezifischer Formen der sexuellen Selektion und die Vernachlässigung der übrigen. Sie stellte fest, dass männlicher Wettbewerb (also intrasexuelle Selektion) als der alles bestimmende Faktor angesehen wird. Vor allem Aspekte männlicher intersexueller Selektion – also der Partnerwahl – und Aspekte der intrasexuellen Konkurrenz beim weiblichen Geschlecht sind demgegenüber stark vernachlässigt worden. Diese androzentrische Sichtweise in der Verhaltensökologie geht davon aus, dass männliche Partnerwahl ohne jede Bedeutung ist, weil der männliche Reproduktionserfolg ausschließlich von der Anzahl fruchtbarer Weibchen abhängt, die ein Männchen begatten kann. Tatsächlich jedoch offenbart diese Annahme einen Bias, eine verschobene Perspektive. Sobald auch weibliche Individuen einer Art sich durch unterschiedliche Reproduktionspotentiale unterscheiden, ist intersexuelle Selektion auch für männliche Individuen vorteilhaft im Sinne einer Reproduktionsoptimierung. Altmann untermauert diese Annahme durch zahlreiche Beispiele von verschiedenen Primatenspezies. Gleichzeitig kommt sie zu dem Ergebnis, dass selbstverständlich auch intrasexuelle Konkurrenz um bestimmte Männchen bei weiblichen Primaten zu beobachten ist, eine weitere Form sexueller Selektion, die in der Verhaltensökologie ständig vernachlässigt wird.
Zur Spermakonkurrenz, der bei vielen Primatenspezies große Bedeutung beigemessen wird, merkt Altmann ebenso wie Gowaty (1997) an, dass diese a priori als Ausdruck männlichen Wettbewerbs betrachtet wird, ohne die Möglichkeit in Betracht zu ziehen, dass es sich dabei um eine Form weiblicher Wahl handelt. Für diese Alternative spricht die Beobachtung, dass bei verschiedenen Tierarten die weiblichen Individuen Mechanismen entwickelt haben, Sperma zu "managen". Als Möglichkeiten für ein solches Management seien die Abstoßung, die Zerstörung oder auch die Speicherung von Spermien genannt.
Gowaty meint, dass solche Mechanismen sich u.a. dann entwickeln, wenn weibliche Individuen keine Möglichkeiten haben, die Paarung mit spezifischen Männchen durch Verhaltensmaßnahmen zu regeln, d.h. entweder herbeizuführen oder vor allem auch zu verhindern.
Solche Mechanismen sind gleichzeitig auch ein Beispiel für eine weitere generelle Verhaltensstrategie weiblicher Individuen, die nach Ansicht von Gowaty bislang in der Verhaltensökologie unberücksichtigt geblieben ist: die Strategie weiblicher Individuen, sich männlicher Kontrolle zu entziehen. Wenn männliche Individuen im Sinne einer Reproduktionsmaximierung Verhaltensstrategien entwickeln, um möglichst viele Weibchen zu kontrollieren, so ist zu erwarten, dass die weiblichen Individuen Gegenstrategien entwickeln, um sich männlicher Kontrolle zu entziehen. Tatsächlich ist dieser theoretische Ansatz in der Verhaltensökologie bislang unberücksichtigt geblieben. Damit ist die traditionelle Perspektive ungefähr so unvollständig wie die

verhaltensökologische Analyse von Räuber-Beute-Verhältnissen, ohne die Verhaltensanpassungen und -mechanismen der Beutetiere zu betrachten.
Ein ganz anderer, jedoch nicht minder wichtiger Aspekt ist von dem Evolutionsbiologen Waage (1997) thematisiert worden. Er stellt zur Diskussion, dass die übliche Betrachtungsweise von Reproduktionsstrategien auf dem Dogma der Weitergabe von Kern-DNA beruht. Während sich der Beitrag eines Spermiums zur Zygote auf Kern-DNA beschränkt, trägt die Eizelle tatsächlich nicht nur allgemein erheblich mehr Material, sondern auch mehr genetisches Material bei, wie z.B. die mitochondriale DNA. Unser Verständnis für das Problem, wie die Evolution männliches und weibliches Verhalten geformt hat, wird unvollständig bleiben, wenn sich die Verhaltensökologie ausschließlich mit den Fragen nach den Befruchtungsgelegenheiten und dem Schicksal der Kern-DNA befasst. Der biologische Erfolg, also der Reproduktionserfolg, hängt von etlichen Einzelschritten ab, die sich an die Paarung anschließen und dann überwiegend von weiblichen Individuen kontrolliert werden. Mit Blick auf das eingangs zitierte Bild von Spermien als Parasiten könnte man auf dieser Basis auch die Hypothese aufstellen, dass weibliche Individuen die männliche Kern-DNA parasitieren, um für ihre Nachkommen einen diploiden Chromosomensatz zu gewährleisten (vgl. Waage 1997).
Es sollten hier nur einige Möglichkeiten der Kritik an traditionellen Vorstellungen aus weiblicher Sicht präsentiert werden. Und unabhängig davon, welche Aspekte sich zukünftig als falsch oder richtig erweisen, sollten sie uns zumindest verdeutlichen, dass Objektivität auch in der Biologie eine Illusion ist – wenngleich wir dadurch nicht von der Verpflichtung befreit sind, uns weiterhin um Objektivität zu bemühen.

Literatur

Altmann, J. (1997): Mate choice and intrasexual reproductive competition: Contributions to reproduction that go beyond acquiring more mates. In: *Feminism and evolutionary biology*. Ed. P.A. Gowaty. New York: Chapman & Hall. S. 320-333.

Berndt, R./W. Meise (1968): *Naturgeschichte der Vögel*. (3 Bde.). Stuttgart: Franckh.

Darwin, C. (1859, 1988): *Über die Entstehung der Arten durch natürliche Zuchtwahl oder die Erhaltung der begünstigten Rassen im Kampfe ums Dasein*. (Reprographischer Nachdruck der Ausg. Stuttgart: Schweizerbart 1920). Darmstadt: Wissenschaftliche Buchgesellschaft.

Dawkins, R. (1976): *The selfish gene*. Oxford: Oxford University Press.

Dawkins, R. (1986): *Der blinde Uhrmacher*. München: DTV.

Gowaty, P.A. (1997): Sexual dialectics, sexual selection, and variation in reproductive behavior. In: *Feminism and evolutionary biology*. Ed. P.A. Gowaty. New York: Chapman & Hall. S. 351-384.

Harcourt, A.H./P.H. Harvey/S.G. Larson/V.R. Short (1981): Testis weight, body weight and breeding system in primates. In: *Nature* 293. S. 55-57.

Kleiman, D.G./J.R. Malcolm (1981): The evolution of male parental investment in mammals. In: *Parental care in mammals*. Eds. D.J. Gubernick/P.H. Klopfer. New York: Plenum Press. S. 347-387.

Krebs, J.R./N.B. (1997): *Behavioral ecology - an evolutionary approach.* (4. Aufl.). Oxford: Blackwell Science.

Kummer, H. (1992): *Weiße Affen am Roten Meer - Das soziale Leben der Wüstenpaviane*. München: Piper.

Lawton, M./W.R. Garstka/J.C. Hanks (1997): The mask of theory and the face of nature. In: *Feminism and evolutionary biology*. Ed. P.A. Gowaty. New York: Chapman & Hall. S. 63-85.

Markl, H. (1983): Wie unfrei ist der Mensch? Von der Natur in der Geschichte. In: *Natur und Geschichte*. Ed. H. Markl. München: Oldenbourg. S. 11-50.

Marzluff, J.M./R.P. Balda (1992): *The pinyon jay: Behavioral ecology of a colonial and cooperative corvid*. London: T. and A.D. Poyser.

Mayr, E. (1994): *... und Darwin hat doch recht*. München: Piper.

Møller, A.P. (1989): Copulation behavior in mammals: Evidence that sperm competition is widespread. In: *Biological Journal of the Linnean Society* 38. S. 119-131.

Parker, G.A./R.R. Baker/V.G.F. Smith (1972): The origin and evolution of gamete dimorphism and the male-female phenomenon. In: *Journal of Theoretical Biology* 36. S. 529-553.

Vogel, C. (1992): Evolutionsbiologische Aspekte der Genese und Funktion geschlechtsdifferenter Verhaltensunterschiede. In: *Interdisziplinäre Aspekte der Geschlechterverhältnisse in einer sich wandelnden Zeit*. Eds. K.F. Wessel/H.A.G Bosinski. Bielefeld: Kleine Verlag. S. 35-48.

Waage, J.K. (1997): Parental investment - minding the kids or keeping control? In: *Feminism and evolutionary biology*. Ed. P.A. Gowaty. New York: Chapman & Hall. S. 527-553.

Woodroffe, R./A. Vincent (1994): Mother's little helpers: patterns of male care in mammals. In: *Ecology and Evolution* 9. S. 294-297.

Gesellschaft und Sozialstruktur

Eva Kreisky und Birgit Sauer (Hrsg.)
Geschlechterverhältnisse im Kontext politischer Transformation
1998. 516 S. Br. DM 78,00
ISBN 3-531-13094-3
Der Band artikuliert die vielfach implizite Geschlechtlichkeit politischer Prozesse und Institutionen, aber auch politikwissenschaftliche Frauen- und Geschlechterforschung in klassischen Bereichen der Politikwissenschaft. Sie präsentieren und problematisieren darüber hinaus das heuristische Potential der Geschlechterforschung im transformatorischen Kontext des Politischen.

Jürgen Cromm
Familienbildung in Deutschland
Soziodemographische Prozesse, Theorie, Recht und Politik unter besonderer Berücksichtigung der DDR
1998. XXVI, 642 S. Br. DM 98,00
ISBN 3-531-13178-8
In den neuen Bundesländern trat nach der Wende ein nie dagewesener Einbruch in der Familienbildung ein. Da stellt sich die Frage nach den früheren Bedingungen und Verhaltensweisen. Zunächst unternimmt der Verfasser vor sozial- und ideengeschichtlichem Hintergrund einen „historischen Längsschnitt" vom Absolutismus bis zum 2. Weltkrieg mit Schwerpunkt auf den realen Entwicklungen und ihrer wissenschaftlichen und politischen Dimension. Die statistischen Analysen orientieren sich an einem erweiterten Familienzyklus einschließlich Partnerwahl, Einelternfamilie, Nichtehelichkeit, Legitimierung, Scheidung und Wiederheirat.

Kristin Bergmann
Die Gleichstellung von Frauen und Männern in der europäischen Arbeitswelt
Eine rechtsvergleichende, empirisch-politikwissenschaftliche Untersuchung
1998. 245 S. Br. DM 58,00
ISBN 3-531-13252-0
Worin unterscheidet sich die Situation der Frauen auf dem Arbeitsmarkt in den Ländern der Europäischen Union? Welches sind – entgegen den identischen europarechtlichen Rahmenbedingungen – die Ursachen für die normativen und faktischen Gleichstellungsdefizite von Land zu Land? Die Studie analysiert sowohl das geltende Recht der Mitgliedstaaten als auch die unterschiedlichen ökonomischen, politischen und soziokulturellen Rahmenbedingungen.

Änderungen vorbehalten. Stand: Juni 1999.

WESTDEUTSCHER VERLAG
Abraham-Lincoln-Str. 46 · D - 65189 Wiesbaden
Fax (06 11) 78 78 - 400 · www.westdeutschervlg.de